MEMO

Wortschatz- und Fertigkeitstraining zum Zertifikat Deutsch als Fremdsprache

Lehr- und Übungsbuch

von
Gernot Häublein
Martin Müller
Paul Rusch
Theo Scherling
Lukas Wertenschlag

Langenscheidt

Berlin · München · Wien · Zürich · New York

MEMO

Lehr und Übungsbuch

von Gernot Häublein (Deutschland), Martin Müller (Schweiz), Paul Rusch (Österreich), Theo Scherling (Deutschland) und Lukas Wertenschlag (Schweiz)

Redaktion: Hedwig Miesslinger
Layout und Illustration: Theo Scherling
Umschlaggestaltung: Andrea Pfeifer und Theo Scherling

Die unten aufgeführten MEMO-Lehr- und Lernmaterialien wurden in Deutschland, Österreich, Polen, der Schweiz, Slowenien und Ungarn im Unterricht erprobt bzw. in der Lehrerfortbildung evaluiert. Autoren und Verlag danken den vielen beteiligten Kolleginnen und Kollegen für ihre konstruktive Kritik und für wichtige Verbesserungsvorschläge.

MEMO
Wortschatz- und Fertigkeitstraining zum Zertifikat Deutsch als Fremdsprache

Stellen Sie aus dem MEMO-Angebot die passenden Materialien für sich bzw. Ihre Lerngruppe zusammen:

Lehr- und Übungsbuch	3-468-49791-1
Audiocassette	3-468-49792-X
Lernwortschatz Deutsch-Deutsch	3-468-49799-7
Lernwortschatz Deutsch-Englisch	3-468-49793-8
Lernwortschatz Deutsch-Französisch	3-468-49794-6
Lernwortschatz Deutsch-Italienisch	3-468-49795-4
Lernwortschatz Deutsch-Spanisch	3-468-49796-2
Lernwortschatz Deutsch-Griechisch	zu beziehen bei: Praxis-Verlag, Athen
Lernwortschatz Deutsch-Polnisch	zu beziehen bei: REA-Verlag, Warschau

Dieses Werk folgt der reformierten Rechtschreibung. Ausnahmen bilden Texte und Realien, bei denen historische, künstlerische, philologische oder lizenzrechtliche Gründe einer Änderung entgegenstehen. Innerhalb des Buches gibt es deshalb ein Nebeneinander von einzelnen Wörtern und Texten in der alten und in der neuen Schreibung. Darüber hinaus lässt die neue Rechtschreibung bei manchen Wörtern bestimmte Varianten zu. Innerhalb der vereinbarten Übergangsfrist bis zum Jahre 2005 ist sowohl die alte als auch die neue Rechtschreibung zulässig (siehe auch Seite 8).

Umwelthinweis: gedruckt auf chlorfrei gebleichtem Papier

Druck: 7.	Letzte Zahlen
Jahr: 2001	maßgeblich

© 1995 Langenscheidt KG, Berlin und München

Druck: Druckhaus Langenscheidt, Berlin
Printed in Germany · ISBN 3-468-**49791**-1

Inhaltsverzeichnis

Das finden Sie im MEMO 5
So arbeiten Sie mit MEMO 6
Lerntipps 7

1 Personen und Persönliches 9
- Angaben zur Person 10
- Das Gesicht 11
- Der Körper 13
- Bewegung 15
- Aussehen 16
- Gefühle und Mitmenschen 17

2 Familie, private Beziehungen 22
- Familie und Verwandtschaft 23
- Bekanntschaft, Freundschaft, Liebe ... 25

3 Gesellschaft, soziale Beziehungen 31
- Soziale Gruppen 32
- Kinder und Erwachsene 35
- Ausländer und Einheimische 38

4 Ernährung, Einkaufen, Kleidung 41
- Lebensmittel, Essen und Trinken 42
- Einkaufen und Kochen 45
- Kleidung und Mode 47

5 Tagesablauf, Körperpflege und Gesundheit 51
- Der Tagesablauf 52
- Körperpflege 53
- Gesundheit und Krankheit 54

6 Wohnen 57
- Wohnsituation 58
- Wohnungsmarkt 59
- Mietvertrag, Umzug, Miete 60
- Renovierung 61
- Einrichtung 62
- Eine Wohnung beschreiben 64
- Tätigkeiten im Haus und ums Haus ... 65

7 Stadt, Land, Landschaften 68
- Stadt und Land 69
- Landschaften 70
- Projekt „Umweltprobleme eines Touristenortes" 72

8 Natur, Umwelt 77
- Kreisläufe in der Natur 78
- Pflanzen, Tiere, Landwirtschaft 80
- Energie, Materie, Stoffe 82
- Natur- und Umweltschutz 83

9 Schule und Bildung 86
- Das Schulzimmer 87
- Schule früher und heute 87
- Schulbücher 88
- Stundenplan und Fächer 89
- Schulerfahrungen 91
- Noten und Prüfungen 93

10 Sprachen, Länder, Lernen 96
- Sprache, schriftlich und mündlich 97
- Wörter im Text 98
- Unbekannte Wörter 99
- Fremdsprachen, Länder, Nationalitäten 100
- Wörter und Ausdrücke 101
- Gedächtnis und Lernen 103

11 Beruf und Arbeit 106
- Berufe und Arbeitsmittel 107
- Arbeitsbedingungen und Arbeitsplatz 108
- Berufsausbildung und Karriere 112

12 Geld, Arbeit, Wirtschaft und Verwaltung 114
- Wirtschaft und Arbeit 115
- Geld 121
- Verwaltung 123

13 Reisen und Verkehr 126
- Reisen 127
- Wegbeschreibung 128
- Verkehrsmittel 130
- Informationen an der Grenze 131
- Unterkunft und Verpflegung 132
- Sehenswürdigkeiten 134

Inhaltsverzeichnis

14 Kommunikation und Massenmedien **138**
- Postsendungen **139**
- Post und Geld **141**
- Telefon **142**
- Ton: Geräte und Medien **144**
- Foto, Film, Fernsehen, Video **146**
- Zeitungen, Zeitschriften, Bücher **147**
- Bürokommunikation:
  Schreibmaschine, Computer, Fax,
  Kopierer **148**

15 Staat und Gesellschaft **150**
- Nation und Nationalismus **151**
- Krieg und Frieden **153**
- Ausländer und Ausländerinnen **155**
- Politik und Parteien **157**
- Recht und Gesetz **158**

16 Freizeit und Unterhaltung **161**
- Spiele **162**
- Fitness und Sport **163**
- Hobbys **165**
- Kulturelle Aktivitäten **166**
- Feste und Feiertage **168**

17 Kunst **170**
- Bildende Kunst **171**
- Musik **173**
- Literatur und Theater **174**

18 Allgemeine Konzepte **177**
- Raum und Bewegung:
  Woher? Wo? Wohin? **178**
- Zeit:
  Wann? Wie lang(e)? Wie oft? **180**
- Quantität und Qualität:
  Wie viel? Wie? **182**
- Beziehungen:
  Warum? Wozu? Womit? Wie? **184**

Lösungsschlüssel (mit Hörtexten) **186**
Quellenverzeichnis **199**

Das bedeuten die in MEMO verwendeten Abkürzungen:

Ⓐ / ⒸⒽ / Ⓓ	Sprachgebrauch in Österreich / der Schweiz / Deutschland
etw.	etwas
j-d	jemand
j-m	jemandem
j-n	jemanden
j-s	jemandes
Obst (Sg.)	Nomen, das nur im Singular verwendet wird
Nudeln (Pl.)	Nomen, das nur (oder meist) im Plural verwendet wird

Das finden Sie in MEMO

Information

In MEMO gibt es 18 Themen-Einheiten. Am Anfang jeder Einheit finden Sie eine kurze Übersicht. Hier sehen Sie, welche Unterthemen in jeder Einheit enthalten sind.

In dieser Einheit können Sie den Wortschatz zum Thema **Stadt, Land, Landschaften** üben und wiederholen:

● Stadt und Land
● Landschaften
● Projekt: „Umweltprobleme eines Touristenortes"

Sie können Ihren Lernerfolg auf Seite 76 kontrollieren.
Im **Lernwortschatz** finden Sie alle wichtigen Wörter zu diesem Thema mit Beispielen und Übersetzung.

Regio-Boxen

In den deutschsprachigen Ländern gibt es manchmal für ein und dieselbe Sache unterschiedliche Wörter. Dafür gibt es in MEMO die Regio-Boxen. Diese Boxen enthalten, was in Deutschland, Österreich bzw. in der Schweiz als Standarddeutsch gilt. Sie helfen Ihnen bei der Lektüre von deutschsprachigen Texten oder beim Aufenthalt in einem dieser Länder.

(A)	(CH)	(D)
das Sakko	der Kittel / die Jacke	das Jackett / die Jacke / der/das Sakko
die Kleidung / das Gewand	die Kleidung / die Kleider	die Kleidung / die Kleider
das Unterhemd	das Leibchen	das Unterhemd

MEMO-Kassette

Für Übungen mit diesem Symbol brauchen Sie die MEMO-Kassette. Hören Sie die Texte auf der Kassette nach einiger Zeit wieder an, um den gelernten Wortschatz zu wiederholen. Den Wortlaut dieser Hörtexte finden Sie im Lösungsschlüssel.

Ich-Formulare

Notieren Sie die Wörter und Ausdrücke, die zu *Ihrem* Leben, zu *Ihrer* Arbeit und Freizeit gehören. Notieren Sie *Ihre* Gedanken und Gefühle.

Lösungsschlüssel

Machen Sie diese Übungen zuerst in aller Ruhe. Kontrollieren Sie anschließend Ihr Ergebnis: Im Lösungsschlüssel am Ende des Buches finden Sie die richtigen Antworten.

Lerntipps

Kurze Regeln oder Ideen für weitere Übungen finden Sie in den Tipps. Diese Tipps helfen auch beim Lernen außerhalb des Kurses.
Manche Tipps müssen Sie auch selbst schreiben.

Entspannung

Fast alle Einheiten schließen mit einer Wiederholung des Wortschatzes auf der MEMO-Kassette ab: Entspannen Sie sich, hören Sie zu und machen Sie eine „Reise im Kopf".

Notizzettel

Im Buch ist oft nicht genug Platz zum Schreiben. Legen Sie eine Mappe an, wo Sie Ihre eigenen Wort-Bilder, Texte und Notizen zu den einzelnen Themen ordnen können.

Kontrollieren Sie Ihren Lernerfolg

Auf den letzten Seiten der MEMO-Einheiten 1 – 17 können Sie kontrollieren, ob Sie Ihre Lernziele erreicht haben. Sie können auch mit diesen Seiten beginnen und feststellen, wie viel Sie schon können. Stellen Sie Ihren Lernerfolg fest, indem Sie nach der Arbeit die Übungen dieser Kontrollseiten noch einmal machen.

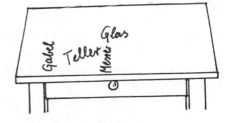

Decken Sie den Tisch zum Essen.

So arbeiten Sie mit MEMO

Wörter in Hör- und Lesetexten

In MEMO gibt es viele Texte zum Lesen oder Hören. Viele neue oder schon vergessene Wörter kann man verstehen, wenn man sie in einem Text findet. Wörter kann man sich auch besser merken, wenn sie in einem Text bzw. in einem Satz stehen. Deswegen gibt es in MEMO viele Übungen mit Texten: Wörter in Texten suchen und markieren, Texten eine Überschrift geben, Abschnitte von Texten in die richtige Reihenfolge bringen, Lücken in Texten ergänzen, häufige Wort-Partnerschaften entdecken.

❸ Lesen Sie den Ausschnitt aus dem Märchen *Rotkäppchen*. Markieren Sie die Wörter für Körperteile und deren Funktion.

Maul, fressen: bei Tieren üblich; für Menschen üblich: Mund, essen

Aus: Brüder Grimm, Kinder- und Hausmärchen

Rotkäppchen rief „guten Morgen", bekam aber keine Antwort. Darauf ging es zum Bett und zog die Vorhänge zurück; da lag die Großmutter und hatte die Haube tief ins Gesicht gesetzt und sah so wunderlich aus. „Ei, Großmutter, was hast du für große Ohren!" „Dass ich dich besser hören kann." „Ei, Großmutter, was hast du für große Augen!" „Dass ich dich besser sehen kann." „Ei, Großmutter, was hast du für große Hände!" „Dass ich dich besser packen kann." „Aber, Großmutter, was hast du für ein entsetzlich großes Maul!" „Dass ich dich besser fressen kann." Kaum hatte der Wolf das gesagt, so tat er einen Satz aus dem Bette und verschlang das arme Rotkäppchen.

Wörter zu Bildern und Zeichnungen

In MEMO gibt es viele Bilder und Zeichnungen. Manchmal stehen Wörter daneben, manchmal stehen sie im Bild.
Man kann sich ein Wort gut merken, wenn man sich im Kopf ein Bild von diesem Wort macht. Deswegen gibt es in MEMO viele Übungen mit Bildern und Zeichnungen: vom Wort einen Pfeil zur passenden Stelle im Bild zeichnen, Wörter in Bilder hineinschreiben, Wörter Bildern zuordnen, selbst Bilder suchen oder malen und zeichnen.
Sprechende Bilder am Ende der Einheiten helfen Ihnen beim Wiederholen der neu gelernten Wörter.

| ① | ② | ③ | ④ | ⑤ | ⑥ |

_____ Treppen steigen
_____ die Arme heben
_____ auf dem Boden knien

_____ sich auf einen Stuhl setzen
_____ auf einem Stuhl sitzen
_____ sich umdrehen

Machen Sie Gymnastik? Beschreiben Sie Ihre Lieblingsübung so genau, dass die Gruppe mitmachen kann. Wenn es hilft, machen Sie auch Skizzen dazu oder turnen Sie vor.

Bilder aus Wörtern

In MEMO gibt es viele „Wort-Bilder", Bilder aus Wörtern.
Wörter, die zusammenpassen oder zum gleichen Thema gehören, kann man sich gut merken, wenn diese Wörter auch so notiert werden, dass ihre Beziehung zueinander sichtbar wird.
Deswegen gibt es in MEMO viele Übungen, in denen aus Wörtern „Wort-Bilder" gemacht werden: Wortnetze, Wort-Igel, Wort-Bäume, Wort-Kreise, Gedächtnis-Karten und anderes.
Machen Sie aus diesen „Wort-Bildern" immer wieder große Wort-Poster, die Sie zu Hause oder in der Klasse aufhängen.

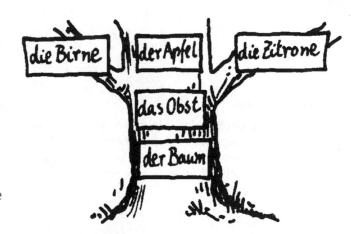

Wort-Kisten

Die Wort-Kiste ist dagegen kein „Wort-Bild" zum Lernen. Wörter und Ausdrücke aus Wort-Kisten sollten Sie immer zuerst neu ordnen und anwenden, um sie zu lernen.

Schönheit ist alles – ist Schönheit alles? Was ist für Sie eine schöne Frau, was ein schöner Mann? Markieren Sie mit zwei verschiedenen Farben.

große Nase	blonde Haare	blasses Gesicht	dicke Finger
dünne Beine	braun gebranntes Gesicht	runde Formen	sportlicher Typ
kleine Augen	rundliche Figur	magerer Körper	schlanke Taille
jugendliches Aussehen	schmale Hände	glatte Haut	
gepflegte Haut	langer Hals	starke Arme	

**Das Wort – die Wörter
– der Wortschatz**

Wörter sind das Wichtigste beim Sprachenlernen. Als Kind haben Sie zuerst ein Wort verstanden, dann zwei Wörter und dann immer mehr. Sie haben zuerst einzelne Wörter gelernt, dann ganze Ausdrücke und Sätze. Auch beim Deutschlernen haben Sie Wörter gelernt. Erinnern Sie sich noch: Was war Ihr erstes deutsches Wort? Und jetzt: Wie viele Wörter kennen Sie heute auf Deutsch?
Ein paar Tipps und Tricks helfen Ihnen, Ihren Wortschatz ab jetzt anders und besser zu lernen. Lesen Sie bitte und überlegen Sie, was für Sie nützlich ist. Sprechen Sie mit anderen darüber. Wenn Sie etwas nicht verstehen, fragen Sie Ihre Lehrerin / Ihren Lehrer. Oder suchen Sie sich Partner, die Ihnen helfen können.

Wortschatz lernen heißt:
● **Mit einem Ziel lernen**

Wörter lernen wir, um einen Text zu lesen, eine Fernsehsendung zu verstehen, um mit Freunden zu diskutieren, um einen Brief zu schreiben ... oder um eine Prüfung zu bestehen.
Beginnen Sie dieses Buch mit einem Thema, das Sie interessiert. Schauen Sie sich zuerst das Inhaltsverzeichnis auf Seite 3 – 4 an. Welche Themen sind für Sie wichtig? Notieren Sie oder kreuzen Sie an. Überlegen Sie beim Lernen: Muss ich dieses Wort lernen? In welcher Situation kann ich diesen Ausdruck benutzen? Gibt es noch andere Wörter zu diesem Thema, die für mich wichtig sind?

● **Wissen, wie man
am besten lernt**

Sie wissen selbst am besten, wie Sie erfolgreich lernen! Merken Sie sich Wörter und Ausdrücke leichter, wenn Sie sie hören, wenn Sie sie aufschreiben oder wenn Sie sie sehen? Manche Menschen lernen besser bei Musik, andere brauchen Ruhe. In jedem Kurs gibt es Leute, die besser in der Gruppe lernen; andere, wenn sie allein üben. Überlegen Sie, diskutieren Sie, notieren Sie: Wie habe ich bis jetzt Wörter gelernt? Was war dabei gut, was war nicht so gut? Machen Sie so weiter, wenn es bisher gut funktioniert hat. Versuchen Sie etwas Neues, wenn Sie nicht zufrieden sind. In MEMO gibt es viele verschiedenartige Übungen. Suchen Sie zuerst die Übungen aus, die Sie gerne machen. Versuchen Sie aber auch neue, für Sie „schwierige" Übungen. So lernen Sie sich und Ihren persönlichen Lernstil besser kennen.

● **Den eigenen Lernweg finden**

Planen Sie Ihren eigenen Lern-Weg. Wie weit wollen Sie in einer Woche, in einem Monat kommen? Wie viel möchten Sie lernen? Wie viel Zeit haben Sie pro Tag? Denken Sie auch an die Pausen! Machen Sie sich jetzt einen Wochenplan und markieren Sie feste Zeiten für das Wörterlernen.

● **Nicht zu viel und nicht
zu lange auf einmal lernen**

Kleine Portionen verdaut man besser – nicht nur beim Essen. Deshalb: Lernen Sie nicht zu viel auf einmal. Teilen Sie eine Einheit, die Sie interessiert, in kleine Portionen. Entscheiden Sie, wie viele Wörter oder Seiten Sie auf einmal lernen oder wiederholen wollen. Notieren Sie das in Ihrem Wochenplan. Arbeiten Sie nicht zu lange an einem Stück: 15 – 30 Minuten. Wenn Sie sich nicht mehr konzentrieren können, machen Sie eine Pause oder arbeiten Sie an etwas anderem.

● **Immer wieder wiederholen**

Was man lernt, vergisst man oft wieder. Planen Sie also Zeit für die Wiederholung ein. Wiederholen Sie oft. Machen Sie zum Beispiel eine Übung eine Woche später noch einmal. Schauen Sie in den MEMO-Lernwortschatz und wiederholen Sie die Wörter der Einheit oder Teile davon. Versuchen Sie aber auch neue Dinge. Schreiben Sie einmal eine Geschichte mit den neuen Wörtern. Legen Sie sich eine Wortschatzkartei mit „eingebautem" Wiederholen an. Sprechen Sie mit jemandem über das Thema oder . . .

● **Kreativ und autonom lernen**

Lernen mit dem Kopf, mit den Augen, den Ohren, mit Herz und Bauch: Wenn Sie ein Wort nicht wissen, raten und phantasieren Sie. Spielen Sie mit der Sprache. Verbinden Sie neue Wörter mit bekannten: Bringen Sie Leben in Ihre Wohnung: Kleben Sie Zettel mit schwierigen Wörtern in Ihr Zimmer. Verwenden Sie neue Wörter so oft wie möglich: „Bauen" Sie sich Ihren eigenen Wortschatz. Machen Sie selbst Wort-Bilder und legen Sie sie ins Buch. Sprechen Sie neue Wörter auf Kassette und hören Sie sich die Kassette öfter an. Und: Arbeiten Sie regelmäßig mit der MEMO-Kassette.

● **Den Lernerfolg selbst kontrollieren**

Wenn man etwas gelernt hat, will man auch wissen, ob man es kann. Machen Sie die Tests am Schluss der Einheiten und wiederholen Sie sie nach einiger Zeit. Eines ist sicher: Beim „Ausprobieren im Leben" erfahren Sie am besten, was Sie wirklich gelernt haben.

Und noch eins: Die deutsche Rechtschreibung wird einfacher!

Am 1. Juli 1996 haben Vertreter aller deutschsprachigen Länder die Neuregelung der deutschen Rechtschreibung beschlossen. Die neue Rechtschreibung wird am 1. 8. 1998 eingeführt. Wichtig für Lernende: Vieles wird einfacher! An der Lesbarkeit ändert sich nichts. Und: Es gibt eine Übergangszeit bis zum Jahre 2005, in der sowohl die alte als auch die neue Schreibweise erlaubt ist. Was wird sich ändern? Generell gilt zum Beispiel: *ss* nach kurzem Vokal – also *dass* statt bisher *daß*. Der Wortstamm bei Wörtern einer Wortfamilie wird gleich geschrieben: also *Nummer* und *nummerieren* (bisher *numerieren*). Auch bei der Groß- und Kleinschreibung und bei der Kommasetzung wird einiges einfacher (z. B. *der Einzelne* statt bisher *der einzelne*). Also: Die Rechtschreibreform wird kein Hindernis beim Wortschatzlernen – im Gegenteil!

Viel Spaß und Erfolg mit MEMO!

Eine Bitte an die Lehrerin / den Lehrer

Lesen Sie bitte diese Tipps mit Ihren Kursteilnehmerinnen und Kursteilnehmern. Diskutieren Sie die einzelnen Punkte gemeinsam. Helfen Sie den Lernenden beim Wortschatzlernen, indem Sie ihnen während des Unterrichts Raum und Zeit geben, selbständig mit MEMO zu arbeiten. Und ermutigen Sie Ihre Lernenden, eigene Lernziele, eigene Lernwege und Lernstile zu entdecken.

In dieser Einheit können Sie den Wortschatz zum Thema **Personen und Persönliches** üben und wiederholen:

- Angaben zur Person
- Das Gesicht
- Der Körper
- Bewegung
- Aussehen
- Gefühle und Mitmenschen

Sie können Ihren Lernerfolg auf Seite 21 kontrollieren.
Im **Lernwortschatz** finden Sie alle wichtigen Wörter zu diesem Thema mit Beispielen und Übersetzung.

Angaben zur Person

❶ Markieren Sie auf dem Pass ❶ und dem Anmeldeformular ❹ alle Wörter, die in Ihrer Sprache und in anderen Sprachen ähnlich sind.

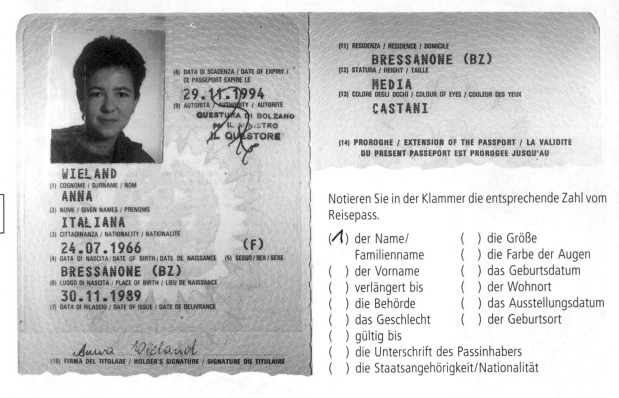

(8) DATA DI SCADENZA / DATE OF EXPIRY / CE PASSEPORT EXPIRE LE
29.11.1994
(9) AUTORITÀ / AUTHORITY / AUTORITE
QUESTURA DI BOLZANO
PER IL MINISTRO
IL QUESTORE

WIELAND
(1) COGNOME / SURNAME / NOM
ANNA
(2) NOME / GIVEN NAMES / PRENOMS
ITALIANA
(3) CITTADINANZA / NATIONALITY / NATIONALITE
24.07.1966   **(F)**
(4) DATA DI NASCITA / DATE OF BIRTH / DATE DE NAISSANCE   (5) SESSO / SEX / SEXE
BRESSANONE (BZ)
(6) LUOGO DI NASCITA / PLACE OF BIRTH / LIEU DE NAISSANCE
30.11.1989
(7) DATA DI RILASCIO / DATE OF ISSUE / DATE DE DELIVRANCE

Anna Wieland
(10) FIRMA DEL TITOLARE / HOLDER'S SIGNATURE / SIGNATURE DU TITULAIRE

(11) RESIDENZA / RESIDENCE / DOMICILE
BRESSANONE (BZ)
(12) STATURA / HEIGHT / TAILLE
MEDIA
(13) COLORE DEGLI OCCHI / COLOUR OF EYES / COULEUR DES YEUX
CASTANI

(14) PROROGHE / EXTENSION OF THE PASSPORT / LA VALIDITE DU PRESENT PASSEPORT EST PROROGEE JUSQU'AU

❷

Notieren Sie in der Klammer die entsprechende Zahl vom Reisepass.

(**1**) der Name/ Familienname
( ) der Vorname
( ) verlängert bis
( ) die Behörde
( ) das Geschlecht
( ) gültig bis
( ) die Unterschrift des Passinhabers
( ) die Staatsangehörigkeit/Nationalität

( ) die Größe
( ) die Farbe der Augen
( ) das Geburtsdatum
( ) der Wohnort
( ) das Ausstellungsdatum
( ) der Geburtsort

❸ Welche Frage passt zum Anmeldeformular, welche zum Pass? Notieren Sie die entsprechenden deutschen Begriffe zu jeder Frage.

> Wo sind Sie geboren?   *der Geburtsort*

1. Wie heißen Sie?
2. Wann sind Sie geboren?
3. Wie groß sind Sie?
4. Wo wohnen Sie?

5. Haben Sie ein Telefon?
6. Was sind Sie von Beruf?
7. Wo arbeiten Sie?
8. Welche Farbe haben Ihre Augen?

Bringen Sie bitte hier Ihr Foto an

❹ Füllen Sie das Anmeldeformular mit Ihren persönlichen Daten aus.

ANMELDEFORMULAR

Name:	Vorname:		Geb.dat.:
Straße:			Nationalität:
PLZ:	Wohnort:		Land:
Tel. privat:	Tel. tagsüber:		❑ männlich ❑ weiblich
Beruf/Studium:	Firma/Uni/Schule:		

Das Gesicht

❶ Lesen Sie die Karte und betrachten Sie die Abbildung genau. Welchen Eindruck machen diese Köpfe auf Sie? Kreuzen Sie passende Adjektive an.

Leonardo da Vinci, Sette teste grottesche

Langenscheidts Großwörterbuch Deutsch als Fremdsprache

- [ ] eigenwillig
- [ ] furchtbar
- [ ] schön
- [ ] gefährlich
- [ ] hässlich
- [ ] interessant
- [ ] komisch
- [ ] sympathisch
- [ ] schrecklich
- [ ] stark
- [ ] zufrieden
- [ ] verrückt
- [ ] hübsch
- [ ] grotesk
- [ ] lustig
- [ ] stolz

Typ *der; -s, -en;* **1** e-e Art von Menschen od. Dingen, die bestimmte charakteristische Merkmale od. Eigenschaften gemeinsam haben: *Er ist der T. von Mann, in den sich die Frauen gleich verlieben* **2** *gespr;* (*bes* von Jugendlichen) verwendet als Bezeichnung für e-n Mann (ein mieser, blöder, toller, irrer Typ) ‖ ID *mst* **Ich bin nicht der Typ dazu / dafür** das liegt mir nicht, das mache ich nicht gern; **j-s Typ** *ist* **j-d ist j-s Typ** *gespr;* j-d gefällt j-m; **Dein Typ wird verlangt** *gespr;* j-d möchte dich sprechen; **ein kaputter Typ** *mst* ein Mann, der in der Gesellschaft nicht zurechtkommt u. Alkoholiker o. ä. ist

Type *die; gespr;* verwendet als Bezeichnung für j-n, der sich seltsam verhält

❷ Welche Wörter fehlen für Sie? Notieren Sie, eventuell in Ihrer Muttersprache, und schlagen Sie im Wörterbuch nach.

❸ Bauen Sie Wort-Igel mit Wörtern aus ❶ und ❷.

Das Gesicht

❹ Ordnen Sie die Beschreibungen mit Pfeilen zu.

Oder machen Sie Sätze wie: „Mona Lisa hat lange, glatte Haare, aber Marilyn Monroe hat blondes, gewelltes Haar."

Leonardo da Vinci, <u>Mona Lisa</u>

Marilyn Monroe

blondes, gewelltes Haar
eine kleine Nase
schmale Lippen
ein offener Mund
schöne, weiße Zähne
dunkle, sanfte Augen
lange, glatte Haare
helle, gepflegte Haut
runde, volle Lippen
ein erotischer Blick
ein eher spitzes Kinn
eine hohe, glatte Stirn
ein schmaler Hals

. . .

❺ Schauen Sie die Abbildungen der österreichischen Banknoten genau an. Sie hören kurze Beschreibungen.
a) Notieren Sie den Wert der Banknoten neben den Gesichtern.

b) öS 5 000,–: Wer ist das? _____

_____

12

Das Gesicht

❻ Wie sehen Sie sich? Wie sieht Sie Ihr Partner / Ihre Partnerin? Markieren, ergänzen und vergleichen Sie.

				Sie	Ihr Partner / Ihre Partnerin
Haarfarbe:	rot	blond	grau	_____	_____
Haare:	lockig	glatt	gewellt	_____	_____
Augenfarbe:	grün	blau	braun	_____	_____
Gesichtsform:	schmal	oval	rund	_____	_____
Nase:	klein	gerade	lang	_____	_____
Mund:	breit	rund	voll	_____	_____
Zähne:	weiß	strahlend	regelmäßig	_____	_____

Der Körper

❶ Ordnen Sie die Körperteile mit Pfeilen zu.

der Kopf
  der Nacken
die Schulter
der Arm
  der Oberarm
  der Ellbogen
  der Unterarm
die Hand
  der Finger
der Oberkörper
  die Brust
das Bein
  der Oberschenkel
  das Knie
  der Unterschenkel

das Gehirn
die Haut
der Hals

der Rücken

die Brüste /
der Busen
das Herz
die Lunge
der Bauch
der Magen

die Taille

die Hüfte

der Fuß
  die Zehe

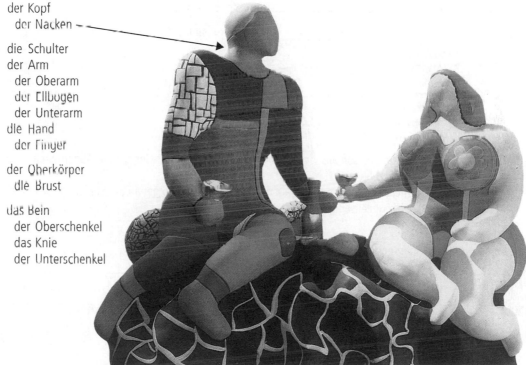

Niki de Saint Phalle, Le choix N° 6

❷   Wo im Körper sind für Sie diese Dinge? Schreiben Sie die Wörter zum Bild in Schritt ❶.

  der Verstand   das Wissen   das Gedächtnis   die Seele   die Erinnerung   das Gefühl

Der Körper

❸ Lesen Sie den Ausschnitt aus dem Märchen *Rotkäppchen*. Markieren Sie die Wörter für Körperteile und deren Funktion.

Maul, fressen: bei Tieren üblich; für Menschen üblich: Mund, essen

Aus: Brüder Grimm, Kinder- und Haus- märchen

Rotkäppchen rief „guten Morgen", bekam aber keine Antwort. Darauf ging es zum Bett und zog die Vorhänge zurück; da lag die Großmutter und hatte die Haube tief ins Gesicht gesetzt und sah so wunderlich aus. „Ei, Großmut- ter, was hast du für große Ohren!" „Dass ich dich besser hören kann." „Ei, Großmutter, was hast du für große Augen!" „Dass ich dich besser sehen kann." „Ei, Groß- mutter, was hast du für große Hände!" „Dass ich dich besser packen kann." „Aber, Großmutter, was hast du für ein entsetzlich großes Maul!" „Dass ich dich besser fres- sen kann." Kaum hatte der Wolf das gesagt, so tat er einen Satz aus dem Bette und verschlang das arme Rot- käppchen.

❹ Ergänzen Sie die Körperteile und Organe zu den Verben.

1. atmen → *durch die Nase*

2. sehen → _____

3. hören → _____

4. riechen → _____

5. sprechen/reden → _____

6. schmecken → _____

7. beißen → _____

8. tasten → _____

9. anfassen/greifen → _____

10. gehen → _____

11. denken → _____

❺ a) Wählen Sie auf Seite 9 eine Person aus. Schauen Sie sie genau an. Schließen Sie die Augen. Stellen Sie sich das Bild genau vor und beschreiben Sie es.

b) Suchen Sie einen Partner / eine Partnerin. Schauen Sie sich eine Minute genau an. Stellen Sie sich Rücken an Rücken und beschreiben Sie sich gegenseitig mit lauter Stimme.

❻ Setzen Sie die Wörter passend ein.

stumm	taub	blind	gelähmt	taubstumm

1. _____ ist, wer nicht sprechen kann.

2. _____ ist, wer nicht sehen kann.

3. _____ ist, wer einen Körperteil nicht bewegen kann.

4. _____ ist, wer nicht hören kann.

5. _____ ist, wer nicht hören und nicht sprechen kann.

1

Bewegung

❶ Lesen Sie den Text und ergänzen Sie die passenden Verben aus der Wort-Kiste.

Ein bisschen Bewegung tut gut! Los geht's: Wir _**stehen**_ **auf** und _____ **uns** hinter den Stuhl.

Jetzt _____ wir mehrmals um den Stuhl herum. Und nun _____ wir den Stuhl in beide

Hände und _____ ihn in die Höhe. Wir _____ den Stuhl wieder hin. Achtung, vorsichtig

auf den Stuhl _____ , und wieder herunter. Wir _____ **uns** und _____

mit den Händen auf den Tisch. Bei der nächsten Übung _____ wir **uns** ein bisschen mehr.

*Tipp:
Machen Sie
mit diesen
Verben und
Bewegun-
gen eine
eigene
Gymnastik-
übung.*

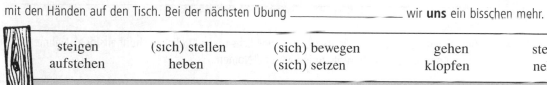

steigen	(sich) stellen	(sich) bewegen	gehen	stellen
aufstehen	heben	(sich) setzen	klopfen	nehmen

❷ a) Sie hören eine Radiosendung mit Gymnastik. Hören Sie zu und sehen Sie gleichzeitig die Skizzen an. Streichen Sie die drei Skizzen, die nicht zu dieser Übung passen.

 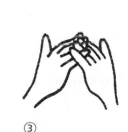  

b) Hören Sie die Gymnastiksendung nochmals und machen Sie die Übung mit.

❸ Ordnen Sie die Skizzen den Ausdrücken zu.

① ② ③ ④ ⑤ ⑥

_____ Treppen steigen

_____ die Arme heben

_____ auf dem Boden knien

_____ sich auf einen Stuhl setzen

_____ auf einem Stuhl sitzen

_____ sich umdrehen

❹ Machen Sie Gymnastik? Beschreiben Sie Ihre Lieblingsübung so genau, dass die Gruppe mitmachen kann. Wenn es hilft, machen Sie auch Skizzen dazu oder turnen Sie vor.

Aussehen

❶ Schönheit ist alles – ist Schönheit alles? Was ist für Sie eine schöne Frau, was ein schöner Mann? Markieren Sie mit zwei verschiedenen Farben.

große Nase	blonde Haare	blasses Gesicht	dicke Finger
dünne Beine	braun gebranntes Gesicht	runde Formen	sportlicher Typ
kleine Augen	rundliche Figur	magerer Körper	schlanke Taille
jugendliches Aussehen	schmale Hände	glatte Haut	
gepflegte Haut	langer Hals	starke Arme	

❷ Bilden Sie selbst weitere Ausdrücke für das typische weibliche und männliche Schönheitsideal. Nehmen Sie auch eine Zeitschrift zu Hilfe. Kombinieren Sie jeweils Adjektive und Nomen.

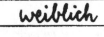

weiblich

männlich

❸ Wie wollten Sie sein, als Sie vierzehn Jahre alt waren? Beschreiben Sie Ihrem Partner / Ihrer Partnerin, wie Sie damals aussehen wollten.

❹ Dick und dünn. Ordnen Sie die folgenden Ausdrücke in einem Kreis an.

eine Diät machen

sich besser fühlen

eine gute Figur wollen

zu schwer sein

mit der Diät aufhören

zunehmen

sich schlechter fühlen

abnehmen

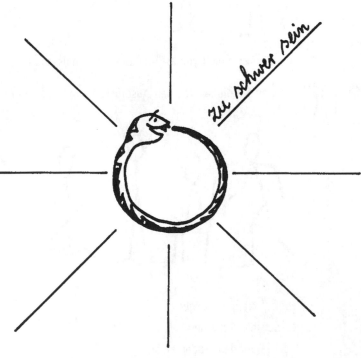

❺ Machen Sie in der Gruppe ein Ratespiel. Wer an der Reihe ist, stellt sich seinen Star (Musik, Film, Sport ...) vor. Die anderen dürfen raten bzw. fragen. Der Gefragte antwortet nur mit *ja* oder *nein*.

Gefühle und Mitmenschen

➡ **Einheit 2, S. 25 f.**

❶ Was ist Ihnen an Ihren Freunden wichtig?
a) Nummerieren Sie die einzelnen Wörter mit Zahlen von – 5 bis + 5.

rücksichtslos unehrlich untreu ⊖ unfair unentschlossen verständnislos stolz intolerant	schwach ⊕/⊖ stark entschlossen	treu verständnisvoll ehrlich fair offen ⊕ rücksichtsvoll selbstsicher tolerant lieb vernünftig selbständig selbstbewusst

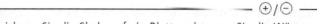

⊖ ◀————————————— ⊕/⊖ —————————————▶ ⊕

b) Zeichnen Sie die Skala auf ein Blatt und tragen Sie die Wörter ein.

❷ Schreiben Sie die Ausdrücke aus der Wort-Kiste an den passenden Stellen in die Skala.

> Gewalt anwenden   Zweifel haben   Verantwortung tragen   Verständnis haben
> Vertrauen schenken   sich Sorgen machen   Spaß miteinander haben
> aufeinander Rücksicht nehmen   in Ruhe lassen   Gefühle verstehen
> die Wahrheit sagen   Kraft geben   Verständnis haben   Humor haben

❸ Schreiben Sie Ihre Meinung:

Ich mag Menschen, *die tolerant sind.*

Ich mag *keine unehrlichen Menschen.*

❹ Lesen Sie zuerst den einfachen Text rechts, danach den Originaltext von Franz Kafka. Nummerieren Sie im linken Text den Beginn der entsprechenden Passagen.

Liebster Vater,

Du hast mich letzthin einmal gefragt, warum ich behaupte, ich hätte Furcht vor Dir. Ich wußte Dir, wie gewöhnlich, nichts zu antworten, zum Teil eben aus der Furcht, die ich vor Dir habe, zum Teil deshalb, weil zur Begründung dieser Furcht zu viele Einzelheiten gehören, als daß ich sie im Reden halbwegs zusammenhalten könnte. Und wenn ich hier versuche, Dir schriftlich zu antworten, so wird es doch nur sehr unvollständig sein, weil auch im Schreiben die Furcht und ihre Folgen mich Dir gegenüber behindern und weil die Größe des Stoffs über mein Gedächtnis und meinen Verstand weit hinausgeht.
Dir hat sich die Sache immer sehr einfach dargestellt, wenigstens soweit Du vor mir und, ohne Auswahl, vor vielen andern davon gesprochen hast.

Aus:
Franz
Kafka,
Brief an
den Vater

1. Der Vater fragt den Sohn: „Warum sagst du, du fürchtest dich vor mir?"

2. Der Sohn kann nichts antworten,

3. zum Teil aus Furcht vor dem Vater,

4. zum Teil, weil es zu viele Dinge sind, um sie mündlich zu erzählen.

5. Auch eine schriftliche Antwort ist unvollständig, schreibt der Sohn,

6. weil erstens auch beim Schreiben die Furcht da ist,

7. und zweitens, weil Gedächtnis und Verstand nicht ausreichen.

8. Dem Vater schien immer alles ganz einfach.

Gefühle und Mitmenschen

5 Welche Adjektive passen zum Vater, welche zum Sohn? Markieren Sie passende Wörter mit zwei verschiedenen Farben. Nicht alle Wörter passen.

> streng – mild   schüchtern – lebhaft   ängstlich – mutig   böse – gut   schrecklich – lieb
> liebevoll – lieblos   offen – sprachlos   kompliziert – herzlich   schlecht – gut
> hart – zärtlich   schwierig – einfach   misstrauisch – vertrauensvoll   schlimm – brav

6 Ordnen Sie den beschriebenen Situationen das passende Wort zu. Notieren Sie die richtigen Nummern.

1. Ein Kind kann mit seinen Eltern über alles reden.   _____ Liebe

2. Ein Kind fühlt sich unsicher und ist schüchtern.   _____ Vertrauen

3. Jemand glaubt, der andere ist immer gegen ihn.   _____ Furcht/Angst

4. Die Eltern versuchen, ihr Kind zu verstehen.   _____ Misstrauen

5. Wenn der andere nicht da ist, fehlt er einem sehr.   _____ Missverständnis

6. Zwei Menschen haben sich nicht richtig verstanden.   _____ Verständnis

7 Wie ist Ihr Vater, Ihre Mutter, eines Ihrer Geschwister, wie sind Ihre Großeltern? Sammeln Sie Wörter und beschreiben Sie Ihre Familie.

8 Ordnen Sie die Wörter aus der Wort-Kiste in eine Skala der Gefühle ein. Schreiben Sie auch eigene Wörter dazu, die Ihnen einfallen.

> die Angst   die Furcht   das Vertrauen   die Sympathie   die Wärme   der Ärger
> das Verständnis   der Hass   die Liebe   die Kälte   die Wut   das Misstrauen
> die Enttäuschung   die Freude   die Zufriedenheit   das Missverständnis   das Heimweh

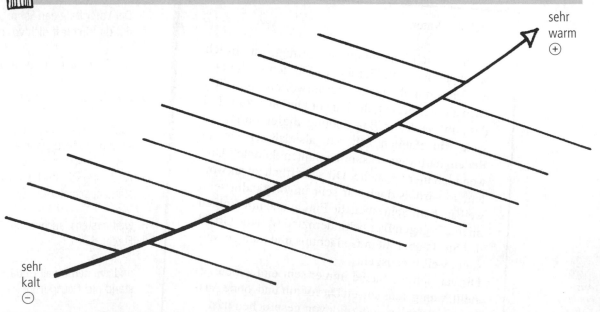

9 Färben Sie Ihre Skala der Gefühle mit den Farben ein, die Sie mit den einzelnen Gefühlen verbinden.

Gefühle und Mitmenschen

10 Was heißt denn hier Liebe? Welches Liebesgedicht gefällt Ihnen am besten? Diskutieren Sie mit Ihrem Partner / Ihrer Partnerin die Gründe für Ihre Wahl.

A

Ich liebe das Leben,
das Leben liebt mich,
nur der, den ich liebe,
der liebt mich nicht.

A
Graffito,
öffentlicher
Bus

B

Lehn deine Wang an meine Wang,
Dann fließen die Tränen zusammen;
Und an mein Herz drück fest dein Herz,
Dann schlagen zusammen die Flammen!

Und wenn in die große Flamme fließt
Der Strom von unsern Tränen,
Und wenn dich mein Arm gewaltig umschließt –
Sterb ich vor Liebessehnen!

B
Aus:
Heinrich
Heine,
Buch der
Lieder

C

FRAGEN

Schreib mir, was du anhast! Ist es warm?
Schreib mir, wie du liegst! Liegst du auch weich?
Schreib mir, wie du aussiehst! Ist's noch gleich?
5 Schreib mir, was dir fehlt! Ist's mein Arm?

Schreib mir, wie's dir geht! Verschont man dich?
Schreib mir, was sie treiben! Reicht dein Mut?
Schreib mir, was du tust! Ist es auch gut?
Schreib mir, woran denkst du? Bin es ich?

10 Freilich hab ich dir nur meine Fragen!
Und die Antwort hör ich, wie sie fällt!
Wenn du müd bist, kann ich dir nichts tragen.

Hungerst du, hab ich dir nichts zum Essen.
Und so bin ich grad wie aus der Welt.
15 Nicht mehr da, als hätt ich dich vergessen.

C
Aus:
Bert Brecht,
Englische
Sonette

11 Zeichnen Sie auf einem Blatt Papier ein Wort-Netz zum Thema Liebe und Gefühle. Verwenden Sie dazu Wörter aus den Gedichten und Ihre eigenen Vorstellungen und Bilder zum Thema.

12 Markieren Sie im Text die Wörter, die Sie auch in Ihr Wort-Netz geschrieben haben.

Der Ratgeber für eure intimsten Fragen in Sachen Sex und Liebe. Schreibt an uns, Kennwort „Intimgeflüster".

Er will kein Kondom

Ich habe vor zwei Wochen einen Burschen kennen gelernt, der mir sehr gut gefällt. Ich habe mit ihm allerdings das Problem, dass er kein Kondom verwenden will. Er findet, dass er mit einem Kondom nichts spürt, dass Gummis unerotisch sind und dass es ihm dann keinen Spaß mehr macht, mit mir zusammen zu sein. In den Zeitungen habe ich aber schon oft gelesen, dass es heute für Mädchen gefährlich ist, mit einem Burschen ohne Präservativ zu schlafen. Ich kann meinen Freund aber trotzdem nicht dazu überreden, ein Kondom zu verwenden. Ich habe aber Angst,

ihn zu verlieren, wenn ich darauf bestehe oder einfach nicht mehr mit ihm schlafe. Was empfehlt ihr mir?
Eva, 15

Ob Kondome unerotisch sind oder nicht, ist Ansichtssache. Einigkeit besteht aber darüber, dass es tödlich ausgeht, wenn man an der Immunschwäche Aids erkrankt. Dein Freund benimmt sich rücksichtslos und dumm. Wer heute „ungeschützt", also ohne Kondom, mit jemandem schläft, riskiert unter Umständen sein Leben und das anderer. Hier können wir gar nicht deutlich genug werden. Und die Zeiten, in denen Aids auf Risikogruppen wie männliche

Homosexuelle oder Junkies beschränkt war, sind endgültig vorbei. Die am meisten gefährdete Personengruppe sind inzwischen die Frauen: Sie stecken sich wesentlich leichter an als Männer. Wer kein Präservativ verwendet, riskiert eine ganze Menge. Leider ist es noch immer ein Tabu, über den „Gummi" und seine Verwendung zu reden. Sex ohne Präservativ sollte inzwischen „out" sein.
Sprich mit deinem Freund darüber.
Noch ein Tipp: Mit Männern, die deine (Sicherheits-)Bedürfnisse ignorieren und nur stumpfsinnig an ihre eigene Lust denken, solltest du keine Zeit verschwenden.

Jugend-
zeitschrift
Rennbahn
Express,
(Wien)
Nr. 3, 1993

Gefühle und Mitmenschen

❸ Lesen Sie die folgenden Fragen. Notieren Sie kurze Antworten zu den Fragen, die Sie interessant finden.

Ein paar Fragen zum Tage

1. Glauben Sie, dass sich der Computer je wieder rückgängig machen wird?

2. Gehen Sie gern in ein Fotokopiergeschäft?

3. Gefällt Ihnen das Foto auf Ihrer Identitätskarte?

4. Wissen Sie, was auf der ersten Seite Ihres Passes steht?

5. Ist es Ihnen peinlich, wenn Sie weinen müssen?

6. Wenn ja, wie haben Sie sich ermutigt, dass Sie trotzdem weiterleben können?

7. Haben Sie auch schon mit einem Ihrer Körperteile gesprochen?

8. Welche Farbe haben Ihre Augen? Sind Sie sicher?

9. Kennen Sie jemanden, der früher Elektriker war und jetzt Heilpädagoge ist?

10. Kennen Sie jemanden, der früher Heilpädagoge war und jetzt Elektriker ist?

11. Haben Sie Angst vor dem Fliegen? Warum?

12. Haben Sie Angst vor dem Autofahren? Warum nicht?

13. Was möchten Sie noch lernen?

14. Haben Sie auch schon geträumt, Sie würden ermordet?

15. Kennen Sie eine Chirurgin?

16. Wann haben Sie Ihre besten Freunde zum letzten Mal getroffen?

17. Sind Sie sicher, dass Sie Freunde haben?

Aus: Franz Hohler, Der Mann auf der Insel

---

❹ Was denken Sie über diese Fragen? Notieren Sie die Nummern. Ergänzen Sie andere Verben.

Ich habe ...

... mich geärgert _____ ... lange überlegt _____ ... mich an jemanden erinnert _____

... mich unsicher gefühlt _____ ... mich aufgeregt _____ ... geweint _____

... mich gefreut _____ ... mich gewundert _____ Was noch? _____

... gezweifelt _____ ... gelacht _____ _____

---

❺ Suchen Sie sich in Schritt ❸ Ihre liebste Frage aus. Ihr Partner / Ihre Partnerin soll sie erraten.

---

❻ Das ungewöhnliche Interview.
Stellen Sie Fragen zu den Antworten von Johnny Carson.

Weil der amerikanische Showmaster Johnny Carson nicht alle Interview-Wünsche befriedigen konnte und wollte, belieferte er Journalisten mit einer Antwort-Liste, zu der jeder selbst seine Fragen stellen konnte:

1. *Ja.*
2. *Das Gerücht ist völlig unwahr.*
3. *Nur zweimal in meinem Leben, beide Male am Samstag.*
4. *Beides, aber lieber ist mir Ersteres.*
5. *Nein, Kumquats (Goldorangen).*
6. *Diese Frage kann ich nicht beantworten.*
7. *Kröten und Taranteln.*
8. *Turkestan, Dänemark, Chile und die Komandorski Inseln.*
9. *So oft es geht, aber noch nicht sehr gut. Ich müsste öfter üben.*
10. *Das ist einigen meiner alten Freunde passiert und ich werde es nie vergessen.*

Der Standard, (Wien) 14. 5. 1992

Kontrollieren Sie Ihren Lernerfolg

❶ Wählen Sie ein Musikstück aus, das Sie mit einem lieben Menschen verbinden. Hören Sie die Musik und notieren Sie Wörter und Ausdrücke, die zu dieser Person passen, auf einem Blatt.

❷ Setzen Sie die Satzanfänge so fort, dass die Sätze Ihren Vorstellungen von Freundschaft entsprechen.

Ich finde es sehr angenehm, wenn _____

Freunde brauche ich besonders, wenn _____

Freunde sind Menschen, die _____

Wenn ich müde und nervös bin, _____

Wichtig ist mir, dass _____

Ich bin enttäuscht, wenn _____

Ich bin bei Problemen sehr froh, wenn _____

Wenn ich länger von zu Hause weg bin, _____

❸ An welche von diesen Gefühlen können Sie sich besonders gut erinnern?
a) Machen Sie Sätze mit Ausdrücken aus der Wort-Kiste, die für Sie wichtig sind.

schreckliche Angst vor etwas haben	eine besondere Sympathie für jemanden empfinden
keine Furcht vor jemandem haben	viel menschliche Wärme zeigen
jemanden mit Haut und Haar lieben	großen Ärger bekommen
blinden Hass auf jemanden haben	innere Kälte zeigen
eine fürchterliche Wut auf jemanden haben	eine bittere Enttäuschung erleben
jemanden voll Liebe anschauen	vor Liebe blind sein — über etwas Freude zeigen
großes Heimweh bekommen	tiefe Zufriedenheit über etwas empfinden

b) Wie zeigen sich diese Gefühle bei Ihnen? Mit welchen Körperteilen verbinden Sie sie?

❹ a) Eine Person spricht über ihre Gefühle. Hören Sie zu und entspannen Sie sich.

b) Wenn Sie Lust haben, machen Sie einen eigenen Text dieser Art. Sprechen Sie ihn auf Kassette und spielen Sie diese Ihrem Partner / Ihrer Partnerin vor.

❺ Hören Sie ruhige Musik. Legen Sie sich entspannt hin und sprechen Sie für sich alle Wörter, die zum Körper gehören. Gehen Sie Ihren Körper in Gedanken von Kopf bis Fuß durch oder umgekehrt.

In dieser Einheit können Sie den Wortschatz zum Thema **Familie, private Beziehungen** üben und wiederholen:

- Familie und Verwandtschaft
- Bekanntschaft, Freundschaft, Liebe

Sie können Ihren Lernerfolg auf Seite 29 kontrollieren.
Im **Lernwortschatz** finden Sie alle wichtigen Wörter zu diesem Thema mit Beispielen und Übersetzung.

Die Familie

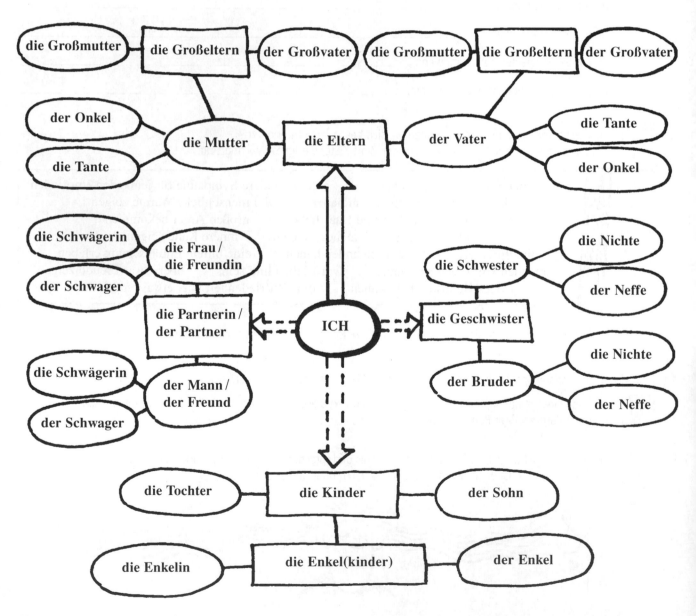

Familie und Verwandtschaft

❶ Betrachten Sie die Grafik „Familie" (Seite 22). Gehen Sie dabei immer vom ICH in der Mitte aus: Das sind SIE!
Schauen Sie nacheinander in die Richtung der vier Pfeile und denken Sie dabei an Ihre eigene Familie.
Wo sind in der Grafik Ihre „nahen Verwandten", wo Ihre „entfernten Verwandten"? Schreiben Sie Namen in oder an die Ovale.

❷ Was sind Sie alles? Notieren Sie oder sprechen Sie laut.
Beispiel: „Ich bin die Tochter / der Sohn meiner Mutter und ..." „Ich bin die Schwester / der Bruder ..."

❸ Malen Sie rote Pfeile vom ICH-Oval zu den Verwandten, zu denen Sie eine gute Beziehung haben/hatten.
Blaue Pfeile malen Sie für schlechte oder kühle Beziehungen.

❹ a) Wie man negative (–), neutrale (0) und positive Beziehungen (+) in Worte fassen kann, zeigen Ihnen die folgenden „Wort-Skalen": Verben, Adjektive/Adverbien, Nomen. Lesen Sie von links nach rechts und umgekehrt.

VERBEN:

verlassen   missverstehen   enttäuschen   etwas/nichts angehen   leid tun   sich verstehen   mögen   sich verlieben

– ◄————————————————0————————————————► +

hassen   ablehnen   bestrafen   streiten   schimpfen   loben   vorziehen   gefallen/gern haben   lieben

ADJEKTIVE/ADVERBIEN:

sehr schlecht   traurig   gestört   kühl   neutral   freundlich   persönlich   fest/eng   sehr gut

– ◄————————————————0————————————————► +

kaputt   furchtbar   kompliziert   höflich   normal   recht nett   menschlich   lebendig   glücklich

NOMEN:

Angst   Misstrauen   Missverständnis   Beziehung   Rücksicht   Vertrauen   Wohl   Glück

– ◄————————————————0————————————————► +

Hass   Sorge/Schmerz   Vorurteil   Problem   Verhältnis   Kontakt   Verständnis   Spaß/Vergnügen   Liebe

b) Schauen Sie sich diese Grafik an, das „Soziogramm" einer Familie:
– Die gestrichelten Pfeile (– – – ►) zeigen eine negative Beziehung.
– Die Linienpfeile (———►) zeigen eine positive Beziehung.

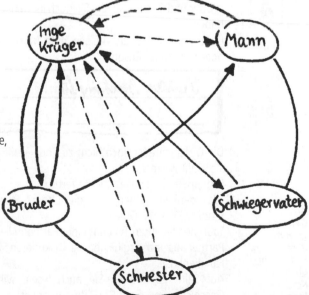

c) Inge Krüger erzählt über ihr Verhältnis zu vier nahen Verwandten. Hören Sie zu und notieren Sie Ausdrücke, mit denen Frau Krüger diese Beziehungen beschreibt.

d) Schreiben Sie auf, wie die Beziehungen zwischen den einzelnen Mitgliedern dieser Familie sind. Verwenden Sie auch Wörter aus den drei Wort-Skalen oben.
Beispiel: „Frau Krüger hat ein recht nettes Verhältnis zu ihrem Schwiegervater ..."

Familie und Verwandtschaft

e) Beschreiben Sie einer Partnerin / einem Partner Ihre Beziehungen zu einigen Verwandten möglichst genau. Benutzen Sie dabei Wörter aus den drei Wort-Skalen (Seite 23).

f) Vergleichen Sie Ihre Familie mit Familien anderer Lerner. (Bevor Sie selbst formulieren, können Sie im *Schlüssel* noch einmal durchlesen, was Sie eben von Inge Krüger gehört haben.)

❺ In dieser Geschichte gibt es Streit zwischen den Eltern. Lesen Sie den Text leise und laut und stellen Sie sich dabei vor, wie das in Ihrer Familie war oder heute noch ist.

Suchen Sie passende Bilder zum Thema „Familienkrach" und machen Sie eine Collage. Oder suchen Sie ein passendes Lied bzw. ein Musikstück.

a) Notieren Sie zu den Personen der Geschichte Wörter und Ausdrücke, die Sie noch im Gedächtnis haben.
Dazu können Sie die ausgewählte Musik hören oder Ihre Bilder ansehen.

> *Mutter beschimpfte ...*
> _____
> _____

b) Die Geschichte ist noch nicht zu Ende – wie geht sie wohl weiter?
Schreiben Sie die Geschichte fertig:
Was denken, fühlen, tun die Eltern? Was die Kinder? Was die Oma?
Tauschen Sie Ihren Text mit einer Partnerin / einem Partner aus und vergleichen Sie. Diskutieren Sie die Familienkrise.
Auf Seite 29 können Sie auch lesen, wie die Geschichte von Gerd E. Hoffmann endet!

Aus:
Geh und
spiel mit
dem Riesen.
Erstes Jahrbuch der
Kinderliteratur

Familienkrach
Gerd E. Hoffmann

Es begann mit einem lauten Familienkrach. Die Mutter beschimpfte ihre Mutter, die Oma. Der Vater schrie die Mutter, seine Frau, an und schlug mit der Handfläche auf den Wohnzimmertisch. Die Mutter schickte mit einem heftigen „Ab ins Kinderzimmer!" die beiden Jungen und das Mädchen hinaus und lief dann selbst weinend in die Küche. Die Großmutter schüttelte nur den Kopf und ging vor sich hin murmelnd in ihr Zimmer zurück. Der Vater seufzte, griff nach der Zeitung, legte sie wieder auf den Tisch zurück, stand auf, verließ das Wohnzimmer, knallte die Wohnungstür hinter sich zu und ging verärgert in die nächste Kneipe.

Das war kein angenehmer Abend. Für die Kinder in ihrem Zimmer war es deshalb besonders unangenehm, weil sie bemerkten, dass offensichtlich manches von dem nicht stimmte, was ihnen die Oma immer erzählte und was sie selbst über Väter und Mütter gelesen hatten.

Vielleicht hatte es einmal Frauen gegeben, die immer lieb und herzlich waren, gut kochten, immer für alle Fragen und Wünsche ihrer Kinder Antwort und Zeit hatten; die ihren Mann stets umsorgten, von ihm allen häuslichen Kleinkram fern hielten – kurz: Frauen, die musterhafte Hausmütter waren und nie auf den Gedanken kamen, ihre Tochter könne jemals anders werden.

Vielleicht hatte es einmal Männer gegeben, die immer gütig und beherrscht waren, sich in ihrem Beruf anstrengten, viel Geld nach Hause brachten, dann lieb zu ihren Frauen waren und sich stets gerecht gegenüber ihren Kindern verhielten – kurz: Männer, die musterhafte Familienväter waren und nie auf den Gedanken kamen, ihre Söhne könnten jemals anders werden.

Nach dem Geschrei, Geschimpfe und Türenknallen war den drei Kindern der Verdacht gekommen, dass es solche Mustermütter und Musterväter wahrscheinlich überhaupt nicht gibt.

Und dann überlegten die Kinder, wie das eigentlich mit den Vätern ist. Sie hatten schon mal einen Vater einen Kinderwagen schieben sehen, gelegentlich auch beim Einkaufen. Aber beim Abwaschen oder Fensterputzen oder Knöpfeannähen?

Die Kinder hörten den Vater zurückkommen.

Die Mutter hatte aufgehört zu weinen.

❶ In beinahe jeder Zeitung oder Zeitschrift gibt es „Partner-Suchanzeigen" wie die unten abgedruckten. Menschen suchen auf diese Weise nach Partnern für eine persönliche Beziehung: Freundschaft, Sex, Liebe, Ehe.
Lesen Sie die folgenden Anzeigen. Welche gefallen Ihnen, welche nicht? Begründen und diskutieren Sie.

Heiraten ♥ Bekanntschaften

Anf. =
Anfang

rötl. =
rötlich

Akad. =
Akademi-
ker(in)

akad. =
akademisch
gebildet

gesch. =
geschieden

(A) fesch =
nett; gut
gekleidet

(A) Bussi =
Kuss

(A) Brieferl
= Brief

CHRISTIAN, 38/178, Geschäftsführer, schlank, brünett, sehr vielseitig, gutes Einkommen, Hausbesitz, kinderlieb, sucht aufrichtige Partnerin für sonnige Zukunft! Europäischer Partnerbund 07 21-5 12 82 32 bis 22.00 Uhr!

MICHELLE, 24/170, schlank, dunkelblond, sportlich, Musik liebend, gute Hausfrau, anpassungsfähig, sucht einen einfühlsamen Partner! Europäischer Partnerbund 07 21-5 12 82 32 bis 22.00 Uhr!

Kellner, (37/180, zurzeit in Haft, möchte Mädchen zum Pferdestehlen kennen lernen! Bin Löwe, dunkelhaarig, gut aussehend, geschieden. ✉ Concordia Innsbruck.

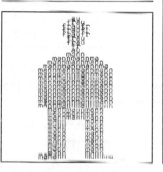

ZEIT ZU LEBEN – ZEIT ZU LIEBEN ... Attraktive Frau (Anf. 40, 163, rötl. Haar, Akad.) mit Gemüt, Geist und Zärtlichkeit freut sich auf die Begegnung mit einem kultivierten Mann, der eine Partnerschaft und das Leben auf allen Ebenen zu gestalten und zu geniessen wagt. Zuschriften an Chiffre 7089, Tages-Anzeiger, 8021 Zürich.

SELBSTINSERENT. Gruss aus dem Südbünden. Grundsatz: Ehrlichkeit, Treue, Charakterfestigkeit. 182/44. Suche dich, eine blonde oder schwarze, treue, ehrliche, akad. Sie zwischen 30 u. 40 Jahren. Liebst du die Berge, Sonne, Schnee und Wasser? Ich bin ein unkomplizierter, fröhlicher, weltoffener, gut aussehender, braun gebrannter Mann, der eine harmonische Beziehung sucht. Meine Hobbys: Segeln, Wandern, Jagen, Curling, Fotografieren, Malen, Golf, gemütlich zu Hause sein, Familie. Möchtest du auch ca. in 2 Jahren auswandern? Bist du aktiv und in guten Verhältnissen lebend? Schreibe mir bitte mit Foto an Chiffre 5135, Tages-Anzeiger, 8021 Zürich.

SORGEN für eine Familie! Das möchte fescher 40-JÄHRIGER ST. PÖLTNER, nicht ortsgebunden, bestbezahlter Job, kinderlieb. Vermittlung 03 75-7 02 10, Friendship.

FESCHE WITWE, 63, Geschäftsfrau in Pension, bestens versorgt, zärtlich und liebesbedürftig, sucht jung gebliebenen Herrn für alles Schöne. Vermittl. 03 75-7 02 10, Friendship.

GEBUNDENER, SINNLICHER GESCHÄFTSMANN, 39, schlank, **SERIÖS,** niveauvoll, phantasievoll, „ganz gut gebaut", sucht adäquate **GEBUNDENE DAME** aus bester Gesellschaft mit Herzlichkeit und Vertrauen. Tagesfreizeit und Dauerfreundschaft möglich. Diskretion Ehrensache. Auf dein Brieferl (eventuell Postlagerschrift) freut sich dein „X". Küss die Hand, Bussi! Zuschriften erbeten an 899/02, ✉ KURIER, Postfach 40, 1072 Wien.

HÜBSCHE, schlanke Akademikerin, feminin, elegant (Arztwitwe) wünscht Begegnung mit ungebundenem, seriösem, kultiviertem Akademiker (50 bis 62 Jahre). Bitte nicht anonym. Postamt 1235 Wien, Postfach 36 25.

JETZT reicht's mir aber! Wo ist mein großer, fescher, seriöser, niveauvoller Partner um die 60, der mit gut aussehender, gut situierter, unternehmungslustiger, noch alltäglicher, schlanker, 56-jähriger Witwe, 170 groß, noch die schönen Seiten des Lebens erkunden will. 207/31, Postfach 40, ✉ KURIER, 1072 Wien.

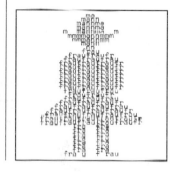

❷ Wer sucht wen? Wählen Sie drei Anzeigen aus, die Sie interessieren. Notieren Sie aus den Texten Informationen über beide Partner.

Anzeige 1:	Anzeige 2:	Anzeige 3:

❸ Schreiben Sie eine eigene Partner-Suchanzeige; beschreiben Sie sich und Ihre Wünsche möglichst genau. Benutzen Sie dazu die Wort-Kiste und das Anzeigenformular auf Seite 26.

Situation: Frau/Mann, Dame/Herr, verheiratet, geschieden, verwitwet, ledig/unverheiratet; mit Kindern/ohne Kinder
Alter: ... Jahre (alt/jung), jünger, gleich alt, älter; zwischen 30 und 40/von 30 bis 40
Typ und Charakter: weiblich/männlich, schön, hübsch, attraktiv, schlank, dick/mollig, sportlich, chic; treu, fair, freundlich, nett, klug, gebildet
Körpergröße: klein, mittelgroß, groß; 176 cm
Haarfarbe: dunkel, hell; schwarz, grau, braun (hell-/dunkelbraun), rot (hell-/dunkelrot), blond (hell-/dunkelblond), weiß

Bekanntschaft, Freundschaft, Liebe

Schreiben Sie zum Spaß: Wie würden Sie auf eine der Such-anzeigen von S. 25 antworten?

Möchten Sie schnell und unkompliziert neue Menschen kennenlernen?

✂

Meine Interessen: ☐ Sport aktiv ☐ Sport passiv ☐ Wandern ☐ Reisen ☐ Natur ☐ Geselligkeit ☐ Ausgehen ☐ Tanzen ☐ Kochen ☐ Musizieren ☐ Fotografieren ☐ Träumen ☐ Faulenzen ☐ Diskutieren ☐ Lesen ☐ Film ☐ Theater ☐ Kunst ☐ Wohnen ☐ Fernsehen ☐ Handwerken ☐ Musik hören ☐ Weltgeschehen ☐ Technik ☐ Computer ☐ Spielen ☐ Video ☐ Mode ☐ Essen ☐ Auto ☐ Motorrad ☐ Esoterik ☐ Tiere

Vorname_____ Name_____ ☐ weiblich ☐ männlich

Strasse_____ Postleitzahl_____ Ort_____ Kanton_____

Geburtsdatum: Tag_____ Monat_____ Jahr_____ Grösse_____cm Beruf_____

Telefon G._____ Telefon P._____ mich darf man anrufen bis ____Uhr abends

Ich bezahle 100 Franken ☐ bar beiliegend ☐ mit Eurocheque ☐ mit Rechnung innert 10 Tagen

Wenn ich den Coupon vollständig ausfülle, erhalte ich von Ihnen zwei Adressen und bin damit einverstanden, dass Sie meine Adresse an zwei interessierte Personen des anderen Geschlechts weitergeben. Meine Angaben werden nur dazu verwendet, Leute auszuwählen, die von Alter, Grösse und Interessen zu mir passen. Das kostet mich 100 Franken und verpflichtet mich sonst zu nichts. TA 4

Blind ● Date

Unterschrift_____ JK251

Einsenden an: Blind Date Postfach 1083 Altstetterstrasse 126 8048 Zürich

Ⓐ, ⒸⒽ
innert = innerhalb von

Aus: Anzeigen-werbung Blind Date Ltd. (Schweiz), Zürich

❹ a) Eine Familienszene: Was passiert hier? Suchen Sie einen Titel zum Bild und schreiben Sie ihn hinein.
b) Welche Verwandten des Hochzeitspaares sehen Sie? Welche Typen von Personen sind das? Wer passt zu wem?

Aus: Lohfert/ Scherling, Wörter – Bilder – Situationen

Bekanntschaft, Freundschaft, Liebe

5 Ergänzen Sie die folgende Einladungskarte zu einer Hochzeit. Wählen Sie für jede Textlücke den Ausdruck aus der Wortliste rechts, der Ihnen am besten gefällt.

Liebe Angehörige und (1) _____ ,

am 15. Mai werden wir ein Paar:

Wir (2) _____ am Wolfgangsee. Und

deshalb möchten wir euch, eure Partner und Kinder

(3) _____ , bei unserem Fest

(4) _____ .

Die kirchliche (5) _____ findet um 11 Uhr

in der Pfarrkirche St. Wolfgang statt. Bitte kommt

alle, wenn wir (6) _____ schließen.

Ab 12 Uhr beginnt (7) _____ im Kreis

der Familie und (8) _____ im Restau-

rant „Rößlwirt". Wir freuen uns sehr, dass ihr alle

(9) _____ dort kennen lernen und mit

uns gemeinsam (10) _____ feiern

könnt.

Eine Bitte zum Schluss: Gebt uns bald Bescheid, ob

ihr (11) _____ könnt. Wir würden euch

sehr gerne (12) _____

_____ !

(13) _____

eure Sabine und Matthias

(1) Freunde/Bekannte/ Kollegen/Nachbarn

(2) heiraten / feiern unsere Hochzeit

(3) einladen/bitten

(4) dabei zu sein / unsere Gäste zu sein

(5) Feier/Hochzeit

(6) die Ehe / den Bund fürs Leben

(7) unser Fest / unsere Hochzeitsfeier / die Hochzeitsparty

(8) guten Freunde / engsten Bekannten

(9) euch/einander

(10) in guter Stimmung / mit Spaß / mit großem Vergnügen

(11) kommen / uns besuchen /. unserer Einladung folgen

(12) begrüßen/wiedersehen / willkommen heißen

(13) Viele Grüße / Wir grüßen euch herzlich

6 Können Sie zur Hochzeit kommen? Schreiben Sie eine Zusage oder eine Absage an Sabine und Matthias. Wählen Sie passende Wörter aus der Wort-Kiste.

danken/bitten　　gerne/leider　　zusagen/absagen　　glücklich/traurig
dabei sein / verreist sein　　kommen / nicht (kommen) können　　sich freuen / leid tun
Bitte/Dank　　verstehen/missverstehen　　gratulieren/beleidigen

❼

a) Lesen Sie die Texte A und B. Wovon handeln sie? – Ordnen Sie die Texte den folgenden Themen zu:

☐☐ Liebe

☐☐ Freundschaft ☐☐ Beginn einer Beziehung

☐☐ Hass

☐☐ Ende

●—— Dauer ☐☐

☐☐ Veränderung ☐☐

A

Ossis = Deutsche aus der früheren DDR

Wessis = Deutsche aus der früheren BRD

Inge Günther, Frankfurter Rundschau, 9. 5. 1992

Liebe in Zeiten der Cholera

Draußen rauschte der finstere Thüringer Wald. Drinnen lockte eine freundliche Gaststube Ossis wie Wessis auf ein letztes Bier vorm Schlafengehen. Zeit für eine deutsch-deutsche Gute-Nacht-Geschichte. Die Geschichte von Gerhard und Marianne: Liebe in Zeiten der volkseigenen Cholera.

Sie begann vor fast vierzig Jahren, erzählte Gerhard. Er war damals noch ganz jung und Marianne auch noch keine zwanzig. Ihre Begegnung in einer Fahrschule war Ausgangspunkt fürs erste Rendezvous. Doch kein glücklicher Stern leuchtete damals einem gemeinsamen Weg. Es gab Missverständnisse. Sie heiratete einen anderen. Er schloss darauf eine Ehe „aus Trotz". So berichtete er jedenfalls aus heutiger Sicht. Nach drei Jahren ließ er sich wieder scheiden. Sie wiederum „war auch nicht glücklich", und das fast 25 Jahre lang. Schon längst hatte er sich nach

Westberlin abgesetzt, weg aus dem Staate Ulbrichts. Er erlebte viel auf seiner weiteren Odyssee, aber nie mehr das Eine, und deshalb vergaß er Marianne nicht. Immer öfter dachte er an sie, bis ihn schließlich nichts mehr halten konnte. Er stellte Nachforschungen an, recherchierte heftig und wusste doch nicht, ob und vor allem wie und mit wem sie lebte.

Wer lang genug wagt, gewinnt irgendwann: Er fand sie wieder. Auf Briefe folgten Besuche und dann der Entschluss: Ich, Gerhard, ziehe zu dir – nach Bitterfeld. Seitdem sind sie unzertrennlich. Kein Moment, in dem sich nicht ein Teil von ihnen, egal ob Hände, Knie oder Füße, trifft. Immer berührt Gerhard Marianne und Marianne genießt das wie ein junges Mädchen. Ihre grenzüberschreitende Romanze überwand auch Klassenschranken . . .

B

Tipp

Malen Sie ein großes Poster mit Ihrer Familie und Ihren privaten Beziehungen auf Deutsch und hängen Sie es in Ihr Zimmer.

Frankfurter Rundschau, 1. 11. 1986

NOVEMBER, Monat des Totengedenkens: Von Legenden umwoben ist das Grabmal einer Freiburger Bürgerstochter, die im Jahre 1867 als 16-jähriges Mädchen an Schwindsucht starb und auf dem heute unter Denkmalschutz stehenden „Alten Friedhof" von Freiburg zu Grabe getragen wurde. Der Geliebte des Mädchens soll täglich frische Blumen auf das Totenbett gelegt haben. Unbekannte Verehrer führen diese Tradition bis auf den heutigen Tag fort.

(Bild: dpa)

b) Formulieren Sie für beide Texte einen eigenen Titel oder einen Satz, der das Thema treffend beschreibt.

c) Mit welchen Zeichen, Gesten oder Handlungen drücken Sie persönliche Beziehungen aus? Ergänzen Sie den Wort-Igel.

Rendezvous ——— nicht vergessen

Besuche —— (Zeichen, Gesten, Handlungen) —— an j-n denken

j-n berühren ———— zu j-m ziehen

Kontrollieren Sie Ihren Lernerfolg

❶ a) Hören Sie zu, wie ein junger Mann seine Familie beschreibt. Füllen Sie seinen „Familienstammbaum" aus: Schreiben Sie Namen und Verwandtschaftsbezeichnungen auf. Beginnen Sie bei RUDI.

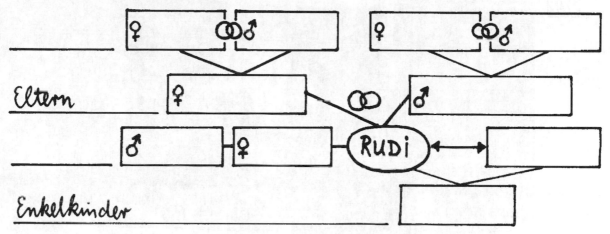

Eltern

Enkelkinder

 b) Hören Sie Rudis Beschreibung noch einmal und beantworten Sie die folgenden Fragen:

1. Wie ist Rudis Verhältnis zu seiner Mutter?
☐ sehr gut   ☐ recht nett   ☐ normal   ☐ kühl   ☐ ziemlich kompliziert

2. Welchen Großvater mag er lieber?
☐ Großvater Fritz Maier   ☐ „Opa" Georg Auhuber

3. Wie verhielten sich Rudis Eltern zu ihrem Enkelkind Susi?
☐ Sie freuten sich darüber.   ☐ Sie waren sehr enttäuscht.   ☐ Sie schimpften darüber.   ☐ Sie lehnten es ab.

❷ Hier ist der Schluss der Geschichte vom Anfang dieser Einheit: „Familienkrach" von Gerd E. Hoffmann. Vergleichen Sie mit Ihrem Schluss (Seite 24, Schritt ❺ b). Welcher Schluss gefällt Ihnen besser?

Aus:
Geh und
spiel mit
dem Riesen.
Erstes Jahr-
buch der
Kinderlite-
ratur

Der Vater stellte fest, dass er eine knappe halbe Stunde weggelaufen war. Dann hörten die Kinder ihre Eltern miteinander sprechen. Und danach kam nicht wie gewohnt die Mutter, sondern der Vater ins Kinderzimmer, zupfte verlegen an den Bettdecken, verzog den Mund zu einem Lächeln und erklärte: „So, nun geht ins Bett. Das Gewitter ist vorbei."
Wenige Tage später sahen die Kinder etwas verwundert ihren Vater mit dem Staubsauger durch die Wohnung ziehen; ein anderes Mal in der Küche das Geschirr abwaschen, während die Mutter als Aushilfsverkäuferin im Supermarkt war. Sicher, es war Samstag. Und Samstag wurde in Vaters Betrieb nicht gearbeitet.
Nach dem dritten Staubsaugen des Vaters und gele-

gentlichem gemeinsamen Abwaschen und Abtrocknen hatten die Kinder sich an die Veränderung gewöhnt. Nur die Oma zog sich dann immer in ihr Zimmer zurück. Und einmal hörte das Mädchen, wie die Oma ihrer Tochter erklärte, das habe es zu ihrer Zeit nicht gegeben. Abwaschen und Staubsaugen seien keine Männerarbeit.
Die drei Kinder sprachen leise darüber und meinten, was die Oma der Mutter gesagt habe, sei doch eine überholte Vorstellung, denn sie, die Kinder, fanden das eigentlich ganz in Ordnung, wenn der Vater im Haushalt arbeitete. Insgeheim waren sich alle drei darüber einig, dass Erwachsene manchmal komisch sind.

Kontrollieren Sie Ihren Lernerfolg

 ❸ a) Hören Sie zu, betrachten Sie dieses Bild und entspannen Sie sich.

Aus:
Erhard/
Pechtl,
Menschen
im Tal

b) Zur Kontrolle können Sie die Wörter und Ausdrücke, die Sie jetzt „im Ohr", „im Kopf" oder „auf der Zunge haben", auf Karteikarten, Aufkleber oder als Wort-Netz auf ein Poster schreiben.

die Beziehung, -en
Annas Beziehung zu ihrer Mutter
ihre Beziehung ist eng
eine enge/komplizierte/gestörte Beziehung

verstehen, verstand, verstanden
Sie verstehen einander (nicht).
(gut)
(schlecht).
Die Söhne verstehen sich (untereinander).
Die Mutter versteht die Kinder.
Der Vater versteht sich nicht mit Franz.

In dieser Einheit können Sie den Wortschatz zum Thema
Gesellschaft, soziale Beziehungen üben und wiederholen:

- Soziale Gruppen
- Kinder und Erwachsene
- Ausländer und Einheimische

Sie können Ihren Lernerfolg auf Seite 40 kontrollieren.
Im **Lernwortschatz** finden Sie alle wichtigen Wörter zu diesem Thema mit Beispielen und
Übersetzung.

3

Soziale Gruppen

➡ Einheit 11, S. 106 f.

❶ Was lernen Sie aus dieser Stadtszene über das gesellschaftliche Leben in Mitteleuropa, über soziale Gruppen und ihre Beziehungen untereinander? Was ist fremd, was kennen Sie? Betrachten Sie, notieren Sie, diskutieren Sie.

❷ a) Schauen Sie das Bild (Seite 31) an. Zu welchen Gruppen (●) gehören die Leute? Markieren Sie in der Wort-Kiste:

● ☐ Frauen – ☐ Männer	● ☐ Arbeitnehmer(innen) –
● ☐ Alte – ☐ Junge	☐ Arbeitgeber(innen)
● ☐ Kinder – ☐ Jugendliche – ☐ Erwachsene	● ☐ Geschäftsleute – ☐ Kunden/Kundinnen
● ☐ Gesunde – ☐ Kranke	● ☐ Selbständige, Freiberufler(innen):
● ☐ Ausländer(innen) – ☐ Einheimische	☐ Ärzte/Ärztinnen – ☐ Künstler(innen) –
● ☐ Berufstätige – ☐ Rentner(innen)	☐ Rechtsanwälte/Rechtsanwältinnen
☐ Arbeitslose	● ☐ Soldaten/Soldatinnen – ☐ Zivilisten
● ☐ Hausfrauen/Hausmänner –	● ☐ Schüler(innen) – ☐ Lehrlinge –
☐ Arbeiter(innen) – ☐ Angestellte –	☐ Studenten/Studentinnen
☐ Beamte/Beamtinnen – ☐ Bauern/	● ☐ Unterschicht – ☐ Mittelschicht –
Bäuerinnen – ☐ Unternehmer(innen)	☐ Oberschicht

Tipp

Schauen Sie im „Lernwortschatz" nach.

b) Notieren Sie diese Nomen im Singular mit dem passenden bestimmten Artikel.

c) Schauen Sie noch einmal das Bild, Seite 31, an:
Zu welchen sozialen Gruppen gehören die Personen?
Malen Sie den Raster rechts groß auf ein leeres Papier:
Schreiben Sie aus dem Gedächtnis alle sozialen
Gruppen an dieselbe Stelle wie auf dem Bild.
Vergleichen Sie mit einer Partnerin / einem Partner.

❸ Diskutieren Sie:
– Gibt es diese sozialen Gruppen überall? Kennen Sie in Ihrem Land Arbeitslose, Hausmänner, Rentnerinnen?
– Sind bei Ihnen Frauen, Arbeiter oder Studenten im Parlament / in der Regierung?

❹ Spielen Sie in Gruppen von vier bis fünf Spielern „Wort-Telefon": Betrachten Sie die Telefonwählscheiben A und B. Sie haben nur sechs Ziffern, zu jeder Ziffer gehört ein Wort. Ein Spieler würfelt zweimal: Das erste Mal würfelt er eine Ziffer und ein Wort auf Scheibe A, das zweite Mal auf Scheibe B. Der Rest der Gruppe muss so schnell wie möglich eine soziale Gruppe aus der Wort-Kiste finden, zu der beide Wörter gut passen.
Beispiel: **1** (sind reich) + **4** (sind in der Minderheit) = z. B. Arbeitgeber, Unternehmer

A　　　　　　　　　　　　　　　　　　　　　　　　**B**

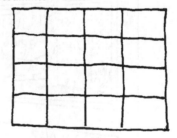

sind reich　　　sind arm　　　　　　　haben viel Bildung　　　haben wenig Bildung

① ② 　　　　　　　　　　　　　　　　① ②

sind aktiv ⑥　③ sind passiv　　　sind berufstätig ⑥　③ sind ohne Arbeit

⑤ ④ 　　　　　　　　　　　　　　　　⑤ ④

Spiel nach: Redman/ Ellis, A Way with Words 1

sind jung　　　sind alt　　　　　sind in der Mehrheit　　　sind in der Minderheit

Wenn jeder Spieler / jede Spielerin in der Gruppe einmal dran war, geben Sie Ihre Lösungswörter an eine andere Gruppe weiter. Die muss nun zu jedem Lösungswort die zwei gewürfelten Wörter finden. Welche Gruppe findet mehr?

Soziale Gruppen

5 a) Lesen Sie diese kurzen Texte. Sie sind aus deutschen, österreichischen und schweizerischen Zeitungen. Es sind Hinweise auf Veranstaltungen von gesellschaftlichen Gruppen, Clubs und Vereinen. Notieren Sie Gruppennamen.

■ **Senioren-Tanznachmittag.** 14.30–17.30, Lötschbergzentrum.

■ **Women's Reading & Discussion Group.** For English speaking women interested in literature. Contact number 031-458242.

■ **Frauengesundheitszentrum.** Aarbergergasse 16. Beratungsstelle.

■ **HAB-Café.** Brunngasse 17. Treffpunkt für Schwule und Lesben jeden Alters. Di: Spöiz (Jugendgruppe), Mi: HAB – Homosexuelle Arbeitsgruppen Bern, Do: Homosexuelle und Kirche. Fr: Posibar für HIV-Positive, Aids-Kranke und Leute, die sich mit ihnen solidarisieren (Gruppe Berner und Aids). Sa/So: HAB. Öffnungszeiten: Di/Mi/Do/So: 19.30–23, Fr 21.30–24, Sa 16–19.00. Beratungs- und Informationstelefon: 031-226353, So 20–22.00, Do 17–20.00 (pers. und telef.).

■ **Hilfsstelle Bern.** Hopfenrain 10, Tel. 031-454527. Für somatisch und psychisch Langzeitkranke im Erwerbsalter. Dienstag 14.30: Spielnachmittag, Mittwoch 18.00: Gesprächsgruppe (20–40jährige), Freitag 11.00: Kochgruppe/Mittagstisch

Sportclub Flick-Flack Innsbruck. Für Damen und Herren: 5.10.: Turnhalle Adolf-Pichler-Platz 1, Mo, 20–21.30 Uhr. Musikgymnastik 7.10.: Turnh. Adolf-Pichler-Platz 1, Mi, 18.30–20. Uhr. Musikgymn., anschl. Zirkeltraining. Kinder: 21.9.: Wörndleschule Reichenau, Mo, 16–17 Uhr Eltern-Kind-Turnen

Seniorenstammtisch Würzburg: Lebensfrohe Da. u. He., Paare 60 ± in geselliger Runde herzlich willkommen. Alters- u. Berufsangabe erwünscht. ✆ 557995 A

Christliches Bildungswerk: „Die Zukunft gehört der Partnerschaft" – Für ein neues Miteinander von Mann und Frau, Ref.: Weihbischof Ernst Gutting, im Pfarrheim St. Jodok, 19.30 Uhr.
Interessengemeinschaft der Pflege- und Adoptiveltern: Treffen im Gemeindesaal der Erlöserkirche, Schützenstraße, 20 Uhr.
Alpenverein: Edelweißfeier mit Ehrung langjähriger Mitglieder im Gabelsbergerhof, 20 Uhr.
Frauenstammtisch im Gasthaus „Zur Alm", 20 Uhr.

Der Kreis – Zentrum für Kinder- und Erwachsenenberatung. Mo, Di, Do, 16 bis 18 Uhr, Mi 18 bis 20 Uhr, Museumstraße 31, Tel. 562516.
Al-Anon Familiengruppe in Wörgl. Freunde und Angehörige von Alkoholkranken treffen sich Mo und Fr, 20 Uhr, Brixentalerstr. 5, 1. Stock, Tagungshaus.

Pensionisten- und Rentnergemeinschaft. Abfahrt nach Hinterskirchen morgen um 12.30 Uhr. Nach Rimini sind noch Plätze frei. Anmeldung unter Telefon 69244 und 52156.

Familienberatung Olympisches Dorf, An-der-Lan-Straße 33/9, Tel. 64869. Beratungszeiten: Montag, Mittwoch, Donnerstag von 9 bis 12 Uhr und Dienstag von 19 bis 21 Uhr. Bei Familien- und Partnerproblemen, Rechtsfragen und sonstigen Schwierigkeiten stehen Ihnen erfahrene Fachkräfte für eine kostenlose und anonyme Beratung zur Verfügung.

Amnesty International: 19 bis 20 Uhr, Sprechstunde für politische Flüchtlinge, Leonrodstraße 19, Tel. 165412.

b) Schreiben Sie diese „Gedächtnis-Karte" auf ein großes Blatt Papier. Notieren Sie an passenden Stellen der Gedächtnis-Karte Wörter aus den Anzeigen. Ergänzen Sie aus der Wort-Kiste (Seite 32) und aus Ihrem Gedächtnis.

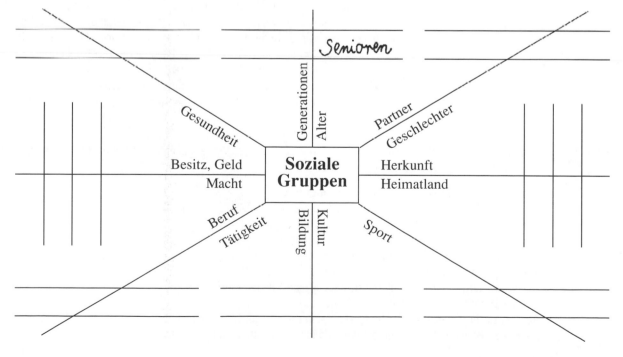

Soziale Gruppen

6 In jeder Gesellschaft gibt es „Mehrheiten" und „Minderheiten". Das gilt auch für die Bevölkerung der deutschsprachigen Länder. Hören Sie, wie sich drei Leute über das Verhältnis zwischen sozialen Mehrheiten und Minderheiten in Deutschland, Österreich und der Schweiz unterhalten.

 a) Was denken Sie, wer spricht? Kreuzen Sie an und streichen Sie aus:
- ☐ eine Deutsche / ein Deutscher
- ☐ eine Schweizerin / ein Schweizer
- ☐ eine Österreicherin / ein Österreicher
- ☐ eine Amerikanerin / ein Amerikaner

b) Hören Sie das Gespräch noch einmal. Welche Gruppen sind in den deutschsprachigen Ländern in der Mehrheit bzw. in der Minderheit? Tragen Sie immer Wort-Paare ein: siehe Beispiel.

Benutzen Sie die Wort-Kiste auf Seite 32 als Hilfe!

Art der Gruppe	Mehrheit	Minderheit
1. Geschlechter ♀ ♂	*Frauen*	*Männer*
2. Generationen, Alter		
3. Gesundheit		
4. Bildung, Kultur		
5. Beruf, Tätigkeit		
6. Besitz, Geld, Macht		
7. Heimatland, Herkunft		

c) Hören Sie den Dialog zum dritten Mal: Was wird über die verschiedenen sozialen Gruppen gesagt? Kreuzen Sie an. Ihre Liste aus **6** b) hilft Ihnen beim genauen Zuhören und Ausfüllen.

1. sind gleichberechtigt ☐
2. sorgen füreinander ☐
3. kümmern sich umeinander ☐
4. beraten einander ☐
5. behandeln sich nicht wie Partner ☐
6. streiten über demokratische Mitbestimmung ☐
7. haben große Vorurteile gegeneinander ☐

☐ haben nicht die gleiche soziale Stellung
☐ missverstehen einander
☐ nehmen keine Rücksicht aufeinander
☐ sind beieinander nicht beliebt
☐ helfen sich gegenseitig
☐ kämpfen nicht gegeneinander
☐ haben lebendigen Kontakt zueinander

7 Schreiben Sie mit den Formulierungen aus Schritt **6** über das Verhältnis von Mehrheiten/Minderheiten in **Ihrem** Land. Die folgenden Lückensätze helfen Ihnen vielleicht.

Ich weiß nicht, ob bei uns ... gleichberechtigt sind.
Ich denke/glaube/vermute, dass ... (nicht) die gleiche soziale Stellung haben.
In meiner Heimat verstehen sich die ... und die ... auch (nicht).
Jeder/Keiner erwartet bei uns, dass ... Rücksicht auf ... nehmen.
In ... kümmern sich die ... (nicht/wenig/intensiv) um die ... .
In meinem Land sorgen ... auch (nicht) für die ... .
Unsere ... und ... beraten/helfen sich auch (nicht) gegenseitig.
Wir behandeln unsere ... auch (nicht) wie ... .
Auch in unserer Gesellschaft streiten/kämpfen ... mit/gegen ... über/um ... .
Bei mir zu Hause haben ... (auch) große/keine ... gegeneinander.

Kinder und Erwachsene ➡ Einheit 1, S. 17 f.; Einheit 2, S. 24 f.

3

❶

Poster:
Edition
Xenia
Fiebig,
Berlin

a) „Kinderfreundliche Gesellschaft"? Öffentliche Verbotsschilder wie oben sieht man in deutschsprachigen Ländern häufig. Lesen Sie, vergleichen Sie mit Ihrem Land und anderen Ländern: Was kennen Sie, was ist Ihnen fremd?

 b) Mit welchen Formulierungen werden hier Verbote für Kinder ausgedrückt? Sind diese eher sachlich oder aggressiv? Unterstreichen Sie auf den Schildern; ordnen Sie die gefundenen Ausdrücke/Wörter nach ihrem „Ton" auf der Skala:

kein Kinderspielplatz   *polizeilich untersagt*

—————————————————————————————————   – – –

eher sachlich   sehr aggressiv

3

Kinder und Erwachsene

❷ Was erlauben in Ihrem Land, in Ihrer Wohngegend, in Ihrer Familie die Erwachsenen den Kindern? Was verbieten sie ihnen? Erzählen und diskutieren Sie in der Gruppe. Benutzen Sie Wörter/Ausdrücke aus der Wort-Kiste.

- die Kinder dürfen / sie können / es ist erlaubt
- sie dürfen nicht / man kann nicht / es ist verboten
- was sie wollen / wozu sie Lust haben / wie sie möchten / wann sie wollen / wo sie möchten
- die Erwachsenen: mitspielen / loben / freundlich / nett / streng / böse / schimpfen

❸ Wortbildung zwischen „erlauben" und „verbieten". Viele Nomen und Adjektive werden aus Verben aufgebaut. Dabei sind Vorsilben (Präfixe), geänderte Vokale im Wortstamm (Vokalwechsel) und Nachsilben (Suffixe) die wichtigsten „Baumaterialien". Ergänzen Sie die Wörter wie in den Beispielen.

Nomen	Verb	Adjektiv / Partizip Perfekt
die _Erlaub_ nis	erlauben	_erlaub_ t
– – –	gestatten	_____ et
der _____	vorschlagen	_____ ge _____ en
die _____ ung	beeinflussen	_____ sst
die _____ ung	überzeugen	_____ t
die _____ ung	überreden	_____ et
die _____ ssion	diskutieren	_____ t
der _Beschl_ u _ss_	beschließen	_____ ossen
die _____ ung	bestimmen	_____ t
die _____ ung	warnen	ge _____ t
der _____ a _____	zwingen	ge _____ u _____ en
– – –	untersagen	_____ t
das _____ o _____	verbieten	_____ o _____ en

1. Nomen mit den Endsilben -heit, -keit, -ung, -ion sind immer feminin.
2. Das Partizip Perfekt von Verben kann man fast immer wie ein normales Adjektiv verwenden.
   Beispiel: das **erlaubte** Ballspiel (attributiv) / Ballspielen ist **erlaubt** (prädikativ)

Kinder und Erwachsene

4 Schreiben Sie einige der Verbotsschilder für Kinder um in:

■ „Erlaubnisschilder" für Kinder ■ Verbots-/Erlaubnisschilder für Erwachsene ■ Verbotsschilder für Lehrer(innen)

Das Spielen der Kinder
im Garagenhof
ist polizeilich erlaubt!

Kinder haben Recht.

Spielplatz
für
Kinder
unter
12 Jahren.

Benutzung auf eigene Gefahr
Während der Dunkelheit ist die
Benutzung der Anlage untersagt.
Das Mitbringen von
Hunden.
Fußballspielen und
Radfahren sind verboten.

Viel Reden
für
Lehrer
verboten!
Klasse 6 c

Erwachsenen wird
strengstens untersagt,
Wünsche von Kindern
abzulehnen

Verwenden Sie dazu passende Wörter/Ausdrücke aus der Wort-Kiste:

– sich klug verhalten, eine normale Reaktion zeigen, aktiv reagieren, sich nichts gefallen lassen
– sich beschweren, protestieren, Kritik an etwas üben, etwas ablehnen/verändern/lernen
– etwas verlangen/fordern, jemanden zu etwas auffordern
– über etwas abstimmen, für/gegen etwas stimmen
– einen Kindergarten/Club/Verein gründen, ein Team aufbauen, eine Organisation aufziehen,
  eine Versammlung organisieren, einen Spielplatz bauen
– die Pflicht haben, zum Wohl des/der . . . , für die Zukunft unseres/unserer . . .
– streng benoten, bestrafen, schlagen, Hausaufgaben aufgeben, Eltern informieren, viel reden

3

Ausländer und Einheimische

❶ Die Texte und Karikaturen erzählen von den sozialen Rollen, den Problemen, Freuden und Wünschen von Ausländern in den deutschsprachigen Ländern.

a) Lesen, betrachten, vergleichen Sie die Texte und Bilder A – D auf Seite 38 – 39. Sammeln Sie mit zwei Wort-Igeln alle Wörter/Ausdrücke, die Sie zum Thema „Ausländer" und „Einheimische" kennen.

A

Zeichnung A aus: Much, <u>HALLO</u>

das Boot = (hier) unser Land

B

Ich heiße Ajub und bin fünfzehn Jahre alt. Ich komme aus Kabul. Kabul ist die Hauptstadt von Afghanistan. Seit sieben Monaten bin ich in Deutschland. Als ich hier ankam, kannte ich kein einziges deutsches Wort. Auf dem Hauptbahnhof in Hamburg haben schon zwei junge Männer aus Afghanistan gewartet. Die wussten, dass ich komme. Die beiden haben mich zu einem Sozialarbeiter gebracht, der sich um Flüchtlinge kümmert. Ich meine, um minderjährige Flüchtlinge, die ganz alleine kommen, so wie ich. Ich glaube, ich habe großes Glück gehabt, weil ich einen Platz bekommen habe in einer Jugendwohnung vom Deutschen Roten Kreuz. Das ist eine Wohngemeinschaft, wir sind sechs Jungen. Elmi und Abdallah sind aus Ägypten, Sharif und Bellal aus Kurdistan.
Natürlich habe ich oft Heimweh. Abends im Bett denke ich viel an Aedris. Das ist mein jüngster Bruder. Der war noch ein Baby, als ich weggegangen bin. Ich bin auch traurig, dass ich nicht bei der Hochzeit meiner Schwester dabei sein konnte. Ja, sie ist jünger als ich. Ich gehe zur Schule, in eine Klasse für Ausländer, die Deutsch lernen müssen. Meine Lehrerin sagt, dass ich bald in eine normale Klasse kann. Ich meine, in eine Klasse, in die auch deutsche Schüler gehen. Natürlich finde ich das besser. Ich lebe doch in Deutschland. Ich möchte Ingenieur werden. Computer-Ingenieur.
Was ich mir wünsche? Ich wünsche mir einen kleinen Tisch für meine Sachen, für die Fotos von meinen Eltern und meinen Geschwistern. Die stehen alle neben meinem Bett auf dem Fußboden. Ach, du meinst, was ich mir wünsche für die Zukunft? Ich habe einen Traum: Ich wünsche mir einen Pass, mit dem ich in jedes Land dieser Welt gehen kann. Mit dem ich aber auch wieder nach Hause, zurück in mein Land, kann, ohne dass mir was passiert.

Text B aus: A. Ladiges, <u>Auf und davon</u>

b) Welche Karikatur passt besser zu Text B (Ajub) _____ bzw. zu Text C (Yüksel) _____ ?

Ausländer und Einheimische

C

Yüksel Atasayar ist nur dem Namen nach Türke. Er ist in Deutschland aufgewachsen, spricht akzentfrei Deutsch und fühlt sich auch als Deutscher. Auch äußerlich entspricht er überhaupt nicht dem Klischee eines Türken. Er hat mittelblondes Haar und graublaue Augen. Sein Vater ist russischer Abstammung. Sein Name allein stößt ihn in die Gruppe der türkischen Kollegen, mit denen er Verständigungsschwierigkeiten hat. Hätte er einen deutschen Namen, würde er sich wohl kaum den Hass von seinem Chef Alfred zuziehen, der ständig wegen Kleinigkeiten seine Aggressionen an ihm und anderen Ausländern auslässt. Yüksel Atasayar schildert seine Situation:

„Als meine Eltern nach Deutschland gegangen sind, war ich gerade geboren, vor zwanzig Jahren. Wir kommen von Amassia. Wo das eigentlich liegt, weiß ich nicht so genau. Zu Hause bei uns wird Türkisch gesprochen, so die einfachen Dinge. Aber richtig gut kann ich das nicht. Aber meine Eltern, die sprechen perfekt Türkisch, die verständigen sich nur auf Türkisch. Nur gut Deutsch, das können die wieder nicht. Ich fühle mich mehr als Deutscher wie als Türke. ..."

Text C aus: G. Wallraff, Ganz unten

D

Zeichnung D aus: Brösel, Ouhauerha

❷ a) Welche deutschen Wörter oder Ausdrücke für „Ausländer" haben Sie schon gehört/gelesen?

☐ Gastarbeiter ☐ Fremdarbeiter ☐ ausländische Arbeitnehmer ☐ ausländische Mitbürger ☐ Flüchtlinge
☐ Aussiedler ☐ Asylbewerber ☐ Asylanten ☐ Fremde ☐ Zuwanderer, Migranten ☐ ...

Zu welchen dieser Gruppen gehört Yüksel? Zu welchen Ajub? Warum?

b) Wie fühlt sich Yüksel, wie fühlt sich Ajub in Deutschland? Unterstreichen Sie mit zwei Farben und berichten Sie.

+	als Deutscher/Einheimischer	wie zu Hause	als Partner	als Gast	sicher	zufrieden	+
–	als Ausländer/Fremder	fern der Heimat	als Konkurrent	als Last	in Gefahr	traurig	–

Wie werden Yüksel und Ajub von anderen Ausländern und von Deutschen gesehen?
Vergleichen Sie auch die Bilder A und D.

c) Waren Sie schon einmal im Ausland? Wie haben Sie sich gefühlt? Beschreiben Sie ein Erlebnis.

Kontrollieren Sie Ihren Lernerfolg

❶ a) Lesen Sie diese kleinen Gruppen von Nomen, Adjektiven und Verben laut und leise durch.
Streichen Sie alle Wörter aus, die nicht zum Thema „Gesellschaft, soziale Beziehungen" passen.

Nomen:	Adjektive:	Verben:
die Bevölkerung	sozial	organisieren
die Gesellschaft	demokratisch	entwickeln
das Geburtsdatum	gleichberechtigt	gründen
die Klasse	beliebt	umtauschen
die Schicht	kurz	beraten
die Gruppe	lebendig	funktionieren
	gemeinsam	
die Mehrheit		helfen
die Minderheit	bekannt	schützen
die Beziehung	fremd	sich kümmern
der Baum	ausländisch	sorgen
der Verein	einheimisch	drucken
der/die Erwachsene	schlank	fordern
der/die Jugendliche	menschlich	ablehnen
der Arbeitgeber, die Arbeitgeberin	arm	schreiben
der Arbeitnehmer, die Arbeitnehmerin	reich	diskutieren
die Nase	alt	abstimmen
der Senior, die Seniorin	jung	beschließen
der/die Angestellte	aktiv	singen
der Arbeiter, die Arbeiterin	blond	verändern
der Rentner, die Rentnerin	passiv	kämpfen

b) Zeichnen Sie ein Wort-Netz mit möglichst vielen dieser Wörter (und solchen, die Ihnen zusätzlich zum Thema einfallen).
Beginnen Sie in der Mitte eines großen Blattes Papier mit einem Wort, das Ihnen besonders wichtig ist.

❷ Sie kennen bestimmt einige Ausdrücke mit diesen Wörtern. Ergänzen Sie die Wort-Igel:

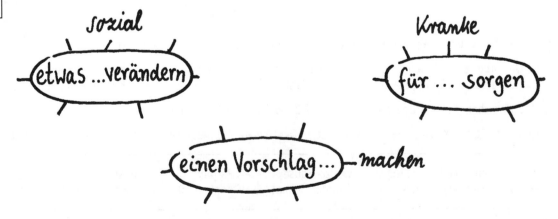

❸ a) Hören Sie zu und entspannen Sie sich.

b) Zur Kontrolle können Sie die Wörter und Ausdrücke, die Sie jetzt „im Ohr", „im Kopf" oder „auf der Zunge" haben, auf Karteikarten oder Klebezettel schreiben. Oder Sie malen eine Gedächtnis-Karte mit mehreren Pfeilen auf ein Poster.

In dieser Einheit können Sie den Wortschatz zum Thema
Ernährung, Einkaufen, Kleidung üben und wiederholen:

- Lebensmittel, Essen und Trinken
- Einkaufen und Kochen
- Kleidung und Mode

Sie können Ihren Lernerfolg auf Seite 50 **kontrollieren**.
Im **Lernwortschatz** finden Sie alle wichtigen Wörter zu diesem Thema mit Beispielen und
Übersetzung.

Aus:
Quino,
Guten
Appetit!

4

Lebensmittel, Essen und Trinken

➡ Einheit 8, S. 80 f., Einheit 13, S. 132 f.

❶ Wie schwer sind Sie? Suchen Sie Ihr Gewicht in der Tabelle und markieren Sie.

Wie viel Energiebedarf täglich?

Der Energiebedarf des Menschen richtet sich individuell nach Alter, Geschlecht, Körpergröße, Arbeitsleistung und körperlicher Beanspruchung. Beim Frühstück ist bis zu einem Drittel des täglichen Energiebedarfs erlaubt. Für Erwachsene bei normaler Arbeit sind das durchschnittlich:

Energieaufnahme beim Frühstück

Körpergewicht kg	leichte Arbeit kJ	kcal	schwere Arbeit kJ	kcal
40	1850	430	2800	640
50	2250	530	3500	830
60	2750	650	4200	1000
70	3150	750	4900	1170
80	3650	870	5600	1330
90	4050	970	6300	1490

Nach: Barmer Ersatzkasse (Prospekt)

❷ Stellen Sie Ihr Frühstück zusammen. Notieren Sie auch kJ und kcal.

kJ = Kilojoule: Maßeinheit für Energie

kcal = Kilokalorie: Maßeinheit für den Energiewert von Lebensmitteln

kg = 1000 Gramm g = Gramm

Nach: Barmer Ersatzkasse (Prospekt)

Frühstücks-Kombination nach Ihrem Geschmack:	kJ	kcal
1 Tasse Bohnenkaffee	–	–
mit Milch	29	7
mit Würfelzucker (2 Stück)	165	39
1 Tasse schwarzer Tee	–	–
mit Zucker (10 g)	165	39
1 Glas Buttermilch	302	72
1 Becher Joghurt natur	311	74
1 Becher Fruchtjoghurt aus Magermilch	697	166
1 Tasse Kakao	596	142
1 Glas Tomatensaft	88	21
1 Glas Orangensaft	197	47
1 Glas Grapefruitsaft	126	30
1 Brötchen	466	111
mit Butter (10 g)	790	188
mit Honig (20 g)	722	172
oder Marmelade (20 g)	684	163
1 Ecke halbfetter Käse	218	52
1 Scheibe vollfetter Gouda (25 g)	391	93
1 Ecke Camembert, vollfett	315	75
1 Scheibe Graubrot	425	101
1 Scheibe Vollkornbrot	403	96
1 Scheibe Leberwurst, mager (50 g)	560	134
1 Scheibe gekochter Schinken (30 g)	343	82
1 Ei gekocht	353	84
1 Portion Magerquark (50 g)	185	44
1 Portion Sahnequark (50 g)	349	84
1 Portion Müsli (250 g)	949	226

Was?	kJ	kcal

Guten Appetit!

❸ Was haben Sie heute Morgen gefrühstückt? Erzählen Sie es Ihrem Partner / Ihrer Partnerin.

Lebensmittel, Essen und Trinken

 4 Suchen Sie auf der Liste von Schritt ❷ zusammengesetzte Wörter. Schreiben Sie die zusammengesetzten Wörter getrennt in die zwei Spalten. Markieren Sie alle Adjektive.

Würfel – Zucker   halb – fett

5 a) Wo finden Sie das im Supermarkt? Schreiben Sie die Wörter aus dem oberen Teil der Wort-Kiste als Bezeichnungen über die Regale und anschließend die Wörter aus dem unteren Teil in die passenden Regale.

Obst (Sg.) und Gemüse (Sg.)   Milchprodukte   Fleisch- und Frischwaren (Pl.)
Grundnahrungsmittel   Gewürze   Getränke   Backwaren (Pl.) und Süßigkeiten

der Apfel   das Bier   die Birne   das Bonbon   das Brot   die Butter   das/die Cola
das Ei   das Eis   der Essig   der Fisch   das Fleisch   das Gewürz   das Hähnchen
der Kaffee   die Kartoffel   der Käse   der Kuchen   die Margarine   die Marmelade
das Mehl   die Milch   das Mineralwasser   Nudeln (Pl.)   das Öl   der Pfeffer
der Reis   der Saft   die Sahne   das Salz   die Schokolade   das Steak   der Wein
die Wurst   die Zitrone   der Zucker   die Zwiebel

b) Was konnten Sie nicht in ein Regal einordnen? Vergleichen Sie mit einem Partner / einer Partnerin.

 6 a) Was essen Sie am liebsten zu Mittag oder am Abend?
Notieren Sie. Fragen Sie auch Ihren Partner / Ihre Partnerin.

b) Schreiben Sie einen Einkaufszettel für das Essen heute Abend.

Lebensmittel, Essen und Trinken

❼ Sammeln Sie Werbematerial von Lebensmittelgeschäften und Supermärkten. Machen Sie daraus ein Plakat mit allen wichtigen Lebensmitteln.

Schreiben Sie Ihre Einkaufszettel auf Deutsch.

A	CH	D
der Rahm / das Obers / der Schlag	der Rahm	die (Schlag-)Sahne / der (Schlag-)Rahm
der Topfen	der Quark	der Quark
das Gebäck / die Semmel	das Weggli	das Brötchen (Nord-D) / die Semmel (Süd-D) / die Schrippe (Berlin und Umgebung)
das Hendl	das Poulet	das Hähnchen / der Broiler (Ost-D)
die Nachspeise / der Nachtisch	das Dessert	die Nachspeise / der Nachtisch / das Dessert
das Frühstück	das Morgenessen	das Frühstück

Einkaufen und Kochen

Lesen Sie die Aufschriften auf Lebensmittel- und anderen Verpackungen.

❶ Welche Wörter und Ausdrücke aus der Wort-Kiste finden Sie in der Collage? Markieren Sie.

> die Garantie   gebraucht   haltbar bis ...   der Inhalt   verbrauchen vor/bis ...   die Ware
> das Gewicht   verpackt am ...   das Verpackungsdatum   hygienisch verpackt   teuer
> der Markenartikel   vor dem Öffnen schütteln   kühl und trocken aufbewahren   kühl servieren
> lichtgeschützt lagern   unbegrenzt haltbar   nach dem Öffnen im Kühlschrank aufbewahren
> Herstellungsort   Herkunftsland   Produkt aus ...   die Schachtel   die Großpackung   frisch

❷ Welche Informationen finden sich oft auf Verpackungen und Etiketten von Lebensmitteln? Streichen Sie Wörter und Ausdrücke in der Wort-Kiste, die nicht passen.

Einkaufen und Kochen

❸ a) Einkaufen in Innsbruck: Hören Sie und markieren Sie Orte auf dem Stadtplan.

b) Hören Sie nochmals. Welche Wörter hören Sie? Kreuzen Sie an.

☐	die Apotheke	☐	die Bäckerei
☐	der Supermarkt	☐	die Metzgerei
☐	die Drogerie	☐	das Kaufhaus
☐	die Reinigung	☐	die Trafik
☐	das Elektrogeschäft	☐	der Kiosk
☐	das Einkaufszentrum		
☐	das Papierwarengeschäft		
☐	das Lebensmittelgeschäft		

❹ Notieren Sie zu jedem Geschäft Dinge, die Sie dort einkaufen oder erledigen.

Stadtplanausschnitt Innsbruck, Österreich

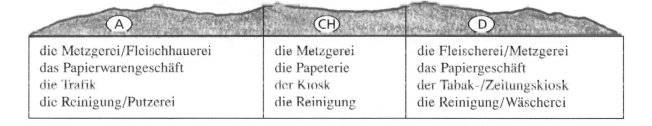

in der Trafik:
Zigaretten + Zeitungen

A	**CH**	**D**
die Metzgerei/Fleischhauerei	die Metzgerei	die Fleischerei/Metzgerei
das Papierwarengeschäft	die Papeterie	das Papiergeschäft
die Trafik	der Kiosk	der Tabak-/Zeitungskiosk
die Reinigung/Putzerei	die Reinigung	die Reinigung/Wäscherei

❺ Was verwenden Sie beim Essen am Tisch? Was verwenden Sie zum Kochen in der Küche? Ordnen Sie mit Pfeilen zu. Schreiben Sie auch eigene Wörter dazu.

das Besteck
der Topf
das Geschirr
die Flasche
die Gabel
das Glas
der Löffel
die Platte
die Tasse
der Teller
die Serviette
die Pfanne
die Schüssel
das Messer
…

4

Einkaufen und Kochen

6 a) Hören Sie das Gespräch. Was stimmt? Kreuzen Sie an.

Die beiden Sprecher sind . . .

- [ ] im Keller.
- [ ] im Esszimmer.
- [ ] in der Küche.

Heute Abend . . .

- [ ] essen sie zu zweit.
- [ ] erwarten sie Besuch.
- [ ] gehen sie aus.

Die Frau . . .

- [ ] deckt den Tisch.
- [ ] kocht.
- [ ] geht einkaufen.

b) Hören Sie das Gespräch nochmals. Kreuzen Sie die Verben an, die Sie gehört haben.

[ ] abtrocknen	[ ] probieren	[ ] kosten	[ ] holen	[ ] einkaufen	[ ] anbieten
[ ] bringen	[ ] einladen	[ ] decken	[ ] essen	[ ] trinken	[ ] mögen
[ ] brauchen	[ ] fehlen	[ ] braten	[ ] spülen	[ ] vergessen	

7 Erinnern Sie sich, was so geschmeckt hat? Wann und wo war das? Notieren Sie.

süß → sauer / bitter

mild → scharf / kräftig

fein — gut — lecker → schlecht

phantastisch — spitze → sehr schlecht

Wie?	Was?	Wann?	Wo?
süß			

8 a) Bringen Sie die sechs Bilder in eine Reihenfolge, sodass sich eine Geschichte ergibt.
b) Vergleichen Sie Ihre Reihenfolge mit der Ihres Partners / Ihrer Partnerin.
c) Erzählen Sie oder schreiben Sie Ihre Geschichte.

Aus:
Quino,
Guten
Appetit!

Kleidung und Mode

❶

Muss dieser Herr so bleiben?

Welche Kleidungsstücke passen für die Dame, welche für den Herrn? Ordnen Sie mit Pfeilen zu.

der Anzug
das Hemd
die Bluse
der Rock
die Unterwäsche
die Unterhose / der Slip
das Unterhemd
das T-Shirt
der Pullover
die Hose
die Jeans (Pl.)
das Kleid
der Schuh
die Strümpfe (Pl.)
die Socken (Pl.)
das Kostüm
der/das Sakko
die Jacke
der Mantel

Ziehen Sie diese Dame an!

❷

Sportsakko, High Performance, graugrün mit Überkaro, drei Knöpfe: statt öS 9.660,- jetzt nur öS

6.590,-

Welche Modeartikel verwendet „Sie", welche „Er"? Ordnen Sie zu.

| die Uhr | der Gürtel | der Hut | die Handtasche |

der Schmuck: der Ring, die Kette, der Ohrring

| die Krawatte | der Schirm | die Brille | die Mütze |

3-teiliges Abendensemble, Seidenmousseline mit Brokatjacke, aus Pariser Boutique-Kollektion: statt öS 30.700,- jetzt nur öS

19.900,-

❸

❹

Eleganter Anzug „Harley", 70% Wolle, 30% Mohair, grau mit blauen Streifen, Handkantel Statt öS 14.500,- jetzt nur öS

6.990,-

Und vieles mehr zu stark gesenkten Preisen: Sakkos, Blazer, Anzüge, rahmengenähte Schuhe, Hemden, Hüte. Auch Ware für die Dame jetzt überaus günstig.

Mode-Atelier Knize, Wien

Lesen Sie die Anzeigen. Welche Wörter aus den beiden Werbeanzeigen finden Sie in ❶ und ❷? Kreuzen Sie an.

Schreiben Sie Ihre liebsten Kleidungsstücke auf.

bei der Arbeit	an einem Festtag

Elegantes Baumwoll-Kleid von Guy Laroche, kurzarm, div. Farben: statt öS 6.550,- jetzt nur öS

3.980,-

Und vieles mehr zu stark gesenkten Preisen: Kleider, Kostüme und diverse Accessoires. Auch Ware für den Herrn jetzt überaus günstig.

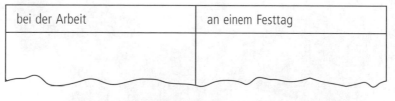

Ⓐ	ⒸⒽ	Ⓓ
das Sakko	der Kittel / die Jacke	das Jackett / die Jacke / der/das Sakko
die Kleidung / das Gewand	die Kleidung / die Kleider	die Kleidung / die Kleider
das Unterhemd	das Leibchen	das Unterhemd

Kleidung und Mode

❺ Notieren Sie je zwei Kleidungsstücke, die zu den Adjektiven passen.

bequem, eng, weich, weit	bunt, modisch, fein
bequeme, weite Hosen	*ein ...*

❻ a) Ordnen Sie die Wörter aus der Wort-Kiste den drei Begriffen zu. Ergänzen Sie weitere Wörter, die passen.

das Leder	dick	gestreift	kariert	der Stoff	dünn	das Tuch	fein	rein
gemustert	die Wolle	die Baumwolle	die Seide	die Kunstfaser	uni/einfarbig			

Malen Sie die Farbkreise mit den richtigen Farben aus.

 schwarz   rot   grün   gelb   blau   grau   braun   weiß

b) Was ist „in"? Schreiben und diskutieren Sie.

gelb, Pullover aus Baumwolle	*ein gelber Baumwollpullover*
modisch, Tuch aus Seide	*ein modisches Seidentuch*

❼ a) Welche Kleider passen zu diesen Accessoires?

→ Einheit 1, Seite 16

Person:
Alter, Beruf,
soziale Gruppe, Familie;
Kleidung, Figur, Aussehen;
Ereignis

dürfte ca. ... Jahre alt sein
Vielleicht ist er/sie ...
Das müsste zu ... passen
möglicherweise
Er/Sie sieht aus wie ...
Ich glaube, diese Person ...
Wer das gern trägt, ...
Ich könnte mir vorstellen,
    dass ...
    ...

b) Beschreiben Sie eine Person, die eines dieser Accessoires trägt.

Kleidung und Mode

❽ Suchen Sie aus Zeitschriften Bilder für Kleidungsstile. Beschreiben Sie eines der Bilder Ihrem Partner / Ihrer Partnerin, mündlich oder schriftlich. Schreiben Sie die Wörter, die Sie dazu brauchen, in die Bilder hinein.

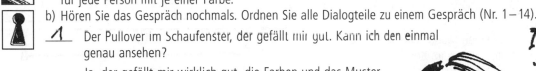

elegant   sportlich   bequem   altmodisch   jugendlich   korrekt   modisch

❾ a) Sie hören ein Gespräch zwischen einer Verkäuferin und einem Kunden. Wer sagt was? Markieren Sie die Satzanfänge für jede Person mit je einer Farbe.

b) Hören Sie das Gespräch nochmals. Ordnen Sie alle Dialogteile zu einem Gespräch (Nr. 1 – 14).

__1__ Der Pullover im Schaufenster, der gefällt mir gut. Kann ich den einmal genau ansehen?

_____ Ja, der gefällt mir wirklich gut, die Farben und das Muster.

_____ Probieren Sie ihn doch an, dahinten können Sie sich umziehen. Wie geht's, passt er?

_____ In welcher Größe, bitte?

_____ Ja, ja, die sind ziemlich weit. Ich bring Ihnen den gleichen in 50.

_____ Ich nehm den mal mit. Zur Not kann ich ja noch umtauschen, oder nicht?

_____ Welcher passt jetzt besser? Was meinen Sie?

_____ 52, meistens brauche ich 52, oder x-large.

_____ Und kann ich diesen hellen da auch mal probieren, der schaut auch gut aus.

_____ Aber selbstverständlich, bitte!

_____ Beide stehen Ihnen gut. Der erste passt gut zu vielen Farben, ...

_____ Moment bitte, ich hol Ihnen den in Ihrer Größe.

_____ Mir kommt vor, der ist etwas zu lang, und an den Schultern zu weit.

_____ Umtauschen geht, aber nur innerhalb von drei Tagen und mit der Quittung.

❿ Ausverkauf – Schlussverkauf.

a) Markieren Sie in den Werbeanzeigen die Wörter aus der Wort-Kiste.

b) Welche Anzeigen passen zu Kleidergeschäften? Vergleichen Sie mit Ihrem Partner / Ihrer Partnerin.

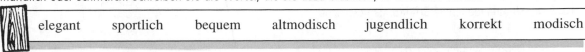

das Angebot   der Rest   die Gelegenheit   der Sonderpreis   teuer   die Quittung
preiswert   die Qualität   niedrig   günstig   die Garantie   der Artikel
das Sonderangebot   die Aktion   billig   die Marke

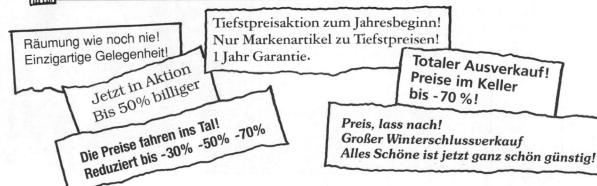

Räumung wie noch nie!
Einzigartige Gelegenheit!

Jetzt in Aktion
Bis 50% billiger

Die Preise fahren ins Tal!
Reduziert bis -30% -50% -70%

Tiefstpreisaktion zum Jahresbeginn!
Nur Markenartikel zu Tiefstpreisen!
1 Jahr Garantie.

Totaler Ausverkauf!
Preise im Keller
bis -70 %!

Preis, lass nach!
Großer Winterschlussverkauf
Alles Schöne ist jetzt ganz schön günstig!

4

❶ Beschreiben Sie zwei Geschäfte, die Ihnen irgendwie wichtig geworden sind: An das erste Geschäft denken Sie mit angenehmen Gefühlen, im zweiten Geschäft haben Sie unangenehme Erfahrungen gemacht.

❷ Decken Sie den Tisch zum Essen.
Notieren Sie möglichst viele Gegenstände auf dem leeren Tisch.

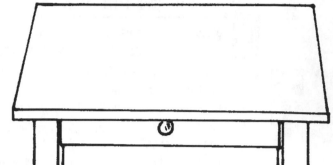

❸ Sie gehen über einen Markt. Was sehen Sie alles? Machen Sie eine „Reise im Kopf".

❹ a) Räumen Sie Ihren Kleiderschrank ein. Was ist wo? Notieren Sie.
b) Wenn Sie Lust haben, machen Sie aus Ihrem Kleiderschrank ein „konkretes Gedicht".

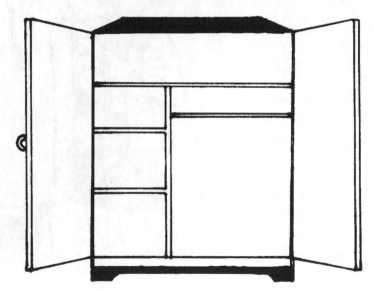

Aus:
Burckhard
Garbe,
ansichts-
sachen

```
BADETUCH   HUTHUTHUT   WÄSCHE
BADETUCH   HUTHUTHUT   WÄSCHE
BADETUCH             K   WÄSCHE
          K  K  K  R
HANDTUCH  L  L  L  O  L  WÄSCHE
HANDTUCH  E  E  E  C  E  WÄSCHE
HANDTUCH  I  I  I  K  I    GELD
HANDTUCH  D  D  D     D  WÄSCHE
PULLOVER                 WÄSCHE
PULLOVER   PULLUNDER    WÄSCHE
PULLOVER   PULLUNDER
PULLOVER   PULLUNDER   RR  BBB
            PLUNDER    OO  LLL
                       CC  UUU
H  A   H  A  BETTTUCH  KK  SSS
O  N   O  N  BETTTUCH      EEE
S  Z   S  Z  BET TUCH
E  U   E  U  BETTBEZUG  WÄSCHE
N  G   N  G  BETTBEZUG  WÄSCHE
```

❺ Sie fahren im Mai zwei Wochen nach Südfrankreich. Was nehmen Sie alles mit?
Ein Gruppenmitglied fängt an: „Ich fahre nach Südfrankreich und nehme … mit." Der oder die Nächste im Kreis wiederholt und gibt etwas Neues dazu, dann immer so weiter.

❻ Gehen Sie in Gedanken Ihren alltäglichen Einkaufsweg durch. Sprechen Sie sich Ihren Weg leise vor:

„Zuerst in die Bäckerei, Brot holen. Da riecht es immer so gut nach frischem Brot. Und dann …"

❼ a) Schauen Sie das Bild an. Entspannen Sie sich und hören Sie zu.

b) Suchen Sie ein Foto.
Sprechen Sie einen ähnlichen Text.

In dieser Einheit können Sie den Wortschatz zum Thema
Tagesablauf, Körperpflege und Gesundheit üben und wiederholen:

- Der Tagesablauf
- Körperpflege
- Gesundheit und Krankheit

Sie können Ihren Lernerfolg auf Seite 56 kontrollieren.
Im **Lernwortschatz** finden Sie alle wichtigen Wörter zu diesem Thema mit Beispielen und
Übersetzung.

Wann der Wecker läutet

	Auf-stehen	Arbeits-beginn	Schlafen-gehen
Belgien	7:15	8:30	23:00
Dänemark	6:45	8:15	23:35
Deutschland West	6:45	7:45	23:10
Deutschland Ost	6:15	7:00	22:50
Finnland	6:30	8:00	23:15
Frankreich	7:00	8:30	23:30
Griechenland	7:00	8:00	00:40
Großbritannien	7:00	9:00	23:30
Irland	8:00	9:00	23:45
Italien	7:00	8:15	23:20
Luxemburg	7:00	8:00	23:20
Niederlande	7:00	8:15	00:00
Norwegen	7:00	8:00	23:30
Österreich	6:15	7:30	22:50
Polen	6:00	7:00	23:10
Portugal	7:00	8:30	23:30
Schweden	6:15	8:00	23:15
Schweiz	6:45	7:45	23:15
Spanien	8:00	9:00	00:15
Tschechien/Slowakei	5:45	7:00	23:00
Ungarn	5:45	7:15	23:05

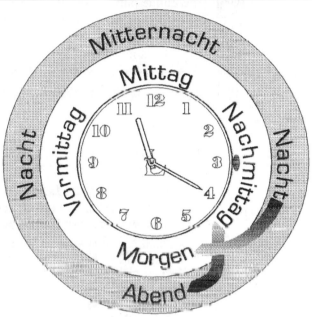

7^{15} = Viertel nach sieben (auch: Viertel acht)
7^{30} = halb acht
7^{45} = Viertel vor acht (auch: drei Viertel acht)
8^{10} = zehn nach acht
8^{55} = fünf vor neun
11^{20} = zwanzig nach elf
11^{35} = fünf nach halb zwölf
23^{00} = elf Uhr
24^{00} = 00^{00} = zwölf Uhr

Der Tagesablauf

❶ Wann läutet bei Ihnen der Wecker? Suchen Sie in der Tabelle Ihr Land oder ein Land, das Ihrem Tagesrhythmus entspricht. Und wie sieht Ihr Sonntag aus?

❷ Wie sieht Ihr Tagesablauf aus? Zeichnen Sie eine Uhr und notieren Sie die Wörter rund um die Uhr. Ergänzen Sie auch Wörter für Ihren eigenen Tagesablauf.

aufwachen   aufstehen
(sich) waschen   (sich) duschen
die Zähne putzen   (sich) anziehen
(sich) umziehen   (sich) ausziehen
schlafen gehen   einschlafen
Sport machen/treiben   baden
sich ausruhen   spazieren gehen

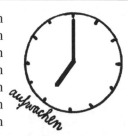

frühstücken
anfangen zu arbeiten
aus dem Haus gehen   arbeiten
zu Mittag essen   zu Abend essen
einkaufen   aufräumen
putzen   die Wäsche waschen
das Geschirr spülen   abtrocknen

❸ Lesen Sie den Text. Markieren Sie alle Wörter, die zu „Tagesrhythmus" passen.

Überall gehen die Uhren anders:

Alle europäischen Länder kennen Sommer- und Winterzeit, dennoch ist ihr Tagesrhythmus denkbar verschieden.

Heide Korn

Paris/Wien - Ungarn, Tschechen und Slowaken sind Europameister im Frühaufstehen (5 Uhr 45), die Griechen gehen dafür als Letzte zu Bett (0 Uhr 40). Und während die Deutschen ihren Körper täglich eine gute Stunde lang pflegen, finden die Finnen mit 30 Minuten das Auslangen. Diese und andere Einblicke ins Alltagsleben der West- und Osteuropäer gewährt eine erstmals in zwanzig Ländern, darunter auch

Österreich, durchgeführte Umfrage. Die Multimediagruppe "Information et Publicité (IP) legte Ende 1991 insgesamt 9774 Interviewpartnern wortgleiche Fragen nach ihrer Tageseinteilung vor.

Grundlagen

Um zu vergleichbaren Ergebnissen zu kommen, hat IP das Zeitbudget in 10 verschiedene Aktivitäten unterteilt, die ihrerseits wiederum aus mehreren Einzelelementen bestehen. So setzt sich "Arbeit" zum Beispiel

aus Arbeiten, Lernen und Essen am Arbeitsplatz zusammen. Zu den Hausarbeiten werden Kinderbetreuung, Kochen, Essen zu Hause, Hausarbeiten und Einkäufe gezählt, als Erholung gelten auch kleine Bastel- und Gartenarbeiten. Kino-, Theater-, Konzert- oder Galeriebesuche, aber auch Beten gehören zur Erholung, und unter „Geselligkeit" sind Spaziergänge, Besuche, Einladungen und Ausgehen zu verstehen.

30 Minuten reichen für die Finnen aus.

Der Standard, (Wien) 6. 11. 1992

❹ Was gehört zu den einzelnen Tagesaktivitäten? Notieren Sie. Vergleichen Sie anschließend mit dem Text.

die Arbeit	die Hausarbeit	die Erholung	die Geselligkeit
Lernen			

Körperpflege

❶ Welche Dinge sind in Ihrer Hausapotheke, welche in Ihrem Spiegelschrank? Schreiben Sie die Wörter in die Zeichnung hinein. Ergänzen Sie Wörter, die für Sie wichtig sind.

die Bürste   der Kamm   die Seife   die Zahnpasta   der Rasierapparat   der Spiegel
das Verbandszeug: das Pflaster, die Binde   der Kosmetikartikel   der Tampon
die Hygienebinde   das Verhütungsmittel: die Pille, das Kondom   die Nagelschere
die Creme   das Medikament: die Tablette, die Tropfen (Pl.), die Pillen (Pl.), die Salbe

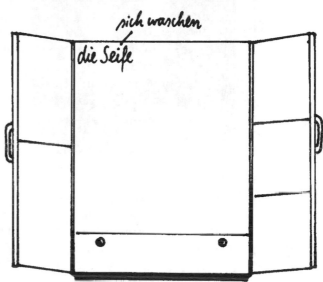

sich waschen

die Seife

❷

a) Schreiben Sie passende Verben aus der Wort-Kiste ins Bild.

(sich) die Nägel schneiden   (sich) schminken   pflegen   (sich) die Zähne putzen   verbinden
(sich) rasieren   reinigen   nehmen   einnehmen   (sich) waschen   verwenden   (sich) kämmen

b) Machen Sie mit den Verben aus der Wort-Kiste Ausdrücke und notieren Sie.

sich mit Seife die Hände
waschen

❸

Ordnen Sie die Sätze zu Paaren.

1. Putz dir die Zähne und dann geh ins Bett!
2. Kämm dir die Haare, bevor du in die Schule gehst!
3. Wasch dir die Hände und dann komm essen!
4. Schneid dir doch endlich wieder einmal die Nägel!
5. Wolltest du nicht heute zum Friseur gehen?
6. Hast du heute schon in den Spiegel geschaut?
7. Nimm eine Creme fürs Gesicht, die Sonne ist stark.

_____ Ich war doch erst vor einem Monat!
_____ Aber es ist doch erst acht Uhr!
_____ Ich find die Nagelschere nicht.
_____ Ich geh doch gar nicht in die Sonne.
_____ Ich hab aber überhaupt keinen Hunger.
_____ Wieso, ich setz doch eine Mütze auf.
_____ Aber sicher, ich gefall mir heute sehr gut.

❹

Was nehmen Sie mit auf eine Reise? Schreiben Sie eine Liste fürs Kofferpacken.

5

Gesundheit und Krankheit

❶

26 DER HARTE KAMPF EINES WELTSTARS. Marisa Mell, schwerkrank im Spital.

a) Welchen Inhalt erwarten Sie in dem Artikel, der mit diesem Foto angekündigt wird? Lesen Sie die Bildunterschrift. Notieren Sie auf einem Blatt Stichwörter zum Inhalt.

b) Vergleichen Sie mit Ihrem Partner / Ihrer Partnerin.

c) Lesen Sie den Text und markieren Sie alle Wörter, die Sie notiert haben. Ergänzen Sie passende Wörter.

 A Polster = Kissen

*Basta,
(Wien)
Mai 1992*

Die Vorhänge sind zugezogen. Marisa sitzt im Bett. Die Beine angewinkelt, Pölster unters Kreuz geschoben.

Marisa Mell, „geboren an einem 24. Februar als Marlies Moitzi in Graz", liegt seit zwei Wochen in einem Wiener Spital. An ihrer Zimmertür steht ein falscher Name, das Personal wird um Stillschweigen gebeten. Sie will sich aufpäppeln lassen, sagt Marisa. Sie ist müde von den Untersuchungen. Sie muss Kraft schöpfen und wieder stark werden.

Am 15. Dezember vergangenen Jahres verbeugte sie sich zum letzten Mal nach 30 Vorstellungen im Theater Akzent in Wien. "Love Letters" mit Miguel Herz-Kestranek. Der Rücken schmerzte. Und Knötchen in der Halsgegend machten einen Arztbesuch notwendig. „Ich war niemals krank in meinem Leben. Niemals. Ich dachte, das wird man schon alles reparieren können." Die Untersuchungen wurden wiederholt. Um ganz sicher zu gehen. „Sie sagen, ich habe diese Krankheit. Du weißt schon."

Die Diagnose der Ärzte: ein bösartiges tumoröses Geschehen im Halsbereich.

❷ Welche Wörter aus dem Text passen zu diesen Begriffen? Schreiben Sie.

die Gesundheit	die Krankheit	das Krankenhaus

❸ Beantworten Sie die Fragen zum Text.

Wer?

Was?

Warum?

*Kurier,
(Wien)
17. 5. 1992*

Wo?

Wann?

Marisa Mell hat den Kampf gegen den Krebs verloren:
Die Schauspielerin ist Samstag früh im Wiener Wilhelminenspital verstorben. Ihre berühmten

Marisa Mell in Wien an Krebs gestorben

Partner vor der Kamera waren Stars wie Marcello Mastroianni, Klaus Kinski,

Tony Curtis, Peter O'-Toole …

Mit Streifen wie "What's new Pussycat?" oder "Casanova 70" wurde Marisa Mell weltberühmt.

Gesundheit und Krankheit

 4 Welche drei Wörter passen genau zusammen? Welches Wort passt nicht? Streichen Sie durch.

1 das Krankenhaus   ~~der Krankenwagen~~   die Klinik   die Arztpraxis
2 der Arzt   der Krankenpfleger   der Patient   die Krankenschwester
3 der Unfall   das Rezept   die Verletzung   die Wunde
4 der Notruf   die Medizin   der Krankenwagen   die erste Hilfe
5 die Pillen (Pl.)   die Salbe   die Operation   die Tabletten (Pl.)
6 der Husten   der Schnupfen   das Rezept   die Grippe

Univ. med.
Dr. Wolfgang Worda
prakt. Arzt
alle Kassen

Ordination:. 9-12 17-19
außer Mittwochnachmittag
Tel. Ord.: 41575   privat 281985

Ⓐ	Ⓒ	Ⓓ
die Ordination	die Sprechstunde, die Praxis	die Sprechstunde, die Praxis
die Rettung	die Sanität	der Krankenwagen
das Krankenhaus/ Spital	das Spital	das Krankenhaus

5 a) Arztbesuch: Bringen Sie die Sätze in eine zeitliche Reihenfolge.

_____ Im Telefonbuch schaute er die Nummer von seinem Arzt nach.

_____ Er hatte auch Fieber und beschloss, zum Arzt zu gehen.

_____ Der Hals war ganz rot und tat sehr weh.

_____ Er rief an und ließ sich einen Termin geben, weil er nicht lange Im Wartezimmer sitzen wollte.

_1_ Am Morgen wachte er mit Kopfweh und Husten auf.

Der Arzt gab ihm eine Spritze und schrieb ein Rezept.

_____ Die Untersuchung dauerte nicht lange.

Mit dem Rezept holte er die Medikamente in der Apotheke.

_____ Irgendwie freute er sich auf einige Tage Bettruhe.

Äußerlich

b) Was fehlt dem Patienten? Ist es schlimm?

Er hat _____.   *Gute Besserung!*

 6 Beschreiben Sie Ihren letzten Besuch beim Arzt.
Wann war das? Was hat Ihnen gefehlt? Was für ein Arzt war das? Mussten Sie ins Krankenhaus? Waren die Untersuchungen unangenehm? Was war das Ergebnis? Mussten Sie Diät halten oder Medikamente nehmen?

Verletzungen	Krankheiten
das Bein gebrochen haben	an einer Allergie leiden sich erkältet haben
sich verletzt haben	immer müde sein starkes Kopfweh haben
sich in den Finger geschnitten haben	eine Entzündung haben Zahnschmerzen haben
eine Wunde haben	starke Schmerzen bekommen

5

Kontrollieren Sie Ihren Lernerfolg

❶ Körperpflege. Welche Verben passen? Manche passen mehrfach. Schreiben Sie.

verwenden	baden	sitzen	duschen	waschen	schneiden	trocknen	nehmen
putzen	reinigen	benutzen	schneiden lassen	pflegen	liegen	kämmen	

1. sich die Haare _____

2. sich die Zähne _____

3. die Nägel _____

4. die Haut gründlich _____

5. ein Verhütungsmittel _____

6. in der Badewanne _____

7. eine Hautcreme _____

8. sich _____

❷ Erinnern Sie sich an Ihren letzten Besuch im Krankenhaus. Notieren Sie auf dem Blatt links Gegenstände und Wörter, die zu „Krankenhaus" gehören. Notieren Sie rechts Eindrücke und Gefühle, die Sie hatten.

KRANKENHAUS	EINDRÜCKE / GEFÜHLE
große Gänge und breite Türen	Es riecht so komisch.

❸ a) Wie sieht ein gewöhnlicher Tag von Ihnen aus? Ergänzen Sie die Sätze.

1. Wenn ich am Morgen aufwache, . . .
2. Wenn ich aus dem Bad komme, . . .
3. Wenn ich aus dem Haus gehe, . . .
4. In der Mittagspause . . .
5. Wenn ich wieder nach Hause komme, . . .
6. Am Abend bin ich am liebsten . . .
7. Wenn ich ins Bett gehe, . . .
8. Mein liebster Tag in der Woche ist . . ., weil . . .

b) Raten Sie, was Ihr Partner / Ihre Partnerin geschrieben hat.

Wenn du am Morgen aufwachst, dann . . .

❹ a) Betrachten Sie das Bild. Stellen Sie sich das Alltagsleben dieser Krankenschwester vor.

 b) Hören Sie zu und entspannen Sie sich.

c) Ergänzen Sie die Wort-Igel.

Nachtdienst

Wohnen

In dieser Einheit können Sie den Wortschatz zum Thema **Wohnen** üben und wiederholen:

- Wohnsituation
- Wohnungsmarkt
- Mietvertrag, Umzug, Miete
- Renovierung
- Einrichtung
- Eine Wohnung beschreiben
- Tätigkeiten im Haus und ums Haus

Sie können Ihren Lernerfolg auf Seite 66 kontrollieren.

Im **Lernwortschatz** finden Sie alle wichtigen Wörter zu diesem Thema mit Beispielen und Übersetzung.

Wohnungs-
bau PCW
Würenlin-
gen, Archi-
tekten:
Dolf
Schnebli,
Tobias
Ammann,
Paolo
Kölliker

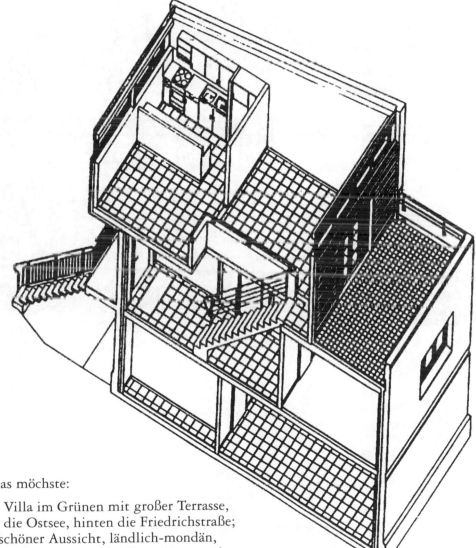

möchste =
möchtest Du

Ja, das möchste:

Eine Villa im Grünen mit großer Terrasse,
vorn die Ostsee, hinten die Friedrichstraße;
mit schöner Aussicht, ländlich-mondän,
vom Badezimmer ist die Zugspitze zu sehn –
aber abends zum Kino hast du's nicht weit.

Aus:
Kurt
Tucholsky,
„Das Ideal",
Gesammelte
Werke

Das Ganze schlicht, voller Bescheidenheit:

Neun Zimmer, – nein, doch lieber zehn!

6

Wohnsituation

1 Wo ist was? Kombinieren Sie die Ausdrücke mit den Bildern. Was passt zu mehreren Bildern, was nicht?

– am Ufer eines Flusses	– in einer Mietwohnung	– im Grünen	– am Rande einer Großstadt
– in einem Ferienhaus	– in einer Attikawohnung	– im Zelt	– im Studentenwohnheim
– in einem Reihenhaus	– im Zentrum des Dorfes	– in einer Villa	– in einem Zimmer
– in einem Hochhaus	– in einem Vorstadtquartier	– in einem Hotel	– in einer Wohngemeinschaft
– auf einem Bauernhof	– in einer Kleinstadt	– in den Bergen	– in einer Eigentumswohnung
– in einer Großstadt	– in einem Studio	– auf dem Lande	– in einem Wohnblock

2 Wo wohnen Sie?

Kleben Sie ein Foto ein _____
oder zeichnen Sie.
Beschreiben Sie _____
mit Hilfe von Schritt **1**
Ihre Wohnsituation. _____

_____

3 Wo möchten Sie auf keinen Fall wohnen? Ergänzen Sie die Sätze.

Im Urlaub möchte ich nie im Leben _____

Mit meiner Familie möchte ich nie _____

Wenn ich mal 64 bin, will ich nicht _____

Wohnungsmarkt

❶ Im Bereich Wohnen ist der Wortschatz in Deutschland, Österreich und der Schweiz unterschiedlich. Suchen Sie Unterschiede in den folgenden Anzeigen und unterstreichen Sie. Nehmen sie die Regio-Box zu Hilfe.

EG =
Erdge-
schoss

NK =
Neben-
kosten

inkl./incl. =
inklusive

Tel. G =
Telefon
Geschäft

DW =
Durchwahl

OG =
Ober-
geschoss

Fa. = Firma

gr. = groß
kl. = klein

DG =
Dachge-
schoss

sep. =
separat

Zi./Zr. =
Zimmer

Wfl. =
Wohnflä-
che

App. =
Apparte-
ment

möbl. =
möbliert

Whg. =
Wohnung

Ausstg. =
Aus-
stattung

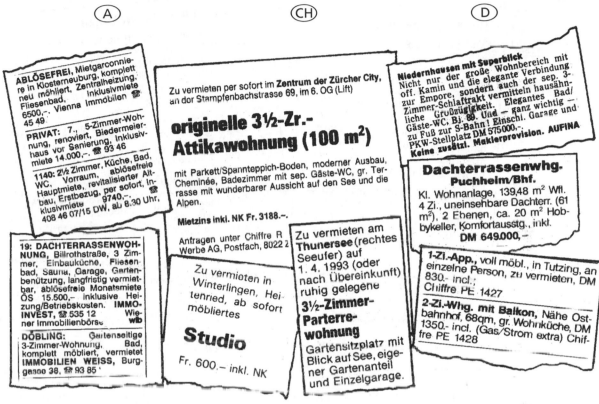

A	CH	D
der Stadtteil/Bezirk (Wien)	das Quartier	der Stadtteil/das Stadtviertel
die Garçonnière	das Studio die Einzimmerwohnung	die Einzimmerwohnung das Einzimmerappartement
das Penthouse die Dachterrassenwohnung	die Attikawohnung	die Dachterrassenwohnung
der offene Kamin	das Cheminée	der offene Kamin
das Parterre/Erdgeschoss	das Parterre/Erdgeschoss	das Erdgeschoss/Parterre
der Dachboden	der Estrich	der Dachboden/Speicher
der Spannteppich	der Spannteppich	der Teppichboden
umziehen	zügeln/umziehen	umziehen
ablösefrei	–	keine Ablösung
per/ab 1. 4.	auf 1. 4.	ab/zum 1. 4.
revitalisiert / renoviert	renoviert	renoviert
frisch gestrichen	neu gemalt / frisch gestrichen	frisch gestrichen / getüncht

❷ Sie suchen Ihre Traumwohnung. Schreiben Sie eine Anzeige.

6

Mietvertrag – Umzug – Miete

❶ 🔑 Worum geht es in den Texten? Lesen Sie bitte genau und ordnen Sie zu. Schreiben Sie eine Liste wichtiger Wörter.

◯ Mietvertrag
◯ Praktische Organisation des Umzuges
◯ Erhöhung der Miete

Ⓐ
Tages-Anzeiger (Zürich)

Ⓒ *Serie = Folge*

ZÜRICH – Schon wieder steigen die Mieten zwischen 5 und 20 Prozent – und noch ist kein Ende abzusehen. Eine Studie des Mieterverbands, die nächste Woche veröffentlicht wird, sagt weitere dramatische Erhöhungen voraus.

Lange Gesichter bei Zehntausenden von Mieterinnen und Mietern im Kanton Zürich: Sie haben in den vergangenen zwei Wochen mit eingeschriebenem Brief erfahren, dass ihr Mietzins auf den 1. Oktober schon wieder aufgehoben wird – zum fünften Mal in Serie.

Ⓑ
1 bis 2 Tage vor dem Umzug

Schachteln mit den sofort notwendigen Dingen wie Handwerkzeug, Lampen, Taschenlampe, Handtücher, Toilettenartikel und Medikamente besonders kennzeichnen und separat stellen. Diese Schachteln sollten zuletzt aufgeladen werden, damit sie als Erste verfügbar sind. Putzzeug ebenfalls separat einpacken.

Wenn Sie nicht essen gehen, Verpflegungspaket für den Umzugstag vorbereiten. Dazu gehören Besteck, Geschirr, Gläser, Büchsenöffner, Korkenzieher, Servietten oder Haushaltspapier und die vorgesehene Verpflegung.

Das Treppenhaus und Gänge in der Wohnung müssen frei sein, damit der Umzug reibungslos ablaufen kann. Wenn Sie zur Schonung die Böden abdecken wollen, ist es wichtig, dass die Abdeckungen fest aufliegen und rutschfest sind, sonst können die Transportarbeiter ausrutschen oder stolpern, was zu Unfällen und Schäden führt. Plastikfolien und Papier sind nicht geeignet.

Ist das Telefon am neuen Wohnort bereits installiert?

Mietvertrag von 1994.

Vorderhaus – H̶i̶n̶t̶e̶r̶h̶a̶u̶s̶ ̶x̶ ̶S̶e̶i̶t̶e̶n̶g̶e̶b̶ä̶u̶d̶e̶ ̶x̶ _____ IV _____ Geschoß ___rechts___ zu Wohnzwecken:

__3_ Zimmer, __1_ Küche, __1_ Diele (Flur), __1_ Bad/Duschraum, __–_ Mansarde, __1_ Keller, __–__ Bodenraum

_____ qm Garten.

2. Beide Parteien sind sich darüber einig, daß __1__ Personen in die Mietsache einziehen. Der Mieter ist verpflichtet, die amtliche Meldebestätigung dem Vermieter innerhalb von 2 Wochen nach dem Einzug oder Auszug vorzulegen. Der Mieter verpflichtet sich, dem Vermieter jede Änderung unverzüglich anzuzeigen.

3. Der Mieter erhält: _2_Hausschlüssel, _4_Korridorschlüssel, _4_Zimmerschlüssel, _1_Kellerschlüssel, __Mansardenschlüssel, __Bodenschlüssel, __Fahrstuhlschlüssel, __Garagenschlüssel, _2_Briefkastenschlüssel.

❷ 🔑 Ordnen Sie die Nomen den Verben zu.

erhöhen		senken
ausfüllen		verlängern
machen	die Miete	kündigen
abschließen		unterschreiben
bezahlen	den Vertrag	per Post überweisen

❸ 🔑 Was Sie vor dem Umzug nicht vergessen dürfen. Ergänzen Sie den Wort-Igel.

die Post informieren — ⟨**Wohnungswechsel**⟩ — *den alten Vertrag kündigen*

Renovierung

❶ Christian D. aus Passau erneuert im Moment sein Hotel. Hören Sie das Gespräch und notieren Sie.

Stockwerke/Räume	Renovation/Renovierung
35 Zimmer	*die Gänge machen*

❷ Schauen Sie das Bild an. Welche Wörter zum Thema Renovierung fallen Ihnen ein? Notieren Sie und ergänzen Sie in der Gruppe.

Aktivitäten	Werkzeug/Gegenstände
kleben, sägen, ...	*die Tapete, die Säge, ...*

Aus:
Lohfert/
Scherling,
Wörter –
Bilder –
Situationen

6

Einrichtung

❶ Lesen Sie bitte das Inhaltsverzeichnis eines Einrichtungskataloges und markieren Sie alle bekannten Wortteile oder Wörter mit einem Stift. Schreiben Sie weitere dazu passende Wörter an den Rand.

A

Ablagetische _____ 102
Anbauwände _____ 72
Arbeitstische _____ 132
Arbeitslampe _____ 290
Arbeitsstühle _____ 132
Arbeitszimmer _____ 132

B

Baby _____ 198
Badbeleuchtung _____ 222
Badezimmer _____ 222
Badtextilien _____ 266
Beistelltische _____ 102
die Lampe
das Licht — Beleuchtung _____ 276
Besteck _____ 292
Bestellscheine _____ 315
Betten _____ 156
Betttextilien _____ 258
Bettsofas _____ 52
Bilderrahmen _____ 272
Blumenständer _____ 274
Blumentöpfe _____ 274
? — Bodenbelag _____ 238
Bücherregale _____ 72
Büromöbel _____ 130

C

Contract _____ 130
Couchtische _____ 102

D

Daunendecken _____ 264
Daunenkissen _____ 264
Deckenlampen _____ 284
Dielenmöbel _____ 142
Duschvorhänge _____ 266

E

Esszimmer _____ 110
Etagenbetten _____ 186

F

Farben _____ 236
Fauteuils _____ 64
Federkernbetten _____ 172

G

Garderoben _____ 142
Gardinen _____ 250
Gartenmöbel _____ 14
Geschirr, Gläser _____ 292

H

Halogenlampen _____ 277
Hängelampen _____ 284
Haushaltswaren _____ 292
Hocker _____ 129
Hut-/Schuhablagen _____ 142

I

IKEA family _____ 304
IKEA Versand _____ 314
IKEA Contract _____ 130

J

Jalousien _____ 250
Jugendmöbel _____ 180

K

Kellereinrichtung _____ 233
Kinderzimmer _____ 186
Kindertextilien _____ 200
Kissen _____ 264
Kleiderschränke _____ 150
Kochtöpfe _____ 292
Kommoden _____ 144
Küche _____ 202
Küchenutensilien _____ 292

L

Lagerregale _____ 233
Laminatböden _____ 238
Ledersofas _____ 10
Lampen _____ 276

M

Matratzen _____ 174
Meterware _____ 250
Musikmöbel _____ 98

P

Pflanzenzubehör _____ 274
Polstermöbel _____ 6
Porzellan _____ 296

R

Rahmen _____ 272
Regale _____ 72
Restaurant _____ 320
Rollos _____ 250
Rolltische _____ 107

S

Schlafzimmer _____ 156
Schränke _____ 150 — *der Schrank*
Schreibtische _____ 132
Sessel _____ 64
Sofas _____ 6
Spiegel _____ 142
Spielsachen _____ 192
Spots _____ 289
Spülen _____ 220
Stehlampen _____ 282
Stoffe _____ 250
Stühle _____ 126

T

Tagesdecken _____ 258
Tapeten _____ 236
Teppiche _____ 242
Teppichplatten _____ 240
Textilien _____ 250
Tischböcke/-platten _____ 138
Tisch _____ 102
Tischlampen _____ 278

V

Versand _____ 314
Vitrinen _____ 92

W

Wandlampen _____ 288
Waschbecken _____ 222
Wohnzimmer _____ 6

Fauteuil =
Polstersessel
mit Arm-
lehnen

Ikea
Schweiz,
Katalog

❷ Markieren Sie Wörter, bei denen Sie vermuten, was sie bedeuten. Überprüfen Sie mit Hilfe des Lehrers, eines Partners / einer Partnerin oder mit dem Wörterbuch.

Langen-
scheidts
Groß-
wörterbuch
Deutsch
als Fremd-
sprache

Bo·den[1] *der; -s, Bö·den;* **1** die oberste Schicht der Erdoberfläche (*bes* in Bezug auf ihre Nutzbarkeit) **2** *nur Sg;* die Fläche (im Freien u. in Räumen), auf der man steht u. geht / auf der (in Räumen) die Möbel stehen od. auf der man (im Freien) baut ‖ K-: **Boden-, -belag, -heizung, -pflege** ‖ -K: **Bretter-, Holz-, Parkett-, Teppich-**

Einrichtung

❸ Lesen Sie bitte den Text und notieren Sie links die Räume und rechts die Gegenstände.

Tipp

*Die Artikel können Sie im **Lern-wortschatz** nach-schlagen.*

das Schlafzimmer

das Bett

Ein Schlafzimmer ist ein Raum, in dem ein Bett steht; ein Esszimmer ist ein Raum, in dem ein Tisch und Stühle und häufig ein Geschirrschrank srehen; ein Wohnzimmer ist ein Raum, in dem Sessel und ein Sofa stehen; eine Küche ist ein Raum, in dem es einen Herd und einen Wasseranschluss gibt; ein Badezimmer ist ein Raum, in dem es über einer Badewanne einen Wasseranschluss gibt; wenn nur eine Dusche vorhanden ist, spricht man von einem Waschraum, wenn nur ein Waschbecken vorhanden ist, spricht man von einer Waschecke; eine Diele ist ein Raum, von dem zumindest eine der Türen nach außerhalb der Wohnung führt; man kann zusätzlich noch einen Kleiderständer darin finden; ein Kinderzimmer ist ein Raum, in dem man ein Kind unterbringt; ein Besenschrank ist ein Raum, in den man die Besen und den Staubsauger srellt; ein Dienstmädchenzimmer ist ein Raum, den man an einen Studenten vermietet.

Aus: G. Perec, Träume von Räumen

❹ Wohin mit den Einrichtungsgegenständen? Schreiben Sie kurze Sätze und verwenden Sie die Wort-Kiste.

| an die Wand | auf den Boden | in die Ecke | an die Decke | in die Mitte | vors Fenster |
| neben die Tür | zwischen Tür und Fenster | rechts von … | links von … | stellen | hängen |

❺ Sie können auch mit Hilfe des Plans von Seite 57 eine Wohnung oder ein Zimmer einrichten.

6

Eine Wohnung beschreiben

❶ Erinnern Sie sich an Wohnungen, die Sie kennen. Welche Assoziationen haben Sie? Notieren Sie die Wörter in den für Sie passenden Spalten.

eng   gemütlich   hässlich   billig   schick/chic   günstig   schön   hell   praktisch   schmutzig   renoviert   neu gemalt   nett   modern   großzügig   alt   leise   angenehm   groß   laut   teuer   sauber   dunkel   preiswert   dreckig   bequem   feucht   klein   neu   möbliert   einfach   niedrig   schmal   zentral …

Auge	Gefühl	Nase	Ohr	Geld	Alter

❷ Gehen Sie langsam durch Ihre Wohnung / Ihr Zimmer. Kennen Sie die Bezeichnungen für alle wichtigen Gegenstände? Nehmen Sie Klebezettel und beschriften Sie sie. Notieren Sie Wörter oder Sätze. Kleben Sie die Zettel auf die Gegenstände.

Machen Sie in Ihrer Muttersprache eine Liste der Gegenstände, die Sie noch nicht auf Deutsch kennen. Vergleichen Sie diese in der Klasse und suchen Sie gemeinsam die Übersetzung.

❸ ⓘ oder ⓔ? Ergänzen Sie: Hausbes ____ tzer. Wer macht was? Warum? Schreiben Sie.

Aus:
W. Krokow
P.-P. Zahl,
Instand-
besetzer
Bilderbuch

Tätigkeiten im Haus und ums Haus

❶ Welche Tätigkeiten im Haushalt machen Sie gern? Welche nicht gern? Notieren Sie. Vergleichen Sie dann in der Gruppe.

heizen	Ordnung machen	Kinder hüten	Schnee räumen
telefonieren	Abfall wegtragen	Treppen steigen	tapezieren
waschen	aufräumen	putzen	bügeln
Geschirr spülen	Wohnung einrichten	Rasen mähen	im Garten arbeiten
sauber machen	Pflanzen gießen	Wäsche machen/waschen	Staub saugen
Zeitung lesen	sich mit dem Nachbarn	Betten machen	nähen
abtrocknen	unterhalten	im Liegestuhl liegen	. . .

Mache ich gern	Es geht	Mache ich nicht gern
Rasen mähen		

❷ Frau Vergissmeinnicht hat jedes Mal Probleme, wenn sie das Haus verlässt. Korrigieren Sie mit Hilfe der Bilder die falschen Ausdrücke.

die Fenster ausmachen   die Blumen schließen   das Licht abziehen
den Schlüssel gießen   Geschirr abschalten   die Kochplatte spülen

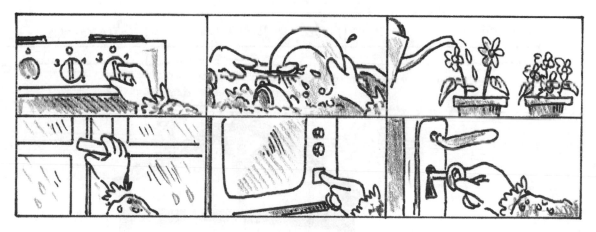

❸ a) Herr Schlapp kommt nach Hause. Suchen Sie die Verben in der Wort-Schlange.

reingehen/steckenaufmachenausziehensetzenholengehendrehennehmenausmachensuchenzieheneinschlafenanmachen

b) Ergänzen Sie die Ausdrücke mit den Verben aus der Wort-Schlange

das Schlüsselloch _____   die Schuhe _____   eine Dusche _____

den Schlüssel ins Loch _____   das Licht _____   überall das Licht _____

den Schlüssel _____   sich vor den Fernseher _____   die Vorhänge _____

die Tür _____   ein Bier aus dem Kühlschrank _____   im Bett _____

zur Tür _____   auf die Toilette _____

Kontrollieren Sie Ihren Lernerfolg

❶ Im folgenden Text fehlen die Räume. Bitte lesen Sie und ergänzen Sie.

7.00 Die Mutter steht auf und
geht in die _____ ,
um das Frühstück zu machen.

7.15 Das Kind steht auf und geht ins

_____ .

7.30 Der Vater steht auf und geht
ins _____ .

7.45 Der Vater und das Kind
nehmen in der _____
das Frühstück ein.

8.00 Das Kind nimmt seinen Mantel
in der _____
und geht zur Schule.

8.15 Der Vater nimmt seinen Mantel
in der _____
und geht ins Büro.

Aus:
G. Perec,
Träume von
Räumen

19.00 Die ganze Familie isst zu
Abend im _____ .

20.00 Das Kind putzt sich die Zähne
im _____ .

20.15 Das Kind geht zum Schlafen
ins _____ .

20.30 Der Vater und die Mutter gehen
ins _____
und sehen fern oder hören Radio
oder spielen Karten, oder der Vater
liest die Zeitung, während die Mutter
näht. Mit einem Wort, sie beschäfti-
gen sich.

22.00 Der Vater und die Mutter gehen
zum Schlafen in ihr _____ .

❷ Wohnrealität: Wo wohnen Sie oder eine Freundin von Ihnen? Notieren Sie.

❸ Notieren Sie hier sämtliche Wörter und Ausdrücke, die Ihnen in den Sinn kommen. Ordnen Sie:

Räume	Möbel / Gegenstände	Tätigkeiten

Schornstein

Dachboden

1. Stock

Parterre

Keller

Kontrollieren Sie Ihren Lernerfolg

❹ a) Schauen Sie die Fotos an und hören Sie zu. Entspannen Sie sich. Sie können viele Wörter aus dieser Einheit wiederholen und sich einprägen.

b) Notieren Sie unter den Bildern die Wörter, die Sie sich einprägen wollen.

Bauernhaus

Wohnsiedlung

In dieser Einheit können Sie den Wortschatz zum Thema **Stadt, Land, Landschaften** üben und wiederholen:

- Stadt und Land
- Landschaften
- Projekt: „Umweltprobleme eines Touristenortes"

Sie können Ihren Lernerfolg auf Seite 76 kontrollieren.
Im **Lernwortschatz** finden Sie alle wichtigen Wörter zu diesem Thema mit Beispielen und Übersetzung.

③ die Brücke / der Stein

④ die Fabrik / der Smog

⑦ die Straße / der Verkehr

⑤ der Bahnhof / die Bahn

⑧ das Zentrum / die Kirche

⑥ die Bank / die Polizei

① der See / der Fluss

② die Industrie / das Tal

⑩ der Park / die Bäume

⑨ der Platz / das Rathaus

⑪ der Zoo / das Schwimmbad

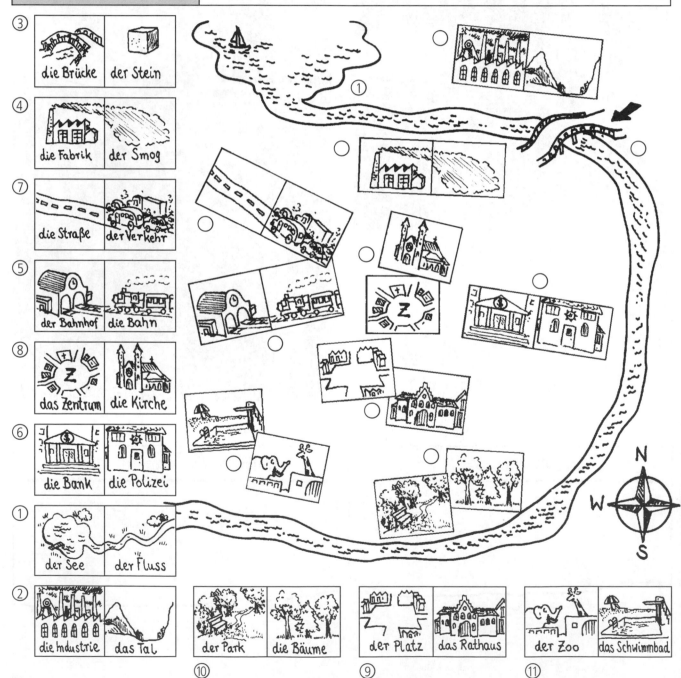

Stadt und Land

❶ a) Betrachten Sie die Skizze einer Landschaft mit Stadt auf Seite 68. Machen Sie in Gedanken eine Wanderung durch diese Landschaft; dazu können Sie die Bild-Wort-Karten am Rand benutzen.

b) Frau Wanderer ist zu Fuß durch die Umgebung dieser Stadt gegangen, danach über die Brücke am Fluss bis ins Stadtzentrum.
Hören Sie, was Frau Wanderer erzählt, und zeichnen Sie ihren Weg farbig in die Skizze ein. Nummerieren Sie dann die elf Stationen. Die Bild-Wort-Karten helfen Ihnen dabei.

❷ Schauen Sie die elf Karten noch einmal genau an: Prägen Sie sich Bilder und Wörter ein. Decken Sie die Karten ab. Gehen Sie nun den Weg auf der Skizze noch einmal und sprechen Sie an jeder Station die passenden Wörter laut. Gehen Sie dann von ⑪ nach ① zurück und notieren Sie die Stationen.

❸ Zeichnen Sie nun Landkarte, Weg und Stationen aus dem Gedächtnis auf ein Blatt Papier. Schreiben Sie zu den Stationen alle Wörter, die Ihnen einfallen. Vergleichen Sie mit einem Partner / einer Partnerin.

Kopieren Sie die elf Karten, schneiden Sie sie aus und legen Sie sich eine eigene Landschaft.

❹ Gegensätze: Stellen Sie sich Orte, Gegenden, Landschaften vor, die Sie gut kennen.
a) Beschreiben Sie Teile davon einem Partner / einer Partnerin. Benutzen Sie dabei den Wort-Igel.
Beispiele: Die *Kirche* im Dorf ist *alt*. / Die Stadt hat viele *neue Kirchen*.

die Brücke   die Kirche   der Bahnhof
das Dorf   die Stadt.
die Straße ── (alt / neu) ── das Schwimmbad
das Zentrum   das Rathaus   der Park   die Fabrik

b) Beschreiben Sie, wie es in Ihrem Dorf, Ihrer Stadt, Ihrer Gegend ist.
Beispiel: Die *Brücke* über den *breiten Fluss* ist ziemlich *schmal*.
Die *Kirche* ist viel *höher* als die kleinen *niedrigen Häuser*.
In meiner Heimatstadt gibt es zwar viele *schmutzige Fabriken*, aber die *Umgebung* ist sehr *sauber*. . . .

der Fluss   die Straße
der See ── (breit / schmal)
die Brücke   der Platz

das Rathaus   der Bahnhof
der Baum ── (hoch / niedrig) ── das Haus
die Brücke   die Kirche

(sauber / schmutzig)

(laut / ruhig)

7

Stadt und Land

❺ Es gibt große Unterschiede zwischen Orten in Stadt und Land: Was kann man hier und dort (nicht) machen? Beantworten Sie die Fragen mit Hilfe der Wort-Kiste.

+ Beispiel: Wo kann man *saubere Luft atmen*?
In Parks. / An Seen und Flüssen. / Unter Bäumen. /
In der Umgebung der Stadt. ...

— Wo kann man *kaum atmen*?
An Straßen im Zentrum. / Im dichten Verkehr. /
Im Smog der Fabriken und Autos. ...

1. Wo kann man schön spazieren gehen/wandern?	Wo kann man nicht spazieren gehen/wandern?
2. Wo kann man ohne Gefahr baden?	Wo ist es heute gefährlich zu baden?
3. Wo muss man aufpassen?	Wo braucht man nicht aufzupassen?
4. Wo arbeiten die Menschen?	Wo arbeiten Sie nicht, sondern erholen sich?
5. Wo muss man immer Geld bezahlen?	Wo muss man nichts bezahlen?

am Bahnhof/Rathaus/Platz/See/Fluss
an der Straße/Brücke/Kirche/Fabrik
auf der Straße / der Brücke / dem Fluss / dem See / dem Platz / dem Baum
beim Bahnhof/Rathaus/Platz/Zentrum/Schwimmbad/Zoo/Baum/See/Fluss
bei der Kirche/Fabrik/Brücke/Bank/Polizei
im Bahnhof/Rathaus/Zentrum/Park/Schwimmbad/Fluss/See/Zoo/Verkehr/Kino/Theater
in der Bahn/Kirche/Fabrik/Bank/Umgebung
unterm Baum
unter der Brücke/Straße

die Brücke

Landschaften

➡ Einheit 8, S. 78 f.

❶ Betrachten Sie die vier Landschaften auf den Fotos, Seite 71. Welche Wörter/Ausdrücke passen zu den Fotos A, B, C oder D? Notieren Sie.

moderner Bauernhof   stiller Waldrand   lauter Bagger   Kinderstimmen   heulende Motorsäge
Haufen Erde   bellende Hunde   Schweine schreien   der Wind rauscht
Vögel singen   umgesägte Bäume   Kirchenglocken   Zweige, Blätter, Gras   Arbeiter rufen
Kühe, Gänse, Hühner   gerader Kanal   kleiner Bach

❷ a) Wie finden Sie diese Landschaften? Markieren Sie passende Wörter mit den Foto-Buchstaben A, B, C oder D.

+ intakt	natürlich	lebendig	farbig	weich	reich	schön	wunderbar	herrlich
— kaputt zerstört	künstlich unnatürlich	steril tot	farblos grau	hart	arm	hässlich	furchtbar	schrecklich

b) Schreiben Sie jetzt die markierten Wörter von oben in eine Tabelle:

Landschaft:	Foto A	Foto B	Foto C	Foto D
Mein Eindruck:				

c) In welcher dieser Landschaften möchten Sie leben, wandern, Urlaub machen? Begründen Sie mit Wörtern aus ❷ b).

Landschaften

*Fotos aus:
Wieland/
Bode/
Disko, Grün
kaputt*

1

Als ich noch ein Kind war, fuhren wir oft mit der ganzen Familie zu den Verwandten aufs Land. Die Fahrt ging mit einem gemütlichen Bummelzug durch blühende Wiesen, gelbe Getreidefelder und wunderbar dunkle Wälder bis hinaus zur ländlichen Station „Krummefohre". Dort stiegen wir aus und gingen zu Fuß auf schmalen, stillen Wald- und Feldwegen weiter zum nahen Dorf Peesten. Besonders schön fand ich diese Wanderung im Frühling und Sommer. Der steile Waldweg führte uns hinauf zu einer weiten, ebenen Fläche mit Feldern, Wiesen, alten Obstbäumen, größeren und kleineren Dörfern. Vom Waldrand hatten wir dann meist eine wunderschöne Aussicht bis zum höchsten Gebirge unserer Heimat.

Nun gingen wir zuerst auf Wiesenwegen, dann auf einer ungeteerten Landstraße auf das nächste Dorf zu. Als wir die ersten Gebäude unterscheiden konnten – breite Bauernhöfe, den Turm der Kirche –, da waren auch ländliche Geräusche zu hören: das Geschrei spielender Kinder, das Bellen der Hunde, ganz selten auch Motorengeräusche von einem Traktor oder Auto auf der Landstraße. Am Haus meiner Tante, an den gelbgrauen Mauern, wuchs Wein; grüne und blaue Trauben gab es im Herbst. Fenster und Türen standen immer offen: Wir Kinder liefen hinein, als wären wir dort zu Hause ...

2

Nicht nur der graue Beton von Autobahnen, Atomkraftwerken und Kanälen hat diese früher lebendige Landschaft zerstört. Auch die Bevölkerung der Städte und Dörfer selbst hat das Land kaputtgemacht. Die ehemals sauberen Bäche und Flüsse sind verschmutzt. Aus schmalen Fahrwegen sind breite betonierte Autostraßen geworden. Und viele uralte Häuser sind der Modernisierung zum Opfer gefallen: Sie sind zu „modernen Wohngebäuden" renoviert worden.

Der ländliche Charakter des ganzen Gebietes hat sich total verändert: Die Felder sind jetzt riesig und quadratisch; es gibt nur noch gerade Linien, keine krummen Wege mehr. Die Landbewohner brauchen die gute Verkehrsverbindung in die Stadt; also bestimmen heute Autos, Lastwagen und Busse das Bild, nicht Alleen, Hecken und kleine Kapellen am Weg wie früher. Die letzten alten Bäume sind gefällt, die Viehställe und Bauernhäuser werden immer rechteckiger. Die schwere Arbeit der Ernte machen riesige laute Maschinen. Überall sieht und hört man Bagger, die weiche Hügel planieren oder sterile Kanäle ausheben ...

Landschaften

❸ Vergleichen Sie Texte und Fotos. Zu welchen Fotos passt Text 1 bzw. Text 2?
Unterstreichen Sie Ausdrücke in den Texten, die „lebendige Landschaft" bzw. „kaputte Landschaft" beschreiben.

❹ Nomen stehen meist für lebende Wesen und tote Dinge; Verben beschreiben oft Aktionen. Machen Sie mit Hilfe der Texte und der folgenden Nomen/Verben kurze Sätze, die zum Thema „Stadt, Land, Landschaften" passen:
a) Verbinden Sie von links nach rechts Nomen – Verben – Nomen zu sinnvollen Aussagen (siehe Beispiel).

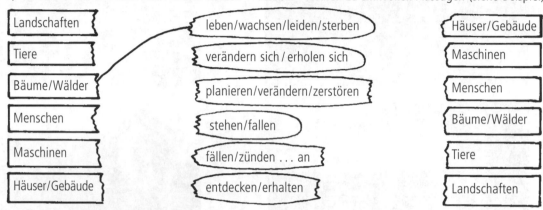

Landschaften		leben/wachsen/leiden/sterben		Häuser/Gebäude
Tiere		verändern sich / erholen sich		Maschinen
Bäume/Wälder		planieren/verändern/zerstören		Menschen
Menschen		stehen/fallen		Bäume/Wälder
Maschinen		fällen/zünden ... an		Tiere
Häuser/Gebäude		entdecken/erhalten		Landschaften

b) Schreiben und sprechen Sie die Sätze. Machen Sie daraus einen kurzen Text über Mensch und Landschaft. Vergleichen Sie Ihre Texte mit einer Partnerin / einem Partner.

Projekt: „Umweltprobleme eines Touristenortes"   ➡ Einheit 8, S. 83 f.

❶ a) Lesen Sie Text 1 aus dem Tourismusprospekt. Vergleichen Sie Wörter/Ausdrücke und Informationen mit Text 2.
Was ist etwa gleich? *(Bitte grün markieren.)* Was ist klar unterschiedlich? *(Rot markieren.)*

1

Igls. In Kürze.

Schon die Lage wird Ihnen liegen: nur 5 km von Innsbruck, auf einem sonnigen Plateau in 900 m Seehöhe, vom Klima zu jeder Jahreszeit verwöhnt. Alte Tiroler Bauernhöfe bestimmen das Ortsbild, das seinen dörflichen Charakter bewahren konnte, weil man Hotels, Pensionen, Ferienwohnungen besonders behutsam integrierte. Die Olympischen Winterspiele, die gleich zweimal hier stattfanden, brachten dem Wintersportdorf Igls weltweite Bekanntheit. Alle Annehmlichkeiten, die damals geschaffen wurden, bereichern heute das Urlaubs-Angebot. Und das kann sich wirklich sehen lassen: Spazier- und Wanderwege, Tennishalle und Freiplätze, 2 Golfplätze mit 27 Holes, eine Golf Driving Range, der Lanser See, gepflegte Schipisten und Loipen, Rodelbahnen, Olympia-Bobbahn, Schlittenfahrten, Kurpark, Kongresszentrum ... Dazu noch die traumhaft schöne Natur ringsum, die Gebirgsluft, in der Sie aufatmen können – in Igls bleibt kein Wunsch offen. Genau so soll Urlaub sein.

2

„Ein Dorf mit Charakter" – so beschreibt der lokale Tourismusverband das alte Bauerndorf Igls, das zum modernen, erfolgreichen Urlaubs- und Sportzentrum geworden ist. Es liegt in Österreich, nur 5 km von der Tiroler Landeshauptstadt Innsbruck entfernt, zwischen herrlichen Bergen, Wiesen, Wäldern und kleinen Seen. *(Betrachten Sie die Landschaftskarte, Seite 73.)* Aber Igls liegt auch ganz nahe an zwei Autobahnen und einem Flughafen; drei breite Straßen und eine Straßenbahnlinie führen zur Stadt im Tal. Deshalb gibt es das ganze Jahr zahllose Touristen, Autos, LKWs und Busse im Ort. Dichter Verkehr, Lärm, Abgase und schlechte Luft stören Einwohner und Gäste. Am schlimmsten ist die Umweltsituation im Ortszentrum: Dort treffen die Straßen aus Lans/Innsbruck, Vill/Innsbruck, Patsch/Autobahn und von der Station der Bergbahn zusammen. *(Suchen Sie die Hilberstraße im Straßenplan auf Seite 74.)* Dieser Verkehr gefährdet auf Dauer den dörflichen Charakter von Igls und seine touristische Attraktivität. Den Menschen und der Umwelt im Raum Igls muss schnell geholfen werden.

Projekt: „Umweltprobleme eines Touristenortes"

b) Studieren Sie die Landschaftskarte mit dem Straßenplan von Igls. Schreiben Sie eine Tabelle mit den Namen von Orten/ Dörfern, großen Straßen, Bahnen, Seen, Parks, Wiesen und wichtigen Gebäuden.

Projekt: „Umweltprobleme eines „Touristenortes"

❷ Was denken Sie: Welche ökologischen Probleme für Natur, Landschaft und Menschen gibt es wohl in und um Igls?

a) Kreuzen Sie an und ergänzen Sie die Liste.

☐ Lärm, laute Geräusche   ☐ dichter Verkehr, Autostaus
☐ schmutzige Luft, Abgase, Smog   ☐ zerstörte Landschaft, kaputte Natur
☐ sehr viel Müll (Papier, Plastik, Glas, Metall)   ☐ zu hoher Energieverbrauch
☐ sehr große Gebäude   ☐ ...

b) Notieren Sie auf einem Blatt Papier Orte, Plätze, Räume, wo diese Probleme besonders sichtbar werden.

❸ a) Lesen Sie den folgenden Text zu den Verkehrsverbindungen von und nach Igls. Notieren Sie die Verkehrsmittel, die im Text genannt werden.

Taxi: Taxi Wieser
Verkehrsverbindungen nach Innsbruck:
Der Citybus: Die Linie „J" verkehrt jeweils zur vollen und halben Stunde ab Innsbruck (Hauptbahnhof) und ab Igls. Von 20–23 Uhr ab Hauptbahnhof Innsbruck jede volle Stunde. Von 20.30–23.30 Uhr ab Igls stündlich.
Die Österreichischen Bundesbusse:
Busverbindungen laufend nach Innsbruck, Patsch, Ellbögen.
Die Straßenbahn (Tram):
Linie Nr. 6: Abfahrt jeweils 5 Minuten nach der vollen Stunde ab Igls und jeweils 9 Minuten nach der vollen Stunde ab Innsbruck-Hauptbahnhof, bringt Sie bis 19.09 Uhr nach Igls zurück.
Zufahrt nach Igls:
Autobahnabfahrt Innsbruck-Ost und -West und ab Olympia-Eisstadion noch 4,5 km. Autobahnabfahrt Igls-Patsch 4,5 km.
Zugauskunft: Tel. 17 17

b) Wie funktioniert der Verkehr in und um Igls jetzt?
Vergleichen Sie Text und Landschaftskarte (Seite 73).
Schreiben Sie alle Informationen in einer Tabelle zusammen:

Verkehrsmittel	Autos/PKWs	Busse	LKWs	Bahnen
1. ... kommen aus/vom:				
2. ... fahren nach/zum:				
3. ... stoppen/parken jetzt wo?				
4. ... fahren wie oft und bis wann?				

Projekt: „Umweltprobleme eines Touristenortes"

❹ Spielen Sie Tourist-Information.

a) Im Kurs mit anderen Lernern: Suchen Sie sich eine Partnerin / einen Partner. Wählen Sie eine Rollenkarte aus, die Sie interessiert, und sprechen Sie darüber. Ein Partner spielt die Person, die schriftlich oder telefonisch bei der Tourist-Information Igls anfragt, wie man am besten aus Innsbruck nach Igls kommt. Der andere Partner ist Mitarbeiter(in) der Tourist-Information und gibt Auskunft per Brief, Fax oder Telefon.

b) Wenn Sie allein lernen: Wählen Sie eine Rollenkarte, die Sie interessiert. Studieren Sie die Texte und Karten zu Igls. Formulieren Sie die schriftliche Anfrage einer Touristengruppe und die schriftliche Auskunft der Tourist-Information, wie man am besten von Innsbruck nach Igls kommt.
Verwenden Sie für die Ortsangaben Ausdrücke aus der Wort-Kiste.

1
Wintersportler
aus Frankreich
Anreise: per Bus
in zwei Gruppen
auf der Autobahn
Ziel: Bergbahnstation

2
Mediziner
aus Europa
Anreise: im Flugzeug
einzeln oder in
kleinen Reisegruppen
Ziel: Kongresszentrum

3
Wanderer
aus Italien
Anreise: per Bahn
in einer großen
Reisegruppe
Ziel: Lanser See

4
Älteres Paar
aus den USA
Anreise: im Auto
aus Richtung
Innsbruck
Ziel: Golf Driving Range

innerhalb/außerhalb des Dorfes parken	im/nahe beim/fern vom Zentrum
am/auf dem Parkplatz/Dorfplatz	an der Station / am Bahnhof / an der Bushaltestelle
von/aus Innsbruck	von der Autobahn
auf der Nebenstraße/Hauptstraße/Autobahn	mit der Tram (= Straßenbahn)/Eisenbahn/
den Berg hinauf / ins Tal (hinab) fahren	Bergbahn
im/vor dem Dorf	drinnen/draußen parken
am Weg / ungünstig liegen	günstige/ungünstige Lage
im Norden/Osten/Süden/Westen des Dorfes	an der Strecke Vill – Lans
in Richtung Vill fahren	aus Richtung Lans kommen
überall / nur auf vier Parkplätzen parken	auf dieser / auf der anderen Seite des Dorfes

---

❺ a) Was müsste man in Igls und Umgebung ändern, um Dorf, Menschen und Natur vom Autoverkehr zu entlasten? Kreuzen Sie an und ergänzen Sie weitere Vorschläge.

☐ 1. Alle kleinen Parkplätze im Ort abbauen

☐ 2. Mehr große Parkplätze und Parkgaragen im Dorf bauen

☐ 3. Parken im Dorf nur für Einwohner (nicht für Touristen!) erlauben

☐ 4. Von Parkplätzen häufig kleine Busse kostenlos ins Zentrum / zu den Bahnstationen fahren lassen

☐ 5. Gäste und Touristen nur zu Fuß ins Dorf kommen lassen

☐ 6. Straßenbahn häufiger und billiger von und nach Innsbruck fahren lassen

☐ 7. Im Dorfzentrum eine große Fußgängerzone einrichten (nur für Fußgänger)

☐ 8. Viele Bäume an und in die Straßen pflanzen

☐ 9. Umleitung des Verkehrs Vill – Patsch, Lans – Vill und Lans – Patsch auf Nebenstraßen

☐ 10. Touristen kostenlos bzw. billig mit Taxi oder Kleinbus vom Flughafen, vom Bahnhof Innsbruck und von der Straßenbahnstation abholen

☐ 11. Nur noch Busse durchs Zentrum und zur Bergbahnstation fahren lassen

☐ 12. Neue Straße(n) ums Dorf herum zum Parkplatz Bergbahnstation bauen

☐ 13. Fahrräder, Pferde/Ponys mit Wagen an Touristen vermieten

☐ 14. Straßenbahn bis ins Dorfzentrum fahren lassen

☐ …

Projekt: „Umweltprobleme eines Touristenortes"

b) Malen Sie Ihre angekreuzten Änderungen in die Landschaftskarte. Schicken Sie diese Karte zusammen mit einem Brief an den Tourismusverband von Igls. Darin stellen Sie Ihre Kritik an den Verkehrs- und Umweltverhältnissen und Ihre Lösungsvorschläge gegenüber.
ODER: Aus jeder Projektgruppe wird eine Person in die Jury gewählt. Alle Gruppen stellen der Jury ihre Lösungsvorschläge vor. Die Jury prämiert die beste Lösung mit einem Preis.

Kontrollieren Sie Ihren Lernerfolg

❶ a) Betrachten Sie das Bild „Traumlandschaft", entspannen Sie sich und hören Sie zu.

Ivan Rabuzin, Traumlandschaft

b) Schreiben Sie Wörter und Ausdrücke, die Sie jetzt „sehen" oder „hören" oder „fühlen", ins Bild und ums Bild herum. Sie können auch eine Gedächtnis-Karte zum Thema Stadt, Land, Landschaften zeichnen und schreiben. Oder beschreiben Sie das Bild „Traumlandschaft" schriftlich, so wie Sie es sehen.

In dieser Einheit können Sie den Wortschatz zum Thema **Natur, Umwelt** üben und wiederholen:

- Kreisläufe in der Natur
- Pflanzen, Tiere, Landwirtschaft
- Energie, Materie, Stoffe
- Natur- und Umweltschutz

Sie können Ihren Lernerfolg auf Seite 84 kontrollieren.

Im **Lernwortschatz** finden Sie alle wichtigen Wörter zu diesem Thema mit Beispielen und Übersetzung.

Himmelsrichtungen, Jahreszeiten,

Monate, Wetter

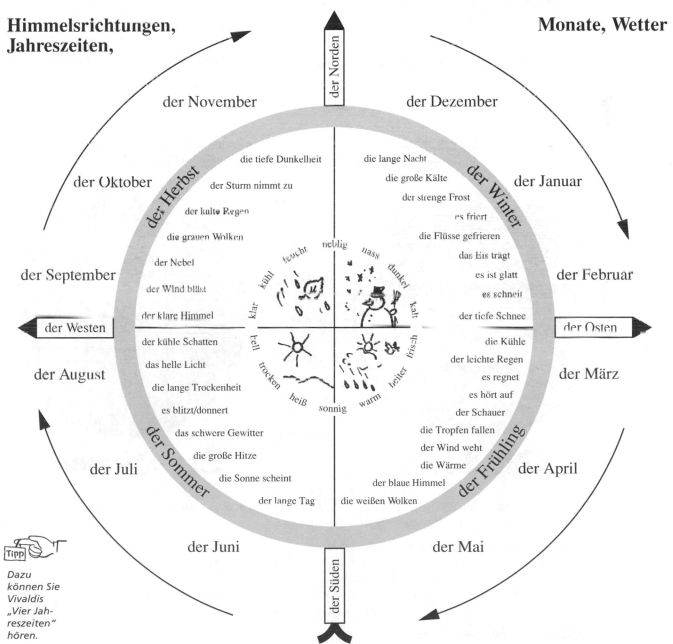

Tipp

Dazu können Sie Vivaldis „Vier Jahreszeiten" hören.

8

Kreisläufe in der Natur

→ Einheit 7, S. 70 f.

❶

a) Betrachten Sie das Wort-Bild auf Seite 77 mit den vier Naturkreisen lange und gründlich: von außen nach innen (Himmelsrichtungen → Monate → Jahreszeiten → Wetter) und umgekehrt; von Süden nach Norden und umgekehrt, von Osten nach Westen und umgekehrt; dem Kreislauf der Jahreszeiten und Monate folgend (einmal mit Dezember und einmal mit Juni beginnen). Notieren Sie zusätzliche Wörter/Ausdrücke ins Bild, die Ihnen einfallen.

b) Hören Sie einen Radiowetterbericht aus der Schweiz. Unterstreichen Sie in den „Wetter-Kreisen" Wörter und Ausdrücke, die Sie hören.

Zu welcher Jahreszeit gehört der Wetterbericht? ☐ Frühling ☐ Sommer ☐ Herbst ☐ Winter

c) Die drei inneren Kreise beschreiben Jahreszeiten und Wetter, wie sie in Mitteleuropa im Allgemeinen aussehen. Suchen Sie eine Jahreszeit aus und beschreiben Sie, wie das Wetter dort ist.
Sie könnten z. B. so formulieren: „Im *Sommer* ist es meistens *sonnig und trocken*. Wenn die *Sonne scheint*, ist es *heiß und sehr hell*. Manchmal kommt *ein Gewitter, es blitzt und donnert . . .*"

d) Beschreiben Sie die Jahreszeiten und das Wetter in Ihrer Heimat. Oder malen Sie ein Bild zu jeder Jahreszeit und schreiben Sie passende Wörter/Ausdrücke hinein.
Vergleichen und diskutieren Sie in der Gruppe: „Wann ist bei dir/euch Sommer . . .? Wie ist dann das Wetter? . . ."

❷

a) Studieren Sie die beiden „Weltkreise" genau und vergleichen Sie sie mit Ihrem eigenen Bild von der Welt.
Benennen und notieren Sie Teile der Natur, die Sie auf den Bildern erkennen, auf Deutsch oder in Ihrer Sprache.

die Sterne

die Sonne

die Planeten

die Erde

der Mond

die Kontinente

die Elemente

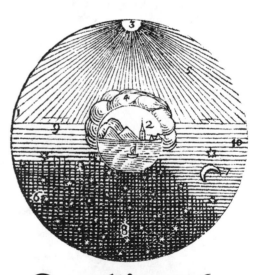

So sind „Die Welt" (die Erde) und „Der Himmel" (das Weltall) im Lehrbuch Orbis sensualium pictus (1658) dargestellt.

Die Welt.

Der Himmel.

b) Beide Bilder zeigen „die vier Elemente" (Feuer, Luft, Wasser, Erde) von oben nach unten. Welche wirklichen Teile der Natur gehören zu den einzelnen Elementen? Ordnen Sie zu:

„Die vier Elemente" ⟷ Wirkliche Teile der Natur
1. das Feuer   a) der Mensch, das Tier, die Pflanze, der Boden, das Gebirge, die Stadt
2. die Luft   b) das Meer, das Schiff, der Fisch
3. das Wasser   c) der Himmel, der Stern, die Sonne, der Planet, der Mond
4. die Erde   d) der Himmel, die Wolke, der Vogel

Vergleichen Sie mit Ihren Notizen aus ❷ a).

Kreisläufe in der Natur

c) Ordnen Sie nun weitere Details der Natur den „vier Elementen" zu:
Zeichnen Sie einen großen „indianischen Elemente-Kreis" nach dem Muster und schreiben Sie einige Wörter/ Ausdrücke aus der Wort-Kiste in die passenden Kreissektoren.

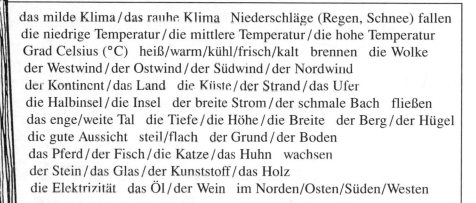

das milde Klima / das rauhe Klima   Niederschläge (Regen, Schnee) fallen
die niedrige Temperatur / die mittlere Temperatur / die hohe Temperatur
Grad Celsius (°C)   heiß/warm/kühl/frisch/kalt   brennen   die Wolke
der Westwind / der Ostwind / der Südwind / der Nordwind
der Kontinent / das Land   die Küste / der Strand / das Ufer
die Halbinsel / die Insel   der breite Strom / der schmale Bach   fließen
das enge/weite Tal   die Tiefe / die Höhe / die Breite   der Berg / der Hügel
die gute Aussicht   steil/flach   der Grund / der Boden
das Pferd / der Fisch / die Katze / das Huhn   wachsen
der Stein / das Glas / der Kunststoff / das Holz
die Elektrizität   das Öl / der Wein   im Norden/Osten/Süden/Westen

d) Schreiben Sie in diese Weltkarte die Namen der Erdteile/Kontinente. Viele Teile von Kontinenten haben Namen mit Himmelsrichtungen: z. B. *Nord*amerika. Notieren Sie sie auch in der Karte. Die Wort-Kiste bietet Ihnen „Worthau- material".

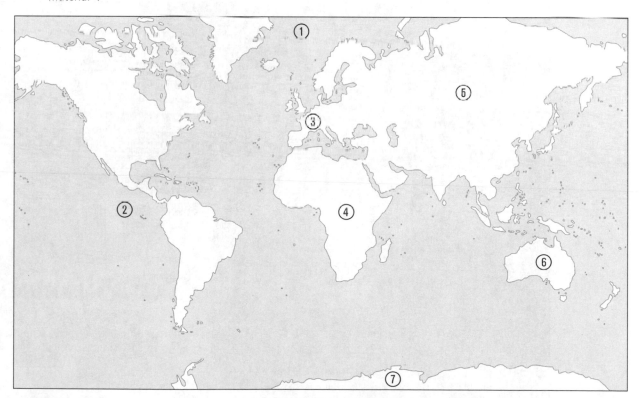

Afrika   Amerika   die Antarktis   die Arktis   Asien   Australien   Europa
Nord- / Süd- / Ost- / West- / Mittel-

8

Pflanzen, Tiere, Landwirtschaft

➡ Einheit 7, S. 70 f.

❶ Sammeln Sie Wörter aus dem Bild und aus Ihrem Gedächtnis. Ordnen Sie die Wörter in diesen Wörter-Baum ein.

Landwirtschaft

Pflanzen:	Tiere:	Menschen:	Geräte/Maschinen:	Tätigkeiten:
das Gras	die Kuh	der Bauer	der Mähdrescher	arbeiten
. . .	. . .	. . .	. . .	. . .

❷ a) Wörtersuche: Welche Dinge gibt es im Bild? Es gibt . . . (Bitte ankreuzen).

☐ Wiesen ☐ Wald ☐ Felder ☐ Mist ☐ Äpfel

☐ Birnen ☐ Blätter ☐ Eier ☐ Erde, Boden ☐ Gemüse

☐ Getreide ☐ Gras ☐ Holz ☐ Kartoffeln ☐ Wein

☐ Geräte, Maschinen ☐ Wolle ☐ Zitronen ☐ Zwiebeln ☐ Salat

☐ Früchte, Obst ☐ Wasser ☐ Baumwolle ☐ Insekten ☐ Gärten

Pflanzen, Tiere, Landwirtschaft

b) Wie viele . . . gibt es im Bild? Notieren Sie die fehlenden Zahlwörter; streichen Sie überflüssige Singular- oder Pluralformen wie in den handschriftlichen Beispielen.

1. Menschen: ___*ein*___ e Bäuerin / _____ ~~Bäuerinnen~~ _____ en Bauern / _____ Bauern

2. Tiere: _____ Kalb / _____ Kälber _____ e Kuh / _____ Kühe _____ ~~Rind~~ / ___*drei*___ Rinder

_____ Stück Vieh / _____ Stück Vieh _____ Pferd / _____ Pferde _____ Schaf / _____ Schafe

_____ Schwein / _____ Schweine _____ e Katze / _____ Katzen _____ en Hund / _____ Hunde

_____ e Ente / _____ Enten _____ Huhn / _____ Hühner _____ en Vogel / _____ Vögel

_____ en Fisch / _____ Fische _____ Insekt / _____ Insekten

3. Pflanzen: _____ en Baum / _____ Bäume _____ e Blume / _____ Blumen

4. Geräte/Maschinen: _____ en Traktor / _____ Traktoren _____ en Mähdrescher/_____ Mähdrescher

5. Gebäude(teile): _____ en Stall / _____ Ställe _____ Tor / _____ Tore

_____ en Bauernhof / _____ Bauernhöfe

c) Beschreiben Sie mit Hilfe Ihrer Notizen, was Sie alles auf dem Bild sehen:
„Es gibt ein/eine/einen . . . (oder) kein/keine/keinen . . . . Ich sehe drei . . . (oder) viele . . . ."

3 a) Wer oder was fliegt in der Luft? Schreiben und sprechen Sie. Es gibt viele Lösungen! Beispiel:

Vögel, Enten, Hühner, Menschen, Flugzeuge, Insekten fliegen in der Luft.

1. Wer oder was wächst (wird größer)? – Bäume, . . .
2. Wer oder was blüht (hat Blüten)? – Pflanzen . . .
3. Wer oder was frisst? – Tiere . . .
4. Wer oder was klettert auf Bäume? – Katzen, . . .
5. Wer oder was schützt die Tiere? – Hunde, . . .
6. Wer oder was schwimmt im Wasser? – Fische, . . .
7. Wer oder was macht Mist? – Rinder, . . .

b) Landwirtschaftliche Produkte. Malen Sie Wort-Bäume mit Begriffen aus der unteren und der oberen Wort-Kiste. Wählen Sie aus, was für Sie wichtig ist.

die Wolle, das Gemüse, das Schweinefleisch, das Ei, das Fleisch, die Milch, das Schaffleisch, der Apfel, das Getreide, die Birne, der Käse, das Rindfleisch, das Obst, das Kalbfleisch, das Holz, die Kartoffel, die Zitrone, die Zwiebel, die Baumwolle, das Leder

der Baum, der Wald, der Garten, das Feld, die Kuh, das Schwein, das Schaf, das Rind, das Huhn, das Kalb

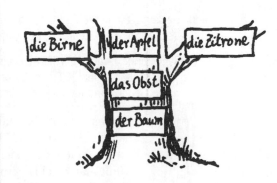

8

Energie, Materie, Stoffe

❶ a) Verschiedene Formen von Energie: Oben in der Wort-Kiste finden Sie Begriffe für Energieformen, unten beschreibende Sätze. Bauen Sie die Begriffe in passende Sätze ein. (Zweimal sind zwei Lösungen möglich.)

Holz/Papier/Kohle Benzin Öl Wärme elektrischer Strom Elektrizität radioaktive Strahlung

... fühlt man nicht, ist aber sehr gefährlich.　　　... brennt in Öfen und heizt gut.
... kommt in der Natur als Blitz vor.　　　　　　... wird in Automotoren verbrannt.
... wird künstlich im Kraftwerk hergestellt.　　　... wird in Heizungen verbrannt.
... bringt Flüssigkeiten wie Wasser zum Kochen.

b) Sie hören Geräusche, die für verschiedene Formen von Materie typisch sind. Kreuzen Sie an, was Sie hören.

1. Ein ☐ Gas oder eine ☐ Flüssigkeit?　　　Ist es ☐ Luft, ☐ Wasser, ☐ Öl oder ☐ Wein?
2. Einen ☐ flüssigen Stoff oder ein ☐ Gas?　Ist es ☐ Luft, ☐ Wasser, ☐ Öl oder ☐ Wein?

c) Sehen Sie sich die Bilder unten an. Hören Sie dazu typische Geräusche von acht verschiedenen festen Stoffen bzw. Materialien. Nummerieren Sie die acht Bilder in der Reihenfolge, in der Sie die Stoffe hören.

_____ das Metall
(das Eisen)　　　　_____ das Glas　　　　_____ das Holz　　　　_____ der Stein

_____ der Kunststoff /
das Plastik　　　　_____ das Papier　　　　_____ der Sand　　　　_____ der Stoff (die Seide)

d) Decken Sie nun die Bildtexte ab, betrachten Sie die Bilder und sprechen Sie die Begriffe laut. Decken Sie dann Begriff um Begriff auf; vergleichen Sie, lesen Sie, korrigieren Sie sich.

❷ „Gegenstände raten": Ein Partner / Eine Partnerin merkt sich einen Gegenstand. Der andere Partner kann mit Hilfe der Wort-Kiste maximal 10 Fragen stellen, um den Gegenstand zu finden. Die Antwort muss immer „ja" oder „nein" sein. Wer den Gegenstand herausfindet, kommt nun selbst dran usw.

... ist/besteht aus ... (andere Stoffe)　ist künstlich/natürlich　ist rein/gemischt
... hat eine eckige/runde Form.
... ist rau/glatt/fest/weich/klebrig/kühl/kalt/warm/rot/blau/gelb/farblos/flüssig/nass.
... fühlt man (nicht) gern.

Natur- und Umweltschutz

➡ Einheit 7, S. 72 f.

❶ a) Studieren Sie die vier Wörterbuch-Ausschnitte. Markieren Sie darin alle Wörter/Ausdrücke zum Thema, die Sie kennen. Ordnen Sie dann diese Wörter/Ausdrücke einem oder mehreren passenden Wort-Igeln zu.

Langenscheidts Großwörterbuch Deutsch als Fremdsprache

Um·welt *die; nur Sg, Kollekt;* **1** die Erde, die Luft, das Wasser und die Pflanzen als Lebensraum für die Menschen und Tiere: *gegen die Verschmutzung der U. kämpfen* ‖ K-: **Umwelt-, -bedingungen, -belastung, -einflüsse, -forschung, -gift, -katastrophe, -kriminalität, -schäden, -verschmutzung, -zerstörung; umwelt-, -schädigend, -schädlich, -verträglich**

Na·tur *die; -, -en;* **1** *nur Sg;* alles was es gibt, das der Mensch nicht geschaffen hat (*z. B.* die Erde, die Pflanzen u. Tiere, das Wetter *usw*) ⟨die belebte, unbelebte N.; Mutter N.; die Gesetze, Wunder der N.⟩: *Die Niagarafälle sind ein Wunderwerk der N.* ‖ K-: **Natur-, -gesetz, -katastrophe, -produkt, -wunder 2** *nur Sg;* Wälder, Wiesen *o. ä.*, die nur wenig od. nicht vom Menschen verändert worden sind (oft im Gegensatz zur Stadt)

Um·welt|schutz *der; nur Sg, Kollekt;* alle Maßnahmen, durch die man versucht zu verhindern, dass die Umwelt (1) verschmutzt od. zerstört wird

Na·tur·schutz *der; nur Sg; Kollekt;* die Maßnahmen u. Gesetze, durch die man bestimmte Landschaften u. seltene Tiere u. Pflanzen erhalten will

Erde — ⟨Natur⟩ — ⟨Umwelt⟩ — ⟨Menschen⟩ — kämpfen

b) Ordnen Sie die Ausdrücke in der Wort-Kiste in zwei Gruppen: Aktionen *für* oder *gegen Natur und Umwelt.*

> die Natur erhalten   die Umwelt verschmutzen   Tiere und Pflanzen schützen
> das Wetter verändern   gegen die Verschmutzung von Erde, Wasser und Luft kämpfen
> natürliche Landschaften zerstören   den Lebensraum von Tieren und Pflanzen erhalten
> dem Wald schaden   die Umwelt verändern   die Umweltverschmutzung verhindern
> Gesetze gegen die Natur machen   etwas für den Naturschutz tun

❷ a) Markieren Sie Wörter/Ausdrücke zu Umweltproblemen in den Texten. Suchen Sie im Wörterbuch, was neu ist.

1

Wie unser Lebensstil die Ressourcen der Erde verschwendet.

	Deutschland	Indien	Kenia
Wasserverbrauch* (ohne Landwirschaft)	537,5 Kubikmeter	37,5 Kubikmeter	12,5 Kubikmeter
Energieverbrauch*	4500 l Öl	225 l Öl	75 l Öl
Automobile auf 100 Einwohner	48	0,5	0,5

* Pro Einwohner und Jahr

Text 1 aus: Kleine Umweltfibel, Brot für die Welt, 1992

Brot für die Welt

2

Visionen der Kinder

Es wäre gut, wenn alle danach bezahlt würden, wie viel sie für die Umwelt tun, auch die Politiker.

Ich wünsche mir, dass Naturschutz GROSS geschrieben wird.

Ich wünsche mir, dass Autos Flügel haben, damit sie keine Tiere totfahren.

Alle Bäume sollten Beine haben, dann könnten sie vor der schmutzigen Luft davonrennen.

Ich male Blumen, damit alle sehen, wie schön eine Wiese ist.

Das Ozonloch könnte mit Gedankenkraft geklebt werden.

Alle Flugzeuge könnten an Luftballons fliegen.

Alle Väter sollten zehn Bücher über den Regenwald lesen, damit sie so gut Bescheid wissen wie die Kinder.

Autos werden einmal keinen Motor mehr haben. Es genügt ein Aquarium, in dem ein Zitteraal liegt, der den Strom für den Motor macht.

Alle Bagger sollen sofort eingeschmolzen werden.

Die Leute, die die Umwelt schützen, sollen sich vermehren!

Text 2 aus: „natur-Kindergipfel", 29. 9. 1991

b) Machen Sie Ausdrücke aus Komposita. Beispiel: *Naturschutz —→ die Natur schützen.*
   Suchen Sie entsprechende Ausdrücke in: *Umweltschutz, Naturzerstörung, Wasserverbrauch, Energieverbrauch.*

c) Vergleichen Sie die Umweltdaten über Deutschland, Indien und Kenia. Benutzen Sie dazu diese Verb-Skala:

– – ◄——— verschwenden ——— großzügig verbrauchen ——— sparsam verwenden ——— sparen ——► + +

d) Was tun Sie zum Schutz der Umwelt? Beispiele: „Ich fahre nicht Auto. So spare ich Energie, verschmutze die Luft nicht und tue damit auch etwas gegen das Waldsterben. Wegen des Ozonlochs verwende ich keine Sprays …"

Kontrollieren Sie Ihren Lernerfolg

❶ Lesen Sie die Gedächtnis-Karten und ergänzen Sie unvollständige Wörter. Benutzen Sie die Wort-Nachbarschaften dann, um die heutige Umweltsituation zu beschreiben, z. B.: „Die Industrie verschmutzt die Umwelt."

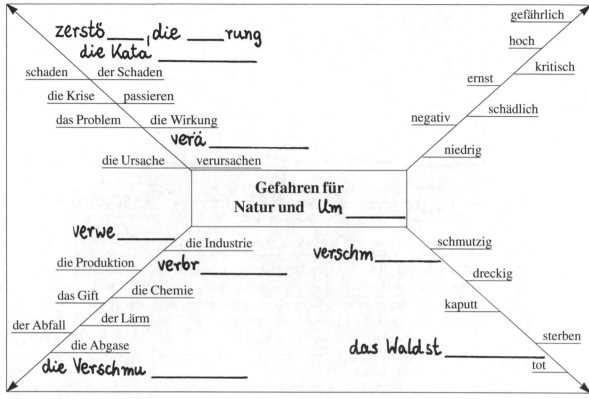

zerstö____, die ____rung
die Kata'_____

gefährlich
hoch
kritisch

schaden   der Schaden
ernst

die Krise   passieren
schädlich

das Problem   die Wirkung
negativ

verä_____
niedrig

die Ursache   verursachen

**Gefahren für
Natur und Um_____**

verwe_____
die Industrie   schmutzig

die Produktion   verbr_____
verschm_____

das Gift   die Chemie
dreckig

der Abfall   der Lärm
kaputt

die Abgase
sterben

die Verschmu_____
tot

das Waldst_____

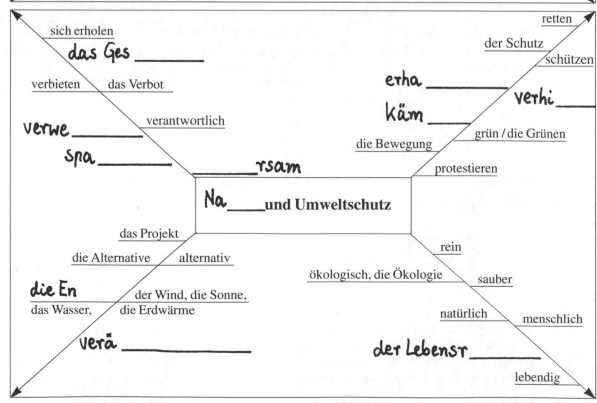

sich erholen
retten

das Ges_____
der Schutz

verbieten   das Verbot
schützen

erha_____

verwe_____
verantwortlich
käm_____
verhi_____

spa_____
grün / die Grünen

die Bewegung

_____rsam
protestieren

Na____und Umweltschutz

das Projekt

die Alternative   alternativ
rein

ökologisch, die Ökologie
sauber

die En_____
der Wind, die Sonne,
das Wasser,   die Erdwärme
natürlich   menschlich

verä_____
der Lebensr_____

lebendig

Kontrollieren Sie Ihren Lernerfolg

❷ a) Machen Sie eine „Reise im Kopf": Schließen Sie die Augen, entspannen Sie sich. Sie sitzen unter diesem Baum auf einer blühenden Wiese. Es ist Frühling. Sie hören, Sie riechen, Sie fühlen. In Gedanken wandern Sie vom Baum bis in die Stadt.

Notieren Sie, was Sie auf der Reise erlebt haben:

*Foto-
montage:
Detlev
Meyer*

b) Was hat das Bild mit Natur und Umwelt zu tun? Notieren Sie.

die Welt
die Natur
die Umwelt
der Mensch

❸ Betrachten Sie das Bild, entspannen Sie sich und hören Sie zu:
Sie hören zuerst ein modernes Gedicht zum Thema Natur – Umwelt – Menschen;
danach einen Teil des berühmten „Sonnengesangs" von Francesco d'Assisi
aus dem 13. Jahrhundert in deutscher Übersetzung.
Schreiben Sie nach dem Hören deutsche Wörter/Ausdrücke, die Ihnen
einfallen, auf ein großes Poster mit solchen Wort-Kreisen.

In dieser Einheit können Sie den Wortschatz zum Thema **Schule und Bildung** üben und wiederholen:

- Das Schulzimmer
- Schule früher und heute
- Schulbücher

- Stundenplan und Fächer
- Schulerfahrungen
- Noten und Prüfungen

Sie können Ihren Lernerfolg auf Seite 95 kontrollieren.
Im **Lernwortschatz** finden Sie alle wichtigen Wörter zu diesem Thema mit Beispielen und Übersetzung.

der Kuli

die Tafel

der Füller

der Recorder

der Stift

das Etui

der Projektor

das Blatt

die Kreide

der Schwamm

das Buch

das Pult

die Bank

die Lampe

der Tisch

der Stuhl

der Atlas

der Ordner

das Heft

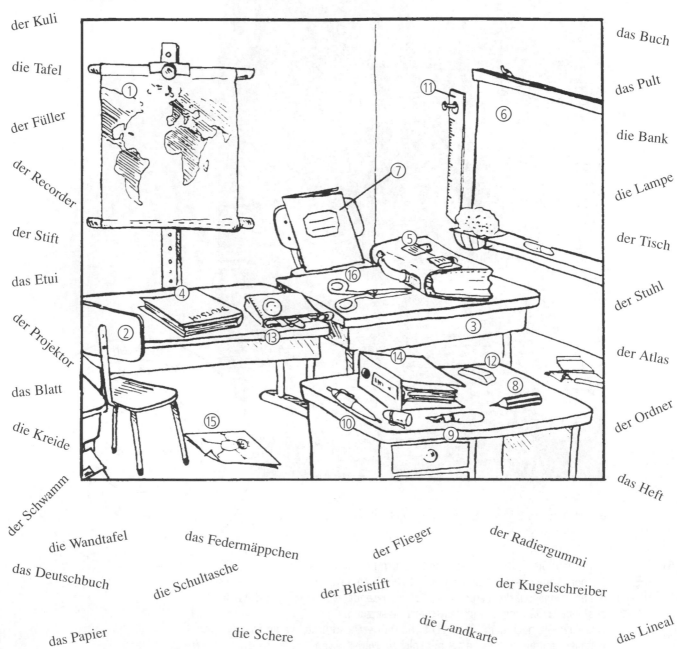

die Wandtafel

das Federmäppchen

der Flieger

der Radiergummi

das Deutschbuch

die Schultasche

der Bleistift

der Kugelschreiber

das Papier

die Schere

die Landkarte

das Lineal

Das Schulzimmer

❶ Betrachten Sie das Bild links. Erinnert es Sie an Ihre eigene Schulzeit? Machen Sie Notizen.

❷ Wie heißen die Sachen? Notieren Sie die Wörter mit dem bestimmten Artikel.

1 _____	9 _____
2 _____	10 _____
3 _____	11 _____
4 _____	12 _____
5 _____	13 _____
6 _____	14 _____
7 _____	15 _____
8 _____	16 _____

Schule früher und heute

❶ Schauen Sie die zwei Bilder an. Notieren Sie Wörter und Ausdrücke, die Ihnen spontan in den Sinn kommen.

❷ Vergleichen Sie Ihre Wörter mit denen in der Wort-Kiste. Schreiben Sie weitere Wörter auf, die Ihnen wichtig sind.

aktiv	passiv	alt	neu	aufmerksam	langweilig	bunt	komisch
lebendig	laut	ernst	locker	lustig	modern	neugierig	still
freundlich	streng	Reihe	Kreis	Schulzimmer	Bank		Erziehung
Fehler	Strafe	Freundschaft	Angst	Freude	Gruppe		Lehrer(in)
Schüler(in)	heute	früher	lernen	spielen	reden		arbeiten

Schule früher und heute

❸ Sortieren Sie die Verben in der Wort-Kiste nach „Kopf", „Herz" und „Hand". Wenn Sie bei bestimmten Verben nicht sicher sind, was sie bedeuten, fragen Sie in der Klasse oder schauen Sie im **Lernwortschatz** nach. Beachten Sie dabei die Beispielsätze.

antworten	arbeiten	turnen	ärgern	aufpassen	rechnen	bestrafen	diskutieren
entdecken	erzählen	feiern	helfen	trainieren	analysieren	lachen	lernen
loben	probieren	protestieren	erklären	schimpfen	singen	stören	zeichnen

☺	♥	✋

❹ Stellen Sie sich eine Chaos-Situation im Schulzimmer vor: Wer sagt was? Ergänzen Sie und kreuzen Sie an. Vergleichen Sie in der Gruppe.

	Lehrer(in)	Schüler(in)
Da habe ich mich geirrt.		
Kann ich mich wieder hinsetzen?		
Streng dich an!		
Ich kann mich bei dem Lärm nicht konzentrieren.		
Es tut mir leid, ich habe mich verspätet.		
Ich kann mir Ihren Namen nicht merken.		

Schulbücher

Geschichte des 20. Jahrhunderts

Religionen der Welt

Geschichte der deutschsprachigen Literatur

Englische Grammatik

La lingua italiana per stranieri

Voix et images de France

Deutsch für dich!

Geographie der Länder Europas

Einführung in die Biologie

Mathematik für die 8. Klasse

Chemie macht Spaß

Lehrbuch der Physik

Einführung in die Philosophie

Kurzlehrbuch der Psychologie

❶ Unterstreichen Sie bekannte Wörter in den Buchtiteln.

❷ Welche Bücher möchten Sie kaufen? Kreuzen Sie an. Kennen Sie ähnliche Titel?

Schulbücher

 Nomen mit der Endung -ie haben den Artikel **die**.
Nomen mit der Endung -ik haben den Artikel **die**.

❸ Erfinden Sie weitere Buchtitel mit Nomen mit der Endung **-ie**. Vergleichen Sie mit dem Bücherstapel.

Stundenplan und Fächer

❶ Schreiben Sie weitere Fächer in den Stundenplan. Vergleichen Sie in der Gruppe.

Stundenplan

ZEIT	MONTAG	DIENSTAG	MITTWOCH	DONNERSTAG	FREITAG	SAMSTAG
7⁵⁰–8⁴⁰	Mathematik	Werken				Mathematik
8⁴⁵–9³⁵	Biologie		Sport			
9⁴⁰–10³⁰		Französisch				Chemie
10⁵⁰–11⁴⁰	Deutsch			Musik		
11⁴⁵–12³⁵	Geographie			Kunst		

	A	CH	D
Schulfächer	Geographie Bildnerische Erziehung Leibesübungen Religion Geschichte u. Sozialkunde	Geographie Kunstbetrachtung Sport/Turnen Religion/Bibelkunde Geschichte	Erdkunde/Geographie Kunst/Kunsterziehung Sport/Leibeserziehung Religion/Religionslehre Sozialkunde bzw. Geschichte
1.–4. Schuljahr	Volksschule	Primarschule	Grundschule
Reifeprüfung	Matura	Matur/Matura/ Maturität	Abitur
Für die Klasse verantwortlich	Klassenvorstand	Klassenlehrer(in)	Klassenleiter(in) Klassenlehrer(in)

Stundenplan und Fächer

2 Wie heißen die Fächer? Notieren Sie.

Aufgabenheft

Mittwoch:

C – Moleküle wiederholen; Test DO
Vortrag über psychische Entwicklung für
SA vorbereiten !!
Prüfungsstoff auf MO : Länder Asiens
Aufsatz über Goethes Lyrik

Donnerstag:

Bio fällt aus !
SA Schwimmen !
wiederholen lezione 5
Mathe -Arbeit nächsten FR
… und wann endlich Ferien ?!!

⇨ *Chemie*
⇨ _____
⇨ _____
⇨ _____

⇨ _____
⇨ _____
⇨ _____
⇨ _____

Alchemie

Chemieunterricht: total.
Chemiebuch: daneben.
Chemielehrer: spitze.
Versuche: alles schwarz!
In Chemie bin ich die Beste:
Ich werde Chemikerin.

3 Ergänzen Sie den Artikel.

Chemie + Unterricht = _____ Chemieunterricht

Chemie + Lehrerin = _____ Chemielehrerin

Schreiben Chemie + Buch = _____ Chemiebuch
Sie einen
eigenen
Tipp für den Chemie + Stunde = _____ Chemiestunde
Artikel bei
Komposita. Chemie + Zimmer = _____ Chemiezimmer

4 Suchen Sie weitere Komposita mit anderen Fächern.

5 Welches waren Ihre Lieblingsfächer? Notieren Sie.

gern gehabt (+)	nicht gern gehabt (−)

Schulerfahrungen

1 Hören Sie das Interview und ergänzen Sie die fehlenden Informationen in der Tabelle.

1956 _____

_____ Grundschule

ab 1960 _____

_____ Abitur

1977 _____

Theo Oberhofer (D)

2 Hören Sie das Interview nochmals und notieren Sie Stichwörter.

Lieblingsfach	andere Fächer	Lehrer und Lehrerinnen	Die ideale Schule

3 Vergleichen Sie die Fächer mit Ihren eigenen.

4 Hören Sie das Interview mit Rupert Ascher aus Österreich. Notieren Sie die wichtigsten Informationen.

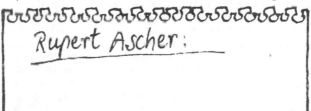

Rupert Ascher: _____

5 Welche Kombinationen sind möglich? Verbinden Sie. Notieren Sie die Ausdrücke.

Kindergarten →	besuchen	*die Schule besuchen* _____
Schule ———	verlassen	_____
Gymnasium	abschließen	_____
Universität	machen	_____
Hochschule	ablegen	_____
Studium	bestehen	_____
Kurs	auf ... gehen	_____
Prüfung	in ... gehen	_____
Lehre →	zu ... gehen	*zur Schule gehen* _____
Praktikum		_____
Ausbildung	an ... studieren	_____

9

❻ Machen Sie Notizen zu Ihrer eigenen Schulzeit.

Alter	Kindergarten/Schule

❼ Lesen Sie den Text. Unterstreichen Sie die Äußerungen der Schüler und Schülerinnen, mit denen Sie einverstanden sind.

Pausenklingeln schönste Musik

Ungerechte Lehrer gehen Schulkindern besonders auf die Nerven

Hamburg. (AP) Ungerechte Lehrer gehen Schulkindern am meisten auf die Nerven. Gut gelaunte und verständnisvolle Pädagogen sind den Schülern am wichtigsten. Das berichtet die in Hamburg erscheinende Zeitschrift „Eltern" in ihrer Oktoberausgabe. In ihrer Umfrage unter 2100 Schülern von neun bis 15 Jahren über das Schönste und das Schlimmste in der Schule ergab sich da eine breite Palette zwischen gut und böse.

Für eine 13 Jahre alte Realschülerin ist das Schönste an der Schule: „Dass man in der Pause so laut sein darf, wie man will." Am „miesesten" ist folglich für die kleine Plaudertasche, dass sie sich während des Unterrichts nicht unterhalten darf. Während für viele Kinder Ferien und Hitzefrei das Beste an der Schule sind, rangiert für eine 13-jährige Realschülerin der Wandertag ganz oben. Einen 10 Jahre alten Grundschüler tröstet nur noch das „Super-Pausenbrot" von seiner Mutter über alles hinweg. „Das schmeckt so gut, dass ich den sonstigen Mist mit der Schule vergesse."

Für einen 12-jährigen Schüler in der Orientierungsstufe ist das Beste an der Schule, „wenn man in einer Klassenarbeit erfolgreich mogeln kann. Eine Katastrophe ist, wenn man dabei ertappt wird." Ein 15 Jahre alter Gymnasiast freut sich am meisten über den Chemieunterricht, wenn etwas zu früh, zu spät oder gar nicht explodiert. „Dann ist bei uns Karneval", schreibt er. Eine 15-jährige Gymnasiastin meint ganz ungeniert, „am besten ist, wenn mal ein Lehrer krank wird. Es muss aber lange genug dauern. Dann haben wir frei."

Manchen Kindern passt selbst die Luft in der Schule nicht. „Das Furchtbarste in der Schule ist der Geruch", schreibt eine 15 Jahre alte Realschülerin. Es sei kein direkter Gestank, „es ist so was wie der Geruch von gekochtem Weißkohl, der schlecht geworden ist." Dagegen meint eine 14-jährige Realschülerin, die sich ebenfalls über „saumäßige" Luft beklagt: „Es riecht immer nach faulen Eiern, nach abgestandener Buttermilch oder alten Pantoffeln."

Ganz schwarz sieht ein 13-jähriger Realschüler. „Schule ist nur schrecklich. Die meisten Lehrer sind amtsmüde und interessieren sich nur dafür, wie sie uns mit Hausaufgaben den Tag vermiesen können." Ein 14 Jahre alter Gymnasiast gewinnt wenigstens dem Sportunterricht gute Seiten ab. „Für mich könnte der ganze Lehrplan aus Sport bestehen. Das Schwitzen dabei ist sogar gesund. Das Schwitzen bei einer Klassenarbeit dagegen macht krank." Ein 14-jähriger Gymnasiast kommt schlicht zu dem Resultat, auf das vermutlich schon Generationen von Schülern vor ihm gekommen sind: „Das Pausenklingeln ist die schönste Musik."

Landshuter Zeitung, 27.9.1990

❽ Notieren Sie für Sie wichtige Wörter und Ausdrücke aus dem Text, die Sie verstanden haben oder die Sie im **Lernwortschatz** oder in einem Wörterbuch nachschlagen wollen.

Verstanden	Nachschlagen

❾ a) Können Sie etwas erzählen über ...
Ihr Lieblingsfach in der Schulzeit/Lehrzeit/Hochschule/Universität? ... einen besonderen Lehrer oder eine besondere Lehrerin? ... gute oder schlechte Erfahrungen? ... eine Schulfreundin oder einen Schulfreund?

 b) Schreiben Sie einen Text zu Ihren Schulerfahrungen.

❶ Bauen Sie eine Regio-Box. Welche Note bekommt man für „**sehr gut**" in A, CH und D? Welche für „**sehr schlecht**"?

Noten	(A)	(CH)	(D)
sehr gut			
sehr schlecht			

(CH)

Realgymnasium Basel
Zeugnis

Schuljahr 70/71   Klasse 8 B

Sommersemester

Deutsch	5
Französisch	4
Latein	4
Englisch	4
Mathematik	5
Geschichte	6
Geographie	
Naturkunde	
Physik	5
Chemie	6
Zeichnen	
Schreiben	
Singen	
Turnen	6
Stenographie	
Italienisch	

Betragen
Versäumnisse   entschuldigt 17 unentschuldigt
Verspätungen   entschuldigt /2 unentschuldigt
Beschluß der
Lehrerkonferenz

Klassenlehrer _Rudin i.V._
Unterschrift
der Eltern

Die Leistungen werden durch ganze Noten bewertet. Es bedeuten
6 sehr gut, 5 gut, 4 genügend, 3 ungenügend, 2 schlecht,
1 sehr schlecht. Über den Fleiß des Schülers wird nur dann etwa
ausgesagt, wenn er nicht befriedigt. Vom Betragen ist im Zeugni
nur dann die Rede, wenn es zu Tadel Anlaß gegeben hat. Je nac
der Schwere der Verfehlungen lauten die Betragensbemerkungen
«tadelnswert» oder «sehr tadelnswert».

(D)

Gymnasium Seligenthal

Schuljahr 1991/92   Klasse   8B

ZWISCHENZEUGNIS

Leistungen:

Religionslehre (ev)	1	Geschichte	1
Deutsch	2	Erdkunde	2
Latein	1	Sozialkunde	
Griechisch		Ethik	
Englisch	1	Wirtschafts- und Rechtslehre	
Französisch	2	Kunsterziehung	2
Mathematik	3	Musik	2
Physik	1	Sport	2
Chemie		Handarbeiten	
Biologie	2		

Notenstufen für die Leistungen: 1 = sehr gut, 2 = gut, 3 = befriedigend, 4 = ausreichend, 5 = mangelhaft, 6 = ungenügend

Landshut, 14. Februar 1992

Schulleiter/in:
M. Lioba Hemmerle

Kenntnis genommen:
Altfraunhofen, 16. 2. 1992

Klassenleiter/in:
Köck

(Unterschrift eines Erziehungsberechtigten)

Notenstufen für die Leistungen: 1 = sehr gut, 2 = gut, 3 = befriedigend, 4 = ausreichend, 5 = mangelhaft, 6 = ungenügend

9

Noten und Prüfungen

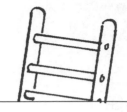

(A)

Akademisches Gymnasium Innsbruck
6020 Innsbruck, Angerzellgasse 14
(Bezeichnung und Standort der Schule)

Schuljahr 19 79 / 80

Schülerstammblatt-Nr. 29

Jahreszeugnis

Verhalten in der Schule [2,3] : _____ .ufriedenstellend

Pflichtgegenstände	Beurteilung[1]	Pflichtgegenstände	Beurteilung[1]
		Biologie und Umweltkunde	3
Religion	1	Chemie	2
Deutsch	2	Physik	4
Lebende Fremdsprache: English	4	Philosophischer Einführungsunterricht	3
Latein	4	Musikerziehung	2
Griechisch	3	Bildnerische Erziehung	1
Geschichte und Sozialkunde	2	Leibesübungen	
Geographie und Wirtschaftskunde	2		
Mathematik	3		

Freigegenstände	Beurteilung[1]	Freigegenstände	Beurteilung[1]

Er / Sie hat an folgenden unverbindlichen Übungen teilgenommen:

Literatur

[1] Beurteilungsstufen: Sehr gut (1), Gut (2), Befriedigend (3), Genügend (4), Nicht genügend (5)

[2] Beurteilungsstufen für die Beurteilung des Verhaltens in der Schule:
Sehr zufriedenstellend, Zufriedenstellend, Wenig zufriedenstellend, Nicht zufriedenstellend

[3] Wird im Jahreszeugnis der obersten Klasse nicht beurteilt

Innsbruck , am 12. Mai 19 80

Schulleiter — Klassenvorstand

Aus:
Hans Manz,
Die Welt
der Wörter

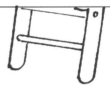

Hans Manz

Zahlenleitern

Was bekommt der Klassenerste
in Frankfurt?
Eine Eins.

Was bekommt der Klassenerste
in Zürich?
Eine Sechs.

Was bekommt der Klassenletzte
in Zürich?
Eine Eins.

Was bekommt der Klassenletzte
in Frankfurt?
Eine Sechs.

Wer überhaupt
hat diese Zahlenskala erfunden?
Eine Null?

---

❷ Ordnen Sie die Adjektive von − bis +. Schreiben Sie.

gut	ungenügend	genügend	schlecht	befriedigend	ausgezeichnet

− ◄--► +.

❸ Was ist für Sie ein guter Schüler oder eine gute Schülerin? Wählen Sie aus und ergänzen Sie. Vergleichen Sie.

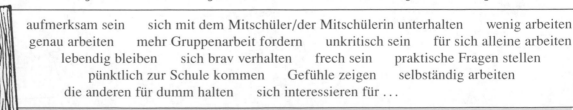

aufmerksam sein   sich mit dem Mitschüler/der Mitschülerin unterhalten   wenig arbeiten
genau arbeiten   mehr Gruppenarbeit fordern   unkritisch sein   für sich alleine arbeiten
lebendig bleiben   sich brav verhalten   frech sein   praktische Fragen stellen
pünktlich zur Schule kommen   Gefühle zeigen   selbständig arbeiten
die anderen für dumm halten   sich interessieren für . . .

❹ Was für ein Schüler / eine Schülerin waren Sie? Sammeln Sie Wörter und Wendungen. Schreiben Sie.

Noten und Prüfungen

❺ Nummerieren Sie in zeitlicher Reihenfolge. Schreiben Sie.

TEST PRÜFUNGEN

○ — — — — — — — — ○- - - - - - - →

○ das Zeugnis bekommen
○ die Prüfung bestehen
○ die Prüfung nicht bestehen
○ sich zur Prüfung anmelden
○ die Prüfung wiederholen
○ sich auf die Prüfung vorbereiten

❻ Wie heißen die Nomen zu den folgenden Verben? Schreiben Sie.

Tipp

(sich) anmelden, prüfen, (sich) vorbereiten, wiederholen

*Nomen auf
-ung sind
feminin*

_____

_____

Kontrollieren Sie Ihren Lernerfolg

❶ Lesen Sie den Text auf Seite 92 noch einmal. Wie viel verstehen Sie jetzt?
☐ 10 %   ☐ 25 %   ☐ 50 %   ☐ 75 %   ☐ 90 %

❷ Notieren Sie alle Wörter, die Sie zum Thema „Schule und Bildung" kennen, in der Gedächtnis-Karte:

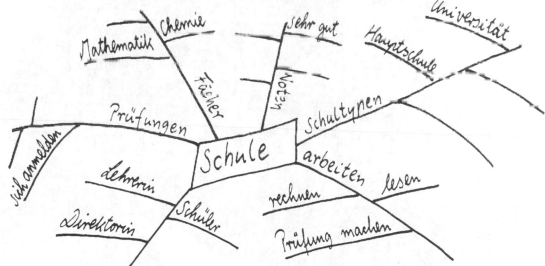

❸ Schauen Sie noch einmal Schritt ❾ auf Seite 92 an und überprüfen Sie Ihre Kenntnisse. Sprechen Sie mit jemandem über die Themen. Sie können sich auf Kassette aufnehmen und anschließend die Aufnahme abhören. Oder stellen Sie sich vor den Spiegel und erzählen Sie sich etwas.

❹ Stellen Sie sich vor: Sie sind in Österreich. Geben Sie sich eine Note für Ihre Leistung: _____ .

❺ Hören Sie zu und entspannen Sie sich. Zur Kontrolle können Sie für sich nach dem Hören eine Liste mit Wörtern, Ausdrücken und Sätzen schreiben oder Karteikarten anlegen.

In dieser Einheit können Sie den Wortschatz zum Thema **Sprachen, Länder, Lernen** üben und wiederholen.

- Sprache, schriftlich und mündlich
- Wörter im Text
- Unbekannte Wörter

- Fremdsprachen, Länder, Nationalitäten
- Wörter und Ausdrücke
- Gedächtnis und Lernen

Sie können Ihren Lernerfolg auf Seite 105 kontrollieren.
Im **Lernwortschatz** finden Sie alle wichtigen Wörter zu diesem Thema mit Beispielen und Übersetzung.

Pieter
Breughel
der
Ältere,
Turmbau
zu Babel,
1563

Aus:
Ernst Jandl,
Laut
und Luise,
1963

lauter lauter **lauter lauter lauter** lauter leise leute

Sprache, schriftlich und mündlich

❶ Betrachten Sie Breughels Bild „Turmbau zu Babel" (Seite 96). Was hat dieser Turm, was hat diese Geschichte mit Sprachen, Ländern und Lernen zu tun? Sammeln Sie Informationen und diskutieren Sie in der Gruppe.

❷ a) Sehen Sie sich den „Wörter-Turm" und die „Wörter-Wolke" unten an: Vergleichen Sie oben/unten, links/rechts.
b) Schreiben Sie die Wörter aus der Wolke, die zum Begriff „mündlich" passen, an die richtige Stelle im Turm. (Manche Wörter passen zu „mündlich" *und* zu „schriftlich"!)

❸ Welche anderen Wörter zu „Sprache" fallen Ihnen noch ein? Schreiben Sie diese an passende Stellen im Wörter-Turm.

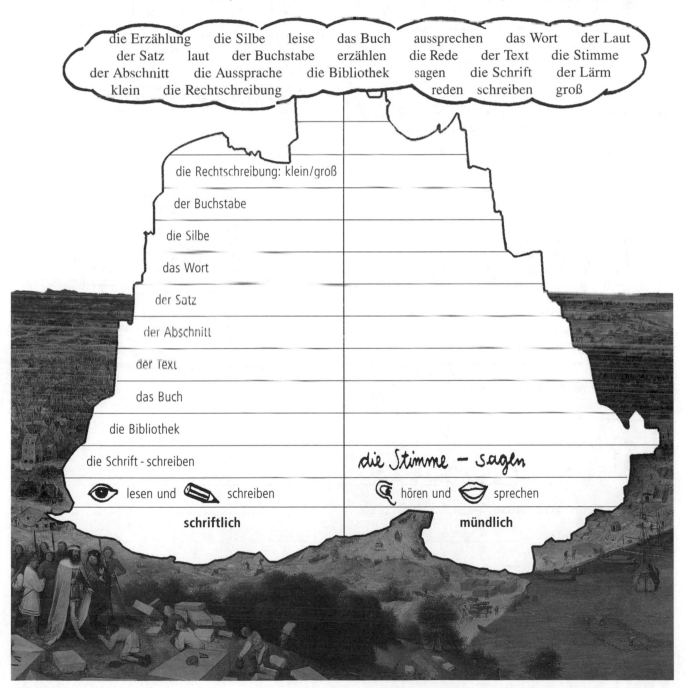

die Erzählung   die Silbe   leise   das Buch   aussprechen   das Wort   der Laut
der Satz   laut   der Buchstabe   erzählen   die Rede   der Text   die Stimme
der Abschnitt   die Aussprache   die Bibliothek   sagen   die Schrift   der Lärm
klein   die Rechtschreibung   reden   schreiben   groß

die Rechtschreibung: klein/groß
der Buchstabe
die Silbe
das Wort
der Satz
der Abschnitt
der Text
das Buch
die Bibliothek
die Schrift - schreiben | *die Stimme – sagen*
👁 lesen und ✏ schreiben | 👂 hören und 👄 sprechen
schriftlich | **mündlich**

Wörter im Text

1 Lesen Sie den Text zwei- oder dreimal.
Unterstreichen Sie Wörter farbig, die nur eine Silbe haben.
Wie oft kommen die einsilbigen Wörter *ist, er, und, in, die*
vor?

2 Zu welchen Wortarten gehören diese Wörter?
Notieren Sie: Wort = Wortart.
Wortarten:
Artikel – Nomen – Pronomen – Adjektiv;
Verb – Adverb;
Konjunktion – Präposition.

3 a) Welches sind die zwei längsten Wörter im Text?
Zu welcher Wortart gehören sie? Notieren Sie.

_____

_____

 b) Aus welchen kürzeren Wörtern bestehen sie?
Beispiel: *Wort/schatz/buch.*
In beiden Wörtern bleibt ein Buchstabe übrig, wenn man
sie teilt. Welchen Zweck hat dieser Buchstabe hier?

c) Was ist das längste deutsche Wort, das Sie kennen?
Notieren Sie:

*Frankfurter
Rundschau,
21. 9. 1989*

_____

Welche Wortart? Welche „Teil-Wörter"?

„Auch deutsche Kinder können gut singen"

Andere Wege bei der Förderung von Ausländerkindern

5   BERLIN. Birol ist sechs Jahre alt, er kommt aus der Türkei und kann kein Wort Deutsch. Eine Regelklasse der Grundschule kommt für ihn laut Schulgesetz nicht in Frage. Er muss zuerst die
10 Vorbereitungsklasse für Ausländer besuchen. Ziel dieser Klassen ist, so heißt es in den „Ausführungsvorschriften über den Unterricht für ausländische Kinder und Jugendliche", „insbesondere die Ver-
15 mittlung deutscher Sprachkenntnisse und die Erleichterung der Eingewöhnung der ausländischen Schüler in die deutsche Schule". Birol lernt also deutsche Buchstaben und Wörter kennen. O-m-a
20 heißt Oma. Und weil die Lehrerin ihm zu dem Wort ein Bild von einer alten Frau mit Brille und Haarknoten reicht, folgert Birol, dass Wort und alte Frau wohl zusammengehören. Nach einiger Zeit kann
25 er schon von der Tafel abschreiben: Das ist Oma.
    Aber gewinnt Birol auf diese Weise tatsächlich deutsche Sprachkenntnisse? Anders gefragt: Was sind überhaupt
30 (deutsche) Sprachkenntnisse?

Die andere, die fremde Welt wehrt er emotional ab. Birol zum Beispiel schreibt nach einigen Monaten in bestem Deutsch in sein Heft: „Ich heiße Birol und komme
35 aus der Türkei. Ich kann kein Deutsch."

---

4 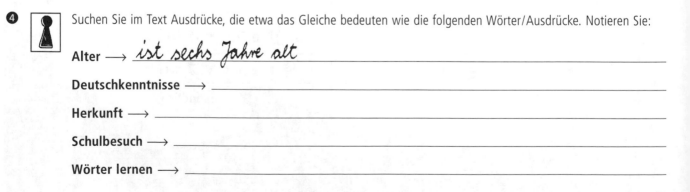 Suchen Sie im Text Ausdrücke, die etwa das Gleiche bedeuten wie die folgenden Wörter/Ausdrücke. Notieren Sie:

Alter ⟶ *ist sechs Jahre alt* _____

Deutschkenntnisse ⟶ _____

Herkunft ⟶ _____

Schulbesuch ⟶ _____

Wörter lernen ⟶ _____

5 Suchen Sie den längsten Satz im Text. Streichen Sie alle Wörter aus, die für die Bedeutung nicht so wichtig sind.
Achtung: Der Satz soll immer korrekt und verständlich bleiben!
Notieren Sie Ihren Kurzsatz und vergleichen Sie ihn mit einer Partnerin/einem Partner.

Unbekannte Wörter

Fremdsprache

lingua straniera

lengua extranjera   foreign language   langue étrangère

Ξένες Γλώσσες

❶ a) Sie kennen ein deutsches Wort nicht. Was sagen Sie? Markieren Sie passende Sätze mit Ihrer Lieblingsfarbe:

Sprechen Sie schwierige Sätze auf Kassette. Hören Sie Ihre Aufnahme immer wieder an. Deutschsprachige Bekannte helfen Ihnen, Ihre Aussprache zu verbessern.

Was ist . . . (auf Deutsch)?	Wie bitte?
Wie heißt . . . (auf Deutsch)?	Was bedeutet . . . (auf Deutsch)?
Bitte noch mal!	Wie sagt man auf Deutsch für . . .?
Was sagt man im Deutschen für . . .?	Ich verstehe (das Wort) . . . nicht.
Kannst du das noch mal sagen?	Können Sie (das Wort) . . . erklären?
Übersetzen Sie (das Wort) . . ., bitte!	Bitte langsam!
Können Sie das bitte wiederholen?	Wie schreibt/buchstabiert man das?
Entschuldigung, ich habe Sie nicht verstanden.	Nicht so schnell, bitte!

b) Wozu passen die übrigen Sätze? – Kreuzen Sie an.

Jemand spricht . . .   ☐ zu laut   ☐ Dialekt   ☐ zu schnell   ☐ zu leise.

❷ Welche zwei Sätze benutzen Sie am liebsten, wenn Sie etwas nicht verstehen? Notieren Sie.

_____

_____

❸ Was machen Sie, wenn Sie einen interessanten Text lesen und wichtige Wörter nicht verstehen? In den beiden Wort-Listen sind nützliche Tipps versteckt. Sie brauchen sie nur herauszufinden und aufzuschreiben.

den Lehrer / die Lehrerin	machen	_____
im Wörterbuch	anrufen	
Notizen	fragen	*den Lehrer/die Lehrerin fragen*
einen Freund / eine Freundin	nachschlagen	_____
die Bedeutung aus dem Zusammenhang	aufschreiben	_____
den Text	nachsehen	_____
am nächsten Tag	erraten	_____
das Wort	weiterlesen	_____
Deutsche/Österreicher/Schweizer	suchen	_____
andere Wörter aus derselben „Wortfamilie"	erschließen	_____
eine Pause	noch einmal lesen	_____

10

Fremdsprachen, Länder, Nationalitäten

❶ a) Sie hören kurze Gespräche. Welche Sprachen hören Sie? Kreuzen Sie an:

b) In welchen Ländern spricht man diese Sprachen vor allem? Notieren Sie:

c) Wie heißen die Bewohner(innen) dieser Länder? Notieren Sie:

☐ Russisch

_____   _____

☐ Englisch

_____   _____

☐ Deutsch

_____   _____

☐ Italienisch

_____   _____

☐ Spanisch

_____   _____

☐ Französisch

_____   _____

☐ Ungarisch

_____   _____

☐ Polnisch

_____   _____

☐ Schweizerdeutsch

_____   _____

❷ Welche Sprachen sprechen Sie? Notieren Sie:

_____

Welche Sprachen verstehen Sie ein wenig? Notieren Sie:

_____

❸ Wie gut können Sie diese Sprache(n)? Fragen Sie auch eine Partnerin / einen Partner.

schlecht   kaum   nicht so gut   etwas   ein bisschen   ganz gut   gut   sehr gut   fließend

❹ Kreuzen Sie an und schreiben Sie die Sätze fertig:

1. Ich spreche ☐ gut ☐ etwas ☐ nicht so gut _____ (Fremdsprache).

2. _____ verstehe ich   ☐ sehr gut   ☐ ein bisschen   ☐ kaum.

3. Ich kann   ☐ fließend   ☐ ganz gut   ☐ etwas   ☐ schlecht _____.

❺ Sie hören einen Interview-Ausschnitt. Welche Sprachen kann der Sprecher und wie gut? Notieren Sie:

Sprachen	aktiv	passiv

❻ a) In welchen Ländern haben Sie Freunde, Verwandte, Bekannte, Kollegen, Briefpartner . . . ?
b) In welchen Sprachen sprechen oder schreiben Sie mit ihnen?
c) Welche Sprachen möchten *Sie* lernen?

Wörter und Ausdrücke

➡ Einheit 9, S. 93 f.

❶ Welche Situation beschreiben diese zwei Texte? Welche unterschiedlichen Stimmungen werden ausgedrückt? Notieren Sie passende Überschriften.

Er hatte sich auf diesen Tag systematisch vorbereitet und viel gelernt.

Zusammen mit Bekannten aus seinem Kurs und unbekannten Leuten saß er nun in einem großen Raum: jeder an einem eigenen Tisch, alle konzentriert auf ein paar Seiten bedruckten Papiers, jeder dachte nach. Es war sehr still ...

Zuerst las er viele Fragen auf Deutsch und überlegte sich, wie er richtig darauf antworten könnte. Wenn er eine Antwort wusste, schrieb er sie auf. Wenn er unsicher war, durfte er niemand fragen.

Dann kamen zahlreiche Aufgaben mit vier Lösungen – immer nur eine davon stimmte. Er sollte passende Wörter oder Ausdrücke ankreuzen bzw. in Sätze mit Lücken einsetzen. Wie interessant! – Die Zeit verging langsam, aber doch viel zu schnell.

Sie war immer gegen dieses grässliche Examen gewesen! Wer nicht begriff, dass so ein Test die Phantasie töte, der war einfach doof und kapierte nichts. Es war Unsinn – nein, verdammter Quatsch! – in zwei Stunden den Stoff von sechs Semestern Sprachstudium zu prüfen.

Nun war sie selbst in dieser blöden Situation – Mist! Gestern Abend hatte sie nicht einschlafen können, weil sie wusste: Du kannst nicht alle Wörter, Ausdrücke, Sätze parat haben, die du irgendwann gelernt hast.

Sie starrte auf das Schild über der Saaltüre: „Unterhaltung untersagt!" Nicht einmal reden durfte man also. Scheiße! Auch beim Bearbeiten der Aufgaben flogen die Gedanken in ihrem Kopf wild durcheinander: „Ich würde jetzt gerne mit meiner Gruppe und unserer Lehrerin darüber diskutieren, ob das Ganze hier einen Sinn hat!"

„Ob man die Aufgaben Schritt für Schritt in dieser Reihenfolge lösen soll?" – „Ich vermute, das ist egal." „Wo ist denn hier die Schwierigkeit, das ist ja leicht!" – „Meinst du? Vielleicht irrst du dich?"

„Was für eine langweilige Schrift ich habe! Passt genau zu dieser langweiligen ...!"

❷ Welche Wörter aus den Texten sind häufige „Partner" dieser Verben? Ergänzen Sie die Wort-Igel und machen Sie damit Ausdrücke. Vergleichen Sie Ihre Ergebnisse in der Gruppe.

10

Wörter und Ausdrücke

❸ Prüfungsmemory = Gedächtnisprüfung:
Spielen Sie Memory mit diesen Bild-Wort-Kärtchen. Und zwar so, dass immer aus den Wörtern von zwei Kärtchen ein richtiger Ausdruck entsteht. Es gibt oft mehrere Möglichkeiten!
Beim Kombinieren helfen die Bilder auf den Kärtchen sowie die Texte und Wort-Igel von Seite 101.

❹ Suchen Sie in den Texten auf Seite 101 nach Ausdrücken, die ungefähr das Gleiche (=) bedeuten. Notieren Sie.

1. für eine Prüfung arbeiten = *sich auf ein Examen vorbereiten*
2. nur an *eine* Sache denken = ?
3. korrekt reagieren = ?
4. eine Lösung notieren = ?
5. nicht genau wissen = ?

6. nur eine Möglichkeit ist richtig = ?
7. nichts verstehen = ?
8. alles gleich wissen = ?
9. Reden ist nicht erlaubt = ?

❺ Finden Sie auf Seite 101 Wörter oder Ausdrücke, die das Gegenteil (≠) dieser Wörter bedeuten?

1. bekannt ≠ *unbekannt*
2. laut, lärmend ≠ ?
3. die Aufgabe ≠ ?
4. falsch ≠ ?
5. langweilig ≠ ?
6. intelligent ≠ ?

7. vernünftige Sache ≠ ?
8. etwas vermuten ≠ ?
9. vergessen ≠ ?
10. ist sinnlos ≠ ?
11. durcheinander ≠ ?
12. Recht haben ≠ ?

Gedächtnis und Lernen

1 a) Sehen Sie sich die **Wort-Netze** zu den Begriffen *Gedächtnis, sich erinnern* und *vergessen* an. Malen Sie dann mit den Wörtern aus diesen Beispielen ein Wort-Netz, wie es für Sie persönlich stimmt.

Was Ihnen beim Malen einfällt, sprechen Sie auf Kassette; Ihr Gedanken-Protokoll hören Sie später öfters an. Ihr Wort-Netz hängen Sie als Poster in Ihrem Zimmer auf.

b) Suchen Sie in Ihrem Wort-Netz kleine Wortgruppen, die für Sie eng zusammengehören. Ordnen Sie jede Wortgruppe mit einem Schema wie:

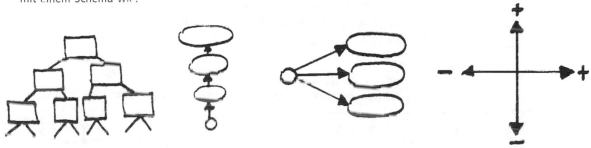

2 a) Ergänzen Sie die *kursiven* Ausdrücke mit passenden Wörtern aus dem Angebot darunter. Es gibt oft mehr als nur eine richtige Möglichkeit! Kreuzen Sie an, was passt.

Beispiel: Niemand *kann dieses Wort . . . aussprechen.*

    ☐ undeutlich   ☒ perfekt   ☐ ganz fremd   ☒ deutlich

1. Ich *kann dieses Wort einfach nicht . . . behalten*!
   ☐ im Gedächtnis   ☐ in der Information   ☐ im Training   ☐ in guter Erinnerung
2. Diese zwei Wörter *sind leicht zu . . . .*
   ☐ verwechseln   ☐ interessieren   ☐ unterscheiden   ☐ informieren
3. Heute muss fast jede(r) *. . . Sprachkenntnisse haben.*
   ☐ langweilige   ☐ aktive   ☐ interessante   ☐ gute
4. *Der Unterschied zwischen* dem Tschechischen *und* dem Slowakischen *ist nicht leicht zu . . . .*
   ☐ unterscheiden   ☐ erkennen   ☐ konzentrieren
5. *Du solltest dich . . . auf den Inhalt konzentrieren.*
   ☐ passiv   ☐ aufmerksam   ☐ ganz   ☐ systematisch
6. Gute Lehrer *arbeiten immer an* . . . ihrer Unterrichtsmethoden.
   ☐ der Praxis   ☐ der Aufmerksamkeit   ☐ der Verbesserung
7. Lerner *können sich* oft genau an eine einzelne Übung *. . . .*
   ☐ verwechseln   ☐ erinnern   ☐ vergessen   ☐ behalten.

b) Schreiben Sie jetzt alle richtigen Ausdrücke auf Zettel mit Klebstreifen. Kleben Sie diese Zettel an Plätze, wo Sie sie oft sehen und lesen können (Arbeitsplatz, Türen, Spiegel, Tische, . . .).

10

Gedächtnis und Lernen

❸

→ *Einheit 14,*
S. 138 – 149

Studieren Sie diesen Wörter-Baum: Oben sind Wörter mit ganz allgemeiner Bedeutung. Nach unten werden die Wort-
bedeutungen immer spezieller und genauer. Schreiben Sie Wörter aus der Wort-Kiste in die passenden Kästchen und
verbinden Sie Wörter, die besonders eng zusammengehören, mit Linien wie im Beispiel.

Kommunikation

Hören Sprechen	mündliche Kommunikation	schriftliche Kommunikation	Schreiben Lesen

das Gespräch das Telefon das Buch die Platte die Diskussion das Radio der Druck
das Fernsehen die Postkarte das Video das Fax der Brief das Gedicht die Kassette
der Vortrag das Theater der Roman der Film das Papier die CD die Schrift die Broschüre

❹

Wählen Sie drei Nomen aus dem Wörter-Baum, die Sie interessieren.
Malen Sie zu jedem Begriff einen Wort-Igel mit passenden Verben aus dieser Wort-Kiste. Beispiel:

aufnehmen aufschreiben aussprechen
diskutieren hören kopieren korrigieren
markieren missverstehen nennen
notieren sagen schreiben sprechen
verstehen zeichnen zuhören

hören   sprechen
ein Gedicht... — schreiben
diskutieren   verstehen

❺

a) Tipps zum Sprachenlernen: Welche dieser Lerntipps sind für Sie wichtig? Kreuzen Sie an.

☐ Üben Sie immer wieder dieselbe Sache, aber nicht zu lange.
☐ Wiederholen Sie vor dem Schlafengehen kurz, was Sie tagsüber neu gelernt haben.
☐ Sprechen Sie selbst wichtige Wörter, Ausdrücke und Sätze auf Kassette und hören Sie sie an.
☐ Sprechen Sie sich den neuen Lernstoff selbst laut vor.
☐ Schreiben Sie Stichworte zu einem Thema auf einen Zettel und halten Sie danach einen Vortrag.
☐ Sie haben Wortschatz gelernt: Lassen Sie sich von einer anderen Person abfragen.
☐ Schreiben Sie sich die fünf wichtigsten Gedanken aus gelesenen/gehörten Texten in Stichworten auf.
☐ Zeichnen Sie zu Wörtern, Sätzen oder Texten ein Diagramm, eine Grafik oder ein Schema.
☐ Stellen Sie sich zu neu gelernten Wortgruppen Bilder vor.
☐ Malen/Zeichnen Sie diese Bilder und schreiben Sie passende Wörter/Ausdrücke hinein.
☐ Ordnen Sie den neuen Wortschatz ganz anders als beim ersten Lernen.
☐ Suchen Sie eigene Überschriften zu Texten und Textabschnitten.

Nach:
Metzig/
Schuster,
Lernen zu
lernen,
S. 39

a) Schreiben Sie die drei Tipps auf, die für Sie persönlich am nützlichsten sind.
b) Schreiben Sie täglich in Ihr eigenes „Lern-Tagebuch" neue, wichtige Lerntipps und Erfahrungen.

Kontrollieren Sie Ihren Lernerfolg

❶ Lesen Sie den folgenden „Lern- und Gedächtnistest". Kreuzen Sie an, was Ihnen für das Wortschatzlernen besonders nützlich erscheint. Oder formulieren Sie Ihre eigene Meinung selbst (☐ . . .).

---

1. Weil ich richtig und fließend Deutsch sprechen lernen will, möchte ich

☐ einen Intensivkurs am Goethe-Institut oder an der Volkshochschule machen.
☐ mir Bücher und Kassetten für den Selbstunterricht zu Hause beschaffen.
☐ einen Partner / eine Partnerin für die Unterhaltung auf Deutsch suchen.
☐ längere Zeit in einem deutschsprachigen Land zur Schule gehen, studieren oder arbeiten.
☐ . . .

2. Ich denke, meine Fehler beim Deutschsprechen kann ich am einfachsten korrigieren,

☐ indem ich oft schwere deutsche Texte lese.
☐ wenn ich viele Radio- und Fernsehsendungen aus der Schweiz, Österreich und Deutschland anhöre bzw. ansehe.
☐ wenn deutschsprachige Partner falsche Wörter oder Ausdrücke bei mir immer sofort verbessern.
☐ indem ich mich möglichst oft mit Deutschen, Österreichern oder Schweizern unterhalte.
☐ . . .

3. Damit ich mir die Bedeutung neuer oder schwieriger Wörter und Ausdrücke sicher merken kann,

☐ bitte ich meine Gesprächspartner oft um eine einfache Erklärung und notiere sie.
☐ schreibe ich mir Zettel oder male große Poster und hänge sie in der Wohnung auf.
☐ spreche ich sie, möglichst in deutschen Originalsätzen, auf Tonband und höre sie immer wieder an.
☐ lege ich mir eine Wortschatzkartei an, ordne sie nach Themen und wiederhole jeden Tag ein Thema.
☐ . . .

4. Damit mir die richtigen Wörter immer dann schnell einfallen, wenn ich sie brauche, trainiere ich mein Wortgedächtnis systematisch:

☐ Zu deutschen Wörtern eines Themas zeichne ich Bilder, Pläne, Grafiken oder suche passende Fotos.
☐ Wenn ich einen deutschen Text lese oder höre, stelle ich mir Musik, Farben, Gerüche oder Geschmacksrichtungen vor, die gefühlsmäßig dazu passen.
☐ Zu jedem deutschen Wort versuche ich die passende Körperbewegung oder einen treffenden Gesichtsausdruck zu finden.
☐ Ich lerne immer nur fünf bis zehn neue Wörter auf einmal, möglichst nur zu einem Thema, und wiederhole sie abends und morgens.
☐ . . .

---

❷ Schreiben Sie mit Hilfe der angekreuzten Sätze einen eigenen kurzen Text darüber, wie Sie selbst am besten Wortschatz lernen.
Vergleichen Sie Ihren Text mit dem eines Partners / einer Partnerin. Diskutieren Sie.

❸ Beobachten Sie sich beim Deutschlernen eine Woche lang. Lesen Sie danach Ihren Text wieder durch. Stimmt er noch für Sie? Falls nötig, schreiben Sie ihn neu.

❹ Besorgen Sie sich eine möglichst aktuelle Welt- oder Europakarte und studieren Sie sie in Ruhe.
Hören Sie nun zu und entspannen Sie sich, während Sie auf die Karte schauen.
Zur Kontrolle können Sie nach dem Hören eine Liste mit Ländern, Nationalitäten und Sprachen schreiben oder Karteikarten anlegen.

Beruf und Arbeit

In dieser Einheit können Sie den Wortschatz zum Thema **Beruf und Arbeit** üben und wiederholen:

- Berufe und Arbeitsmittel
- Arbeitsbedingungen und Arbeitsplatz
- Berufsausbildung und Karriere

Sie können Ihren Lernerfolg auf Seite 113 kontrollieren.
Im **Lernwortschatz** finden Sie alle wichtigen Wörter zu diesem Thema mit Beispielen und Übersetzung.

Beamter	Bauer
Beamtin	Bäuerin
Lehrer	Wirt
Lehrerin	Wirtin
Polizist	Kellner/Ober
Polizistin	Kellnerin
Soldat	Friseur
Soldatin	Friseuse/Friseurin
Sekretärin	Mechaniker
Sekretär	Mechanikerin
Rechtsanwalt	Ingenieur
Rechtsanwältin	Ingenieurin
Arzt	Schuhmacher/Schuster
Ärztin	Schuhmacherin
Krankenschwester	Vertreter
Krankenpfleger	Vertreterin
Journalist	Schauspieler
Journalistin	Schauspielerin
Taxifahrer	Sänger
Taxifahrerin	Sängerin

Aus: Paul Flora, _Die brotlosen Berufe_

Berufe und Arbeitsmittel

➡ Einheit 3, S. 31 f.

❶ Schreiben Sie auf, wer welchen Beruf hat (hatte).

Arbeiten Sie mit dem Wörter- buch.

Person	Beruf(e)
mein Vater	
meine Mutter	
mein Großvater	
meine Großmutter	
meine Geschwister	

Person	Beruf(e)
ein Freund	
eine Freundin	
ein Kollege	
eine Kollegin	
Und Sie?	

❷ Auf Seite 106 fehlt der häufigste Beruf von allen. Welcher? _____

❸ In welchen Berufen braucht man die folgenden Arbeitsmittel und Werkzeuge? Schreiben Sie zu jedem davon einen oder zwei Berufe.

das Blatt Papier und der Bleistift   *die Journalistin* _____

der Computer _____

der Kugelschreiber _____

die Nähmaschine _____

das Messer _____

der Nagel _____

das Telefon _____

die Schere _____

die Stimme _____

das Tablett _____

die Hände _____

das Auto _____

der Staubsauger _____

❹ „Was bin ich?" Denken Sie sich einen Beruf aus. Machen Sie eine Handbewegung, die für diesen Beruf typisch ist. Die anderen stellen Fragen, die Sie nur mit *ja* oder *nein* beantworten.

● Braucht man ein bestimmtes Werkzeug für diesen Beruf? ○ Ja.
  ○ Nein.

Arbeitsbedingungen und Arbeitsplatz

➡ Einheit 12, S. 118

❶

Sie hören zwei kurze Interviews mit Norbert und Annemarie.
Beantworten Sie die Fragen.
Notieren Sie.

1. Wie lange machen sie diese Arbeit schon?

2. Wie lange arbeiten sie?

3. Welche Ausbildung haben sie gemacht?

4. Wie ist das Verhältnis zum Chef?

Norbert, Installateur

Annemarie, Sekretärin

❷

a) Lesen Sie die Anzeigen. Markieren Sie die Wörter, die die *Arbeit* und den *Arbeitsplatz* näher beschreiben.

Stellenangebote

Kleiner
Fachzeitschriften-Verlag
s u c h t

Sekretärin

für Empfang, Telefon, Korrespondenz (Computer), Buchhaltungsvorbereitung, Verlags- und Marketingassistenz, etc. Auch Wiedereinsteigerin. Arbeitsklima: na ja. Chef: immer gleichmäßig schlecht gelaunt. Bezahlung: ein schlechter Witz. Der einzige Lichtblick: Sie! Bürohund vorhanden.

Terminvereinbarungen unter
☎ 7 12 20 11

Caritas

Wir suchen eine/n routinierte/n

Sekretär/in !

Als rechte Hand des Abteilungsleiters für **Öffentlichkeitsarbeit & Information** bewältigen Sie alle anfallenden Sekretariats- u. Organisationsarbeiten. PC-Erfahrung erforderlich.
Wenn Sie eine **Arbeit mit Sinn** suchen: Bewerbungsunterlagen, nur schriftlich, bitte an Caritas,
z. H. Anna May, 1080 Wien

Suche flexiblen Babysitter mit Auto. Zuschriften an TT unter Nr. w872807-50

Suche Blumenbinderin (Floristin), auch halbtags, bei Höchstlohn. Tel. 58 54 12

Verlässliche **Haushaltshilfe** von Montag bis Freitag von 9 bis 12 in Arzl gesucht. Zuschriften an TT unter Nr. w872712-50

Tüchtige **Haushaltshilfe** für Freitag oder Samstag 14-tägig, Innsbruck-Land, zu guten Bedingungen gesucht. Zuschriften an TT unter Nr. w873510-20

Friseuse wird aufgenommen. Überkollektiver Gehalt. Samstag frei. Coiffure Regina. Meraner Straße, Tel. (05 12) 58 04 21   874023-50

Shell-Tankstelle Sonnpark sucht verlässlichen jungen Mann mit KFZ-Kenntnissen. Telefon 47 47 520 von 19 bis 20 Uhr.   874035-50

Assistentin in moderne Allgemeinpraxis, ca. 30 km westlich von Innsbruck. Matura und Maschinenschreibkenntnisse erforderlich. Medizinische Kenntnisse wünschenswert, aber nicht Voraussetzung. Telefon 0 52 64/82 51   874264-50

Stellengesuche

Frau, 43, sucht Arbeit, ganz- oder halbtags. Zuschriften unter Nr. w873612-60

Suche Heimarbeit jeder Art. Zuschriften an TT unter Nr. w8728141-60

Inländer sucht Nebenbeschäftigung (evtl. Stiegenhausreinigung, Gastgewerbe), abends. Telefon 28 52 74, abends. 873846-60

Teilzeitbeschäftigte Diplomkrankenschwester sucht Nebenjob! (Nachmittag oder Abend). Zuschriften an TT unter Nr. 71260-60

16-jähriges Mädchen sucht Aushilfsarbeit als Babysitterin, hauptsächlich nachmittags. Telefon 05 12/58 01 74, zwischen 12 und 13 Uhr, Alexandra verlangen.
874521-60

Sekretärin, 43 Jahre, verheiratet, (Raucherin), mehrjährige Praxis in Auftragsbearbeitung, Fakturierung, EDV (Word 5.0, Works 2), sehr gute Rechtschreibkenntnisse in Deutsch und Ungarisch, Englisch- und Französischsprachkenntnisse, sucht entsprechende Ganztagsstelle in Innsbruck. Telefon 05 12/57 12 20, Anrufbeantworter.
874069-60

Selbständige

Journalistin

UNI-Absolventin, 32, Polnisch perfekt, EDV, mehrjährige Auslandserfahrung, sucht Stelle im Verlagswesen oder in Firmen, die mit Polen zusammenarbeiten. Tel. 57 99 99

Fleißiges Bienchen sucht Bienenstock!

Chef-Sekretärin, 38, an selbstständiges Arbeiten gewöhnt, perfekte Rechtschreibkenntnisse, Englisch, PC, verlässlich, stressbeständig, sehr gute Umgangsformen, Freude an der Arbeit, sucht Anstellung als Sekretärin/Assistentin (Alleinsekretärin bevorzugt). Unter Chiffre 1923 an den Verlag.

Maschinenschlosser

36, rumänischer Staatsbürger, mit österreichischer Arbeitsgenehmigung, österr. Führerscheine B, C, E, F, G, langjährige Praxis im Auslandsverkehr, sucht Anstellung als **Fernfahrer**. Sie erreichen mich unter Telefon 0 77 52/81 4 95.

Ⓐ
Stiege =
Ⓓ
Treppe
Ⓒ🇭
Stiege /
Treppe

Anzeigen aus:
Tiroler Tageszeitung (Innsbruck)
und
Der Standard (Wien)

b) Wie sollen die gesuchten Arbeitskräfte sein? Wie beschreiben sich die Leute, die Arbeit suchen?
Notieren Sie passende Wörter aus den Anzeigen und ergänzen Sie.

Stellenangebote	Stellengesuche
routiniert	*flexibel*

Arbeitsbedingungen und Arbeitsplatz

❸ a) Welche Stellenangebote und Stellengesuche passen zusammen? Suchen und notieren Sie.

b) Tragen Sie die Informationen in die Tabelle ein. Vergleichen Sie mit einem Partner / einer Partnerin.

	Stellenangebot	Stellengesuch
Wer sucht?		
Arbeitszeit?		
Ausbildung und Kenntnisse?		
Aufgaben?		

❹ Ordnen Sie die markierten Wörter aus den Anzeigen (Schritt ❷) und die Ausdrücke aus der Wort-Kiste den beiden Wort-Igeln zu.

eine Anzeige aufgeben   eine Bewerbung schreiben   selbständiges Arbeiten gewohnt sein
die Arbeitsbedingungen prüfen   sehr verlässlich/zuverlässig sein   gute Zeugnisse haben
kontaktfreudig sein   eine interessante Stellung suchen   um einen Vorstellungstermin bitten
langjährige Praxis haben   das Bewerbungsformular ausfüllen
sich auf ein Bewerbungsgespräch vorbereiten   sich beruflich verändern wollen
gute Kenntnisse haben   eine Arbeitsgenehmigung besitzen

❺ Was ist Ihr Traumberuf? Lassen Sie Ihren Partner / Ihre Partnerin raten, nachdem Sie ihm/ihr diese Fragen beantwortet haben:

1. Welchen Schulabschluss muss man haben?
2. Welches Können, welche Fähigkeiten sind nötig?
3. Was macht diesen Beruf so interessant?

4. Wie viel kann man in diesem Beruf verdienen?
5. Warum sind Sie für diese Tätigkeit besonders geeignet?

❻ Geben Sie ein Stellengesuch für Ihren Traumjob auf.

Traumjob gesucht

❼

Weitere Übungen finden Sie in: Stellensuche - Bewerbung - Kündigung (Langenscheidt)

Reagieren Sie auf eines der Stellenangebote von ❷.

Sehr geehrte Damen und Herren,

auf Ihre Anzeige vom 19. Mai in der Tageszeitung „Der Standard" möchte ich mich um die angebotene Stelle bewerben.
. . .

Arbeitsbedingungen und Arbeitsplatz

8 Mit den folgenden Ausdrücken kann man unterschiedliche Berufe bewerten und vergleichen. Benutzen Sie jeweils fünf Ausdrücke für Fragen, die Sie Annemarie und Norbert stellen möchten. Notieren Sie die Fragen.

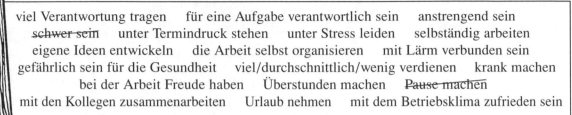

> viel Verantwortung tragen   für eine Aufgabe verantwortlich sein   anstrengend sein
> ~~schwer sein~~   unter Termindruck stehen   unter Stress leiden   selbständig arbeiten
> eigene Ideen entwickeln   die Arbeit selbst organisieren   mit Lärm verbunden sein
> gefährlich sein für die Gesundheit   viel/durchschnittlich/wenig verdienen   krank machen
> bei der Arbeit Freude haben   Überstunden machen   ~~Pause machen~~
> mit den Kollegen zusammenarbeiten   Urlaub nehmen   mit dem Betriebsklima zufrieden sein

Tipp

Machen Sie Ausdrücke mit Modalverben: selbständig arbeiten können, keinen Lärm ertragen müssen.

> *Kannst du Pause machen, wann du willst?*
> *Ist deine Arbeit schwer?*

9 a) Was ist Ihrer Meinung nach eine gute Stelle und was eine schlechte? Markieren Sie die Ausdrücke mit zwei verschiedenen Farben.

Bestimmen Sie Ihren Lohn selbst!
Bei uns lohnt sich Leistung!

Reisen Sie gerne? Reisen Sie in Ihrer Freizeit?

Wir erwarten von Ihnen, dass Sie unsere Ziele zu den Ihren machen.

Die Werkstatt: klein;
die Kollegen: nett;
der Chef: viel auf Reisen.

Ein bisschen Stress, okay. Das Gehalt wird Sie nicht enttäuschen.

Wir brauchen Ihre Mitarbeit an einem interessanten Projekt.

Nur für Leute mit Teamerfahrung!

Volle Leistung, voller Lohn! Starke Männer sind gefragt für unsere Baustellen in aller Welt.

In der großen Werkhalle haben Sie einen eigenen Arbeitsplatz mit genauen Arbeits- und Zeitvorschriften.

Sie wollen selbständig arbeiten und Verantwortung übernehmen? Wir bieten eine sichere Existenz in einer führenden Firma.

Sie wollen sich voll auf eine neue Aufgabe konzentrieren? Sie sind die rechte Hand des Chefs und führen unser modernst eingerichtetes Büro.

Sie brauchen Zeit für Ihre Familie. Wir brauchen Sie in der Abendschicht.

Unsere Kunden sind uns wichtig, zu jeder Zeit. Wir betreuen sie nicht nur zu den üblichen Bürozeiten.

Sicherheit bei der Arbeit ist unser Ziel. Unfälle verhindern können aber nur Sie!

b) Lesen Sie die Ausschnitte nochmals ganz genau. Begründen Sie Ihre Entscheidungen, zum Beispiel:

„Teamerfahrung" finde ich gut, weil ich gern mit anderen zusammenarbeite.
„Ein bisschen Stress" finde ich schlecht, weil es bei dieser Arbeit sicher nicht ein bisschen, sondern sehr viel Stress gibt.

Arbeitsbedingungen und Arbeitsplatz

⑩ Der Arbeitsvertrag: Ordnen Sie den einzelnen Paragraphen die richtigen Absätze zu.

§   ⊙ | Nur die Angaben zur Person des Arbeitnehmers sind Teil des Arbeitsvertrages, die das Arbeitsverhältnis beeinflussen. Diesbezügliche Änderungen sind dem Arbeitgeber sofort mitzuteilen.

§ 1   Tätigkeit

§   ⊙ | Es gelten alle zwischen dem Arbeitgeber und dem Betriebsrat abgeschlossenen Vereinbarungen.

§ 2   Personalien

§ 3   Tarifverträge

§   ⊙ | Die Frist für die Kündigung beträgt für beide Seiten sechs Wochen.

§ 4   Probezeit

§   ⊙ | Der Arbeitnehmer wird ab _____ als _____ eingestellt und mit Tätigkeiten, die seiner Dienstbeschreibung und Ausbildung entsprechen, beschäftigt.

§ 5   Gehalt

§ 6   Arbeitszeit

§   ⊙ | Das monatliche Bruttogehalt setzt sich wie folgt zusammen:
Tarifgehalt laut geltendem Tarifvertrag pro Jahr   DM _____
freiwillige betriebliche Zulage   DM _____
monatliches Bruttogehalt   DM _____

§ 7   Kündigung/Beendigung

§ 8   Betriebsvereinbarungen

§   ⊙ | Die Arbeitszeit beträgt 38,5 Stunden wöchentlich. Ihre Verteilung richtet sich nach den Regelungen und dem Bedarf des Betriebes.

§   ⊙ | Die ersten drei Monate gelten bei Angestellten als Probezeit. Während der Probezeit kann das Arbeitsverhältnis von beiden Seiten mit einer Frist von einem Monat gekündigt werden.

§   ⊙ | Das Gehalt richtet sich nach den geltenden Tarifverträgen.

⑪ Ordnen Sie den Begriffen aus dem Arbeitsvertrag die richtige Umschreibung zu.

1. die Probezeit   _____ die Firma, die eine Person anstellt
2. das Bruttogehalt   **1.** die Zeit am Beginn eines Arbeitsverhältnisses
3. der Arbeitgeber   _____ die Summe Geld, die ein Arbeiter / eine Arbeiterin am Ende des Monats erhält
4. der Arbeitnehmer   _____ Arbeitgeber oder Arbeitnehmer beenden das Arbeitsverhältnis
5. der Betriebsrat   _____ das Gehalt für Angestellte, bevor Krankenkasse, Pensionsversicherung und Steuern weggerechnet werden
6. die Kündigung   _____ gewählte Personen, die in einem größeren Betrieb die Interessen der Arbeiter und Angestellten gegenüber dem Arbeitgeber vertreten
7. der Nettolohn   _____ die Arbeitsbedingungen und Mindestlöhne, die Arbeitgeber und Gewerkschaften festlegen
8. der Tarifvertrag   _____ die Person, die von einer Firma angestellt oder beschäftigt wird

A	**CH**	**D**
der Kollektivvertrag	der Gesamtarbeitsvertrag	der Tarifvertrag
der Lehrling / das Lehrmädchen	der Lehrling / die Lehrtochter	der/die Auszubildende (= Azubi) / der Lehrling

11

❶ Lesen Sie die Werbeanzeige: Wie alt ist Thomas? Was macht er?

Ist Thomas zu dumm fürs Gym?

NEIN! *Thomas hat Köpfchen und steigt gleich richtig ein ins Leben. In der Lehre bekommt er eine fundierte Berufsausbildung und fast eine Job-Garantie. Denn tüchtige Fachleute sind gesucht und gut bezahlt. Thomas macht* **KARRIERE MIT LEHRE.**

KARRIERE mit LEHRE

Neue Kronenzeitung, (Wien) 17. 5. 1992

❷ In den deutschsprachigen Ländern gibt es ein weit verbreitetes Vorurteil: Nur diejenigen jungen Leute machen eine Lehre, für die eine höhere Schulbildung zu schwierig ist. Die Anzeige wendet sich gegen solche Vorurteile. Wo widerspricht der Text den Meinungen 1 bis 4? Markieren Sie in der Anzeige.

1. Nur wer das Gym(nasium) nicht schafft, macht eine Lehre.
2. In der Lehre muss man hauptsächlich Hilfsarbeiten machen.
3. Viele wollen studieren, weil Sie dann viel verdienen.
4. Wenn man nur eine Lehre gemacht hat, ist man bald am Ende seiner Karriere.

❸ Gibt es in Ihrem Land auch Werbeanzeigen, die jungen Leuten eine Berufslehre empfehlen? Wer wirbt dafür, dass junge Leute eine Lehre machen sollen? Welche Argumente werden verwendet? Notieren Sie.

❹ a) Versuchen Sie, folgende Fragen für sich zu beantworten. Notieren Sie Stichwörter.

1. Was wollten Sie werden, als Sie in die Schule kamen?
2. Welchen Beruf wollten Sie erlernen, als Sie zehn Jahre alt waren?
3. Wann haben Sie sich für den Ausbildungsweg oder den Beruf entschieden, in dem Sie jetzt stehen?
4. Wer hat Ihnen bei Ihrer Entscheidung geholfen?
5. Woher hatten Sie Informationen?
6. Welche Arbeiten haben Sie schon gemacht?

b) Vergleichen Sie die Antworten mit Ihrem Partner / Ihrer Partnerin und diskutieren Sie.

Kontrollieren Sie Ihren Lernerfolg

 ❶ Wer bekommt wie viel Geld für seine Arbeit? Ordnen Sie die Berufe von Seite 106 nach Einkommen. Vergleichen Sie mit Ihrem Partner / Ihrer Partnerin.

❷ Welche Berufe sind Ihrer Meinung nach in Zukunft am wichtigsten? Wofür? Wählen Sie gemeinsam mit Ihrem Partner / Ihrer Partnerin sieben Berufe aus. Jeder/Jede ordnet die Berufe nach deren Wichtigkeit. Vergleichen Sie anschließend in der Gruppe und diskutieren Sie.

❸ Was war/ist Ihnen wichtig bei der Wahl Ihres Berufes? Bewerten Sie mit Punkten von 1 bis 5. Vergleichen Sie anschließend mit der Bewertung Ihres Partners / Ihrer Partnerin.

Bei meinem Beruf war/ist mir wichtig, . . .

	ich	Partner/Partnerin
1) . . . dass ich viel Geld verdiene.		
2) . . . dass ich bei meiner Arbeit nicht schmutzig werde.		
3) . . . dass es sich um eine interessante Tätigkeit handelt.		
4) . . . dass ich eine geregelte Arbeitszeit habe.		
5) . . . dass ich einen sicheren Arbeitsplatz habe.		
6) . . . dass ich eine gute Ausbildung habe.		
7) . . . dass mein Beruf bei den anderen Ansehen genießt.		
8) . . . dass ich mit Menschen zu tun habe.		
9) . . . dass ich selbständig arbeiten kann.		
10) . . . dass ich neben dem Beruf noch viel Zeit für meine Familie und den Haushalt habe.		

Tragen Sie die Ergebnisse der Gruppe zusammen: Welche Aussage liegt an erster Stelle?

❹ a) Betrachten Sie das Foto und notieren Sie Ihre Eindrücke.

b) Entspannen Sie sich und hören Sie zu.

Aus: Erhard/ Pechtl, Menschen im Tal

In dieser Einheit können Sie den Wortschatz zum Thema **Geld, Arbeit, Wirtschaft und Verwaltung** üben und wiederholen:

- Wirtschaft und Arbeit
- Geld
- Verwaltung

Sie können Ihren Lernerfolg auf Seite 125 kontrollieren.
Im **Lernwortschatz** finden Sie alle wichtigen Wörter zu diesem Thema mit Beispielen und Übersetzung.

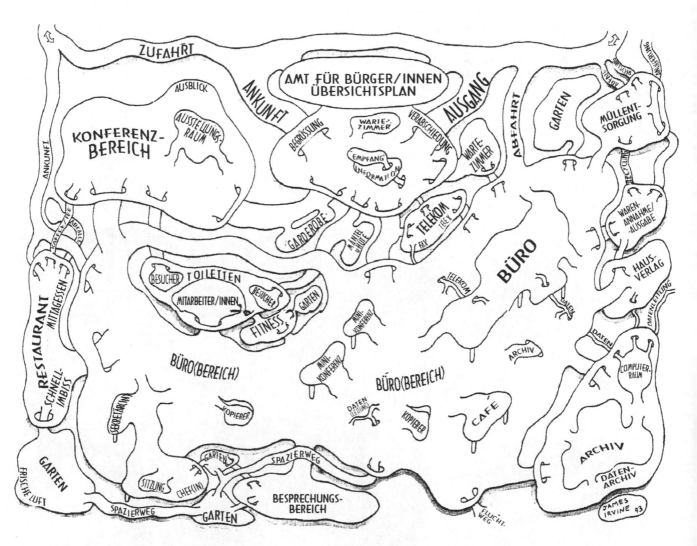

James Irvine,
aus:
Citizen Office

Wirtschaft und Arbeit

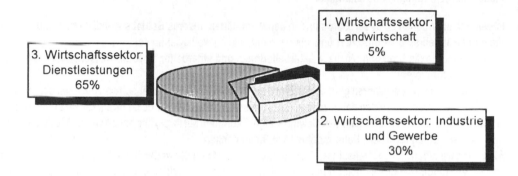

**Verteilung der arbeitenden Bevölkerung
in der Schweiz**

3. Wirtschaftssektor:
Dienstleistungen
65%

1. Wirtschaftssektor:
Landwirtschaft
5%

2. Wirtschaftssektor: Industrie
und Gewerbe
30%

*Die
Prozent-
zahlen
beziehen
sich aut das
Jahr 1994.*

(A) Dienstleistungen: 55,3 % – Industrie und Gewerbe: 36,8 % – Landwirtschaft: 7,9 %

(D) Dienstleistungen: 58,5 % – Industrie und Gewerbe: 38,4 % – Landwirtschaft: 3,1 %

❶ Ordnen Sie die Wörter aus der Wort-Kiste den drei Wirtschaftsbereichen zu.

> die Apotheke   das Atomkraftwerk   der Bauernhof   die Bäckerei   der Bahnhof   die Bank
> die Chemieindustrie   die Fabrik   die Feuerwehr   das Lebensmittelgeschäft
> der Handel   das Kaufhaus   die Klinik   das Krankenhaus   der Laden   die Landwirtschaft
> die Metzgerei   das Museum   das Rathaus   das Reisebüro   der Supermarkt
> der Verkehrsverein   die Verwaltung   die Werkstatt   die Polizei   das Fundbüro

1. Landwirtschaft: _____

2. Industrie und Gewerbe: _____

_____

3. Dienstleistungen

   ● staatlich: _____

   ● privat: _____

❷ Wählen Sie Wörter aus der Wort-Kiste aus. Zum Beispiel: *der Bahnhof* – Was wird dort gemacht? Was kann man dort bekommen? Beschreiben Sie.

*Am Bahnhof kann man Fahrkarten kaufen, den Zug nehmen,
Zeitungen kaufen,*

Wirtschaft und Arbeit

❸ a) Lesen Sie den Text: Wer hat ihn geschrieben? Wer liest ihn?

➡ Mitteilung an die Belegschaft ⬅

Liebe Mitarbeiterinnen, liebe Mitarbeiter,

in den letzten Wochen ist in den Büros und in den Werkstätten unseres Betriebs viel diskutiert und geredet worden. Viele unter Ihnen sind verunsichert und wissen nicht, wie es weitergehen soll.
Deshalb möchte die Direktion Sie, liebe Mitarbeiterinnen und Mitarbeiter, über die wirtschaftliche Situation unseres Betriebes informieren:
In den vergangenen zwei Jahren ging es der Firma sehr gut, sie konnte immer schwarze Zahlen schreiben. Die Nachfrage nach unseren Produkten nahm zu, das Exportgeschäft lief sehr gut. Es ist Ihrem Einsatz und Ihrer Leistung zu verdanken, dass wir im letzten Jahr den Gewinn steigern konnten. Mit Ihrer Hilfe haben wir die Produktion rationalisiert und die Verwaltung reduziert. Dafür möchten wir Ihnen danken.
Aber auch wir leben nicht auf einer Insel. Auch unsere Firma ist von der weltweiten Wirtschaftskrise betroffen: Obwohl wir die 30-Stunden-Woche eingeführt haben, ist in diesem Jahr ein Verlust entstanden, da die Aufträge stark zurückgegangen sind und die Gesamtkosten nicht verringert werden konnten. Das heißt, unser Betrieb schreibt in diesem Jahr rote Zahlen. Die Lage ist ernst, aber noch nicht dramatisch. In dieser schwierigen Situation appellieren wir an Ihre Solidarität und schlagen Folgendes vor:

---

 b) Suchen Sie die fehlenden Wörter in den Ketten.

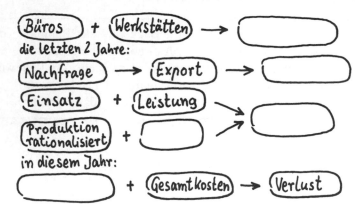

Büros + Werkstätten → ⬚

die letzten 2 Jahre:

Nachfrage → Export → ⬚

Einsatz + Leistung → ⬚

Produktion rationalisiert + ⬚ →

in diesem Jahr:

⬚ + Gesamtkosten → Verlust

 c) Lesen Sie den Text noch einmal und suchen Sie das fehlende Wort für das Gegensatzpaar.

der Chef	– *der Mitarbeiter*	der Import	–
die Chefin	– *die Mitarbeiterin*	der Verlust	–
schlecht	–	der Aufschwung	–
rote Zahlen	–	steigern	–
das Angebot	–		

d) Was schlagen Sie vor? Notieren und diskutieren Sie.

Wir könnten …	Ich schlage vor…	Mein Vorschlag ist …

Wirtschaft und Arbeit

4 a) Lesen Sie den Text zu der Grafik. Was fällt (↘) und was steigt (↗)? Kreuzen Sie an.

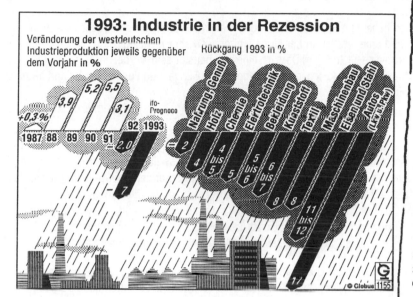

1993: Industrie in der Rezession

Veränderung der westdeutschen Industrieproduktion jeweils gegenüber dem Vorjahr in %

Rückgang 1993 in %

Globus Kartendienst

Größtes Minus bei Autos

In der westdeutschen Industrie geht es weiter bergab. Nachdem die Produktion schon im vergangenen Jahr um zwei Prozent zurückging, erwarten die Wirtschaftsexperten vom Münchener ifo-Institut für das laufende Jahr einen weiteren Abrutsch um sieben Prozent. Ursachen dafür sind zum einen die steigende Verbreitung von Importwaren und die damit verbundenen Absatzverluste deutscher Firmen im Inland, zum anderen die sinkenden Bestellungen aus dem Ausland. Besonders betroffen sind die Automobilfirmen, für die ein Produktionsrückgang um 17 Prozent prognostiziert wird. Relativ geringe Einbußen wird mit minus zwei Prozent der Nahrungs- und Genußmittelsektor verbuchen müssen.

(Globus)

	↘	↗
die Industrie		
die Produktion		
der Import		
der Absatz deutscher Firmen im Inland		
die Bestellungen aus dem Ausland		
die Automobilindustrie		
die Lebensmittelindustrie		

b) Suchen Sie im Text Verben und Ausdrücke für ↘ und für ↗. Notieren Sie und ergänzen Sie andere Ausdrücke.

↘	↗

c) Was wird bei „Nahrung", „Genuss" oder bei „Holz" produziert? Wählen Sie einen oder zwei Bereiche, die Sie interessieren, und notieren Sie Produkte.

d) Über eine Grafik oder Statistik sprechen: Beschreiben Sie die Grafik mit eigenen Worten. Sprechen Sie mit Ihrem Partner / Ihrer Partnerin oder schreiben Sie einen kurzen Text.

Die Grafik beweist, dass ...   *Die Statistik macht deutlich, dass ...*

12

❺

a) Lesen Sie die Aussagen von arbeitslosen jungen Schweizern und Schweizerinnen. Welche der Ausdrücke von 1 bis 12 passen zu welchen Texten? Nummerieren Sie.

Tatjana, 20

Ich habe eine Banklehre gemacht, die ich vor zwei Jahren abgeschlossen habe. Anschliessend arbeitete ich in der Firma weiter, was aber nicht gut ging, weil ich mit meinem Chef Probleme hatte. (. . .) Dass ich einmal arbeitslos sein würde, das hätte ich nie gedacht. (. . .) Manchmal denke ich, dass ich lieber schon 62 wäre und pensioniert, dann hätte ich das alles hinter mir.

Nummern: _____

Alexandra, 19

Am Anfang, als ich arbeitslos war, habe ich das gar nicht als dramatisch empfunden, es machte mir auch nichts aus, wenn ich Absagen erhielt. Heute bin ich froh, dass ich noch meine Familie und meinen Freund habe.

Nummern: _____

Barbara, 22

In den ersten Wochen hatte ich das Gefühl, es seien einfach längere Ferien. Aber später war ich dann riesig deprimiert – ich kam mir vor wie eine Versagerin und fragte mich: „Wozu bist du eigentlich da (. . .)" Jetzt mache ich einen Englisch-Intensivkurs mit Zertifikat, damit ich mich noch besser qualifizieren kann.

Nummern: _____

Raoul, 21

Viele Leute haben auch heute noch das Gefühl, dass junge Leute eine Arbeit finden, wenn sie arbeiten wollen. Heute weiss ich es aus eigener Erfahrung, dass das nicht stimmt. Ich gehe stempeln auf dem Arbeitsamt und bewerbe mich um die wenigen freien Stellen.

Nummern: _____

DIALOG 72,
(Zürich)
1992

1. Arbeitslosengeld bekommen	5. mit Freunden sprechen	9. eine Ausbildung machen
2. die Stelle verlieren	6. sich weiterbilden	10. die freie Zeit genießen
3. einsam sein	7. Stellenanzeigen lesen	11. krank werden
4. sich um eine Stelle bewerben	8. Absagen bekommen	12. verarmen

b) Ordnen Sie die Ausdrücke von 1. bis 12. sinnvoll. Zeichnen Sie einen Kreis oder eine Linie und notieren Sie die Begriffe.

eine Ausbildung machen

eine Absage bekommen

die Stelle verlieren

Wirtschaft und Arbeit

6 a) Schauen Sie das Wort-Netz an. Verstehen Sie alle Wörter? Schlagen Sie unbekannte Wörter im Wörterbuch nach oder fragen Sie. Notieren Sie die Wörter in Ihrer Sprache.

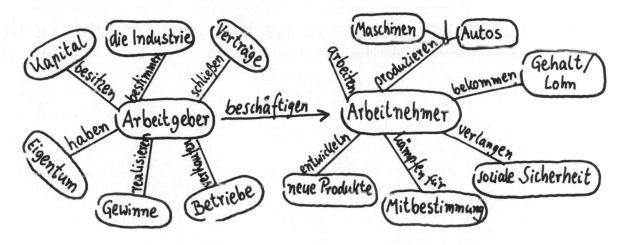

b) Wie ist die wirtschaftliche Situation in Ihrem Land? Machen Sie mit Hilfe des Wort-Netzes Notizen.

7 Die Fernsehsendung „Die Wirtschaftsrunde: pro und contra.". Suchen Sie gemeinsam ein Thema für die Sendung aus. Wählen Sie anschließend eine Rolle. Überlegen Sie ein paar Minuten, wie Sie spielen wollen (ruhig, aggressiv . . .) und was Sie sagen wollen. Machen Sie für sich ein paar Notizen. Verwenden Sie auch die Ausdrücke oben. Spielen Sie.

NAME: ANITA CLOZZA	NAME: PETER HUBER	NAME: RUTH SCHRANER
21 Jahre, weiblich, 3 Jahre Berufserfahrung als . . . . seit einer Woche arbeitslos	16 Jahre, männlich, Schüler Der Vater ist seit sechs Monaten arbeitslos.	25 Jahre, weiblich, Journalistin beim Fernsehen organisiert die Fernsehdiskussion über die heutige Wirtschaftssituation unter dem Thema . . . .

NAME: MARC REICH	NAME: EVA WEBER	NAME: PEDRO SANCHEZ
50 Jahre, männlich, Direktor der Fabrik „Farmix AG" mit 1000 Mitarbeitern In den nächsten Wochen werden 200 Stellen gestrichen.	40 Jahre, weiblich, Vertreterin der Gewerkschaft kämpft für die 200 Stellen bei der Firma „Farmix AG"	18 Jahre, männlich, Lehrling findet seine Arbeit nicht besonders interessant, möchte aber seine Stelle nicht verlieren

Wirtschaft und Arbeit

8 Lesen Sie den Text. Unterstreichen Sie in den Wort-Kreisen unten die Themen, die Sie im Text finden. Notieren Sie weitere Themen.

„Märkte müssen menschlicher gemacht werden"

UN-Bericht fordert Dezentralisierung, Beschäftigungspolitik und Partizipation / Sünden der Privatisierung

rb FRANKFURT A. M. Nachdem sich fast überall auf der Welt die Marktwirtschaft durchgesetzt habe, komme es nun darauf an, diese humaner zu gestalten. „Märkte sollten auf die Menschen zugeschnitten sein, und nicht Menschen auf die Märkte", fordert der „Bericht über die Entwicklung der Menschheit 1993", der zum vierten Mal von einem unabhängigen Expertenteam des Entwicklungsprogramms der Vereinten Nationen (UNDP) herausgegeben wird. Notwendig sei eine „neue Partnerschaft zwischen Staat und Markt, um Effizienz und soziale Verantwortung miteinander zu kombinieren".

Ein Beispiel sei die Tatsache, dass die Zunahme der Beschäftigung in den Entwicklungs- und Industrieländern weit hinter dem Anstieg der Produktion herhinke. Wachstum ohne Schaffung von Arbeitsplätzen sei ein „neues und

beunruhigendes Phänomen", meinen die Experten, zumal sie schätzen, dass im nächsten Jahrzehnt ungefähr eine Milliarde neuer Jobs geschaffen werden müsste, um mit der Zunahme der globalen Anzahl von Arbeitskräften Schritt zu halten.

Der Bericht listet eine ganze Reihe von Bedingungen für „menschenfreundliche Märkte" auf, zum Beispiel: Zugang der Armen zu Krediten; gerechtere Verteilung der Produktionsfaktoren (Boden); ungehinderter Marktzugang unabhängig von Rasse, Religion oder Geschlecht; Schutz des Wettbewerbs und Vorkehrungen gegen Finanzmachenschaften; keine willkürlichen Kontrollen und Eingriffe der Regierung; ein umfassendes System ökonomischer Anreize; Umwelt-, Verbraucher- und Arbeitsschutz sowie ein ausreichendes Netz sozialer Sicherheit.

Frankfurter Rundschau, 25. 5. 1993

---

realisieren · entstehen · sich erholen · berücksichtigen · steigen · sinken · leben · verschlechtern · abnehmen · zunehmen · lösen · nützen · entwickeln

das Problem · die Inflation · der Stress · der Bedarf · **das System** · die Krise · der Trend · die Katastrophe · die Chance

9 Was kann die Gesellschaft gegen die Arbeitslosigkeit machen? Was soll der Einzelne machen? Schreiben Sie mit Hilfe des Schemas mindestens drei Punkte auf. Vergleichen Sie mit Ihrem Partner / Ihrer Partnerin und diskutieren Sie.

1. _____

2. _____

3. _____

Geld

➡ **Einheit 14, S. 141**

❶ Welches Wort passt nicht zum Thema „Geld"? Streichen Sie das betreffende Wort in jeder Zeile.

die Bank – der Stuhl – der Schein – der Schalter – der Automat
bezahlen – sparen – treten – ausgeben – wechseln
teuer – billig – preiswert – günstig – modern
der Kredit – das Konto – die Kasse – die Garantie
der Zins – die Inflation – der Gewinn – das Amt

❷ Was machen Sie mit Ihrem Geld? Notieren Sie, wie viel Sie jeden Monat ausgeben. Vergleichen Sie anschließend in der Gruppe: Wer gibt am meisten Geld aus, wer gibt am wenigsten Geld aus?

Computer-world Schweiz, 30. 11. 1992

Einnahmen: _____

Ausgaben:

Wohnungsmiete _____

Bahn/Bus/Auto _____

Haushalt _____

Essen und Trinken _____

Kleider/Schuhe _____

Freizeit (Kino, Theater, Bücher, Musik) _____

Ferien _____

Telefon _____

Radio/Fernsehen _____

Anderes (Körperpflege ...) _____

Diverses _____

GESAMT / TOTAL _____

PC und Fusscreme
JEDER vierte Haushalt in der Schweiz ist mit einem Mundwasser, einer Fusscreme und einem Home- oder Personalcomputer ausgestattet. Dies fand die Mach-Consumer 92₌ Studie heraus. *(mw)*

❸ a) Was bedeutet Geld für Sie? Was bedeutet Geld für die Menschen in Österreich, in der Schweiz oder in Deutschland? Notieren Sie. Fragen Sie andere Leute und berichten Sie in der Gruppe.

b) Suchen Sie in einer Zeitung auf der Wirtschaftsseite die Wechselkurse oder fragen Sie auf einer Bank nach. Notieren Sie: Wie viel Schilling, Mark oder Franken bekommen Sie für Ihr Geld?

Ⓓ der Groschen = 10 Pfennig

A	CH	D
der Schilling (ATS) der Groschen	der Franken (CHF) der Rappen	die Mark (DEM) der Pfennig
der Scheck die Scheckkarte	der Check die Checkkarte	der Scheck die Scheckkarte
die Geldtasche	das Portemonnaie	die Geldbörse / der Geldbeutel / das Portemonnaie

12

Geld

❹ Was machen Sie mit dem Geld? Ordnen Sie zu.

1	Geld wechseln	Geld sparen und zur Bank bringen	A
2	einen Kredit abzahlen	mit einem Vordruck zur Bank gehen und dafür Bargeld bekommen oder aufs eigene Konto einzahlen	B
3	Geld von einem Konto abheben	kein Geld haben und sich von der Bank das Geld gegen Zinsen geben lassen	C
4	ein Konto eröffnen	zum ersten Mal das Geld „in Sicherheit" bringen	D
5	Geld auf ein Konto einzahlen	zu viel Geld vom Konto holen	E
6	das Konto überziehen	der Bank das Geld zurückbezahlen	F
7	Geld auf ein Konto überweisen	Geld vom Konto oder Sparbuch holen	G
8	einen Kredit bei der Bank aufnehmen	direkt in Form von Münzen und Geldscheinen bezahlen	H
9	mit einem Scheck bezahlen	Geld über die Bank auf ein Konto bezahlen	I
10	bar bezahlen	Geld umtauschen, z. B. Mark in Franken	J
11	einen Scheck einlösen	mit einem Vordruck bezahlen; das Geld wird später vom Konto abgezogen	K
12	einen Scheck ausstellen und unterschreiben	die Summe auf einem Vordruck notieren und den eigenen Namen draufschreiben	L

❺ a) Lesen Sie die folgenden Spartipps. Kreuzen Sie die Tipps, die Sie schon anwenden, mit blauer Farbe an; unterstreichen Sie rot die Tipps, die Sie ausprobieren möchten.

1 Setzen Sie sich ein Sparziel und verlieren Sie es nie aus den Augen.

2 Informieren Sie sich über Warentests. Sie zeigen, dass oft preiswerte Waren von guter Qualität erhältlich sind.

3 Ratenkäufe sind immer teurer als Barzahlung.

4 Kaufen Sie Kleidungsstücke, bei denen Sie nicht den Namen, sondern die Ware bezahlen.

5 Machen Sie immer Preisvergleiche. Das lohnt sich bei grösseren Anschaffungen.

6 Scheuen Sie sich nicht, über Preise zu verhandeln.

7 Sparlampen werden ihrem Namen gerecht und verbrauchen im Schnitt 5 x weniger Strom als herkömmliche Glühbirnen.

8 Tauschen Sie Zeitschriften mit Freunden aus.

9 Das Znünibrot von zu Hause mitnehmen.

10 Erzählen Sie Ihren Kindern selbst erfundene Märchen.

11 Kochen Sie, was Saison ist, und nicht, was Mode ist.

12 Sparen Sie mit Waschmitteln. Lesen Sie die Dosierungsanweisungen.

13 Sparen Sie nicht beim Wollpullover, sondern bei den Heizkosten.

14 Bestellen Sie nur ein Tiramisu (Nachtisch), dafür zwei Löffel. Sie sparen Geld und Kalorien.

15 Eine Liebeserklärung muss nicht unbedingt von einem Diamanten begleitet sein, um die nötige Wirkung zu erzielen.

16 In einigen Städten ist das Kino am Montag bedeutend billiger.

17 Gut geduscht ist mehr als nur halb gebadet.

18 Verwenden Sie Ihren Plastiksack mehrmals.

19 Abfall sortieren vermindert die Kosten und ist ein Beitrag an die Umwelt.

20 Ihr persönlicher Tipp:
_____

Ⓐ die Jause
ⓒⒽ das Znünibrot
Ⓓ die Brotzeit / die Vesper

Ⓐ die Plastiktüte / das Plastiksackerl
ⓒⒽ der Plastiksack
Ⓓ die Plastiktüte / der Plastikbeutel

b) Sparen – wie und warum? Fragen Sie Ihren Partner / Ihre Partnerin. Verwenden Sie dazu auch die Spartipps.

Verwaltung

❶ a) Suchen Sie den Weg zum Finanzamt. Beschreiben Sie anschließend, an welchen Ämtern Sie vorbeigekommen sind. Verwenden Sie dazu die Liste in ❶ b). Warum geht man auf diese Ämter? Was will man dort?

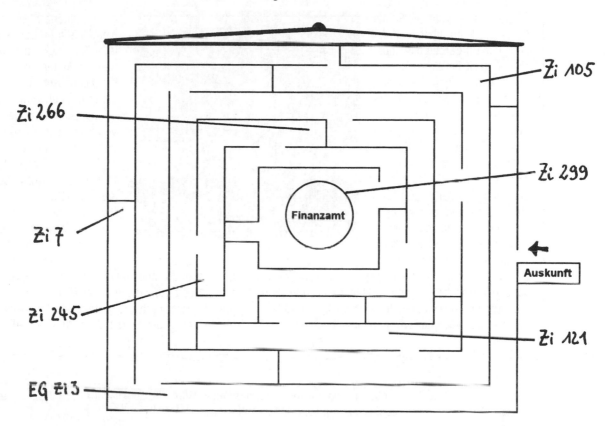

b) Hören Sie die Dialoge. Welcher Dialog gehört zu welchem Amt?

	Ämter	Dialog	Ihre Antwort
EG Zi 1	Auskunft	____	
EG Zi 3	Fundbüro	____	
EG Zi 7	Polizei	____	
1. St. Zi 105	Arbeitsamt	____	
1. St. Zi 121	Sozialamt	____	
2. St. Zi 245	Einwohnermeldeamt	____	
2. St. Zi 266	Standesamt	____	
2. St. Zi 299	Finanzamt	____	

EG = Erd-
geschoss
Zi = Zimmer
St. = Stock

c) Hören Sie die Dialoge noch einmal und schreiben Sie eine Antwort auf die Fragen, die Sie auf der Kassette hören.

12

❷ a) Wie sieht die heutige Bürolandschaft aus? Lesen Sie und unterstreichen Sie die wichtigsten Informationen.

Überall auf der Welt, wo Städte (...) existieren, übersteigt der Anteil an Büroarbeit alle anderen Tätigkeitsbereiche. Ob groß oder klein, öffentliche Behörde oder privatwirtschaftliches Unternehmen, ob junge Werbeagentur oder alteingesessene Bank: Das Büro ist für viele Millionen Menschen der Ort, an dem sie einen Großteil ihres Lebens verbringen.

Umso erstaunlicher, dass es in gut hundert Jahren nicht gelungen ist, dem Büro eine eigene Ausdrucksform zu geben; es als einen Ort zu begreifen, an dem Menschen nicht nur arbeiten, um zu überleben, sondern auch leben, kommunizieren, träumen, zusammenarbeiten, sich streiten, Ideen entwickeln möchten. (...) immer noch herrscht ein Bürostil vor, der geradezu militärisch uniformiert, hierarchisch und unbeweglich ist. Ausdruck davon sind Räumlichkeiten, die eher an Krankenhäuser erinnern, in denen Grau und Braun und das Chaos technischer Geräte und Verkabelungen dominieren und die Größe des Raums beziehungsweise des Schreibtisches den Status in der Hierarchie anzeigt.

Die Gesellschaft ist längst auf dem Weg von der Industrie- zur Dienstleistungsgesellschaft, und die rasante technische Entwicklung begünstigt die Mobilität und die Entlastung von monotoner Arbeit. Aber die Bürowelt hinkt sozial und kulturell, atmosphärisch und gestalterisch hinterher – nicht aus Versehen gibt es das Wort „Bürokratie".

Aus:
A. Branzi,
M. De
Lucchi,
E. Sottsass,
Citizen
Office

b) Wie sieht das ideale Büro für Sie aus: das flexible Büro, das mobile Büro, das Lebensbüro, ... ? Beschreiben Sie oder diskutieren Sie. Nehmen Sie das Bild auf Seite 114 zu Hilfe.

c) Wer macht was in einem Büro? Verwenden Sie Wörter aus der Wort-Kiste. Erzählen oder schreiben Sie eine Geschichte. Die Personen: Frau Grönemeyer, Direktorin; Herr Schmidhauser, Vizedirektor; Frau Ringgs, Angestellte; Herr Strasser, Angestellter.

begrüßen bearbeiten diskutieren zeigen entscheiden lesen schreiben telefonieren ordnen schlafen trinken essen zusammensitzen (sich) lieben sich streiten kopieren sich erholen (sich) freuen (sich) ärgern gehen spielen kündigen ...

mit ohne für gegen über wegen ...

automatisch hell freundlich schnell langsam alleine zusammen ...

der Computer das Fax die Schreibmaschine das Telefon der Fotokopierer die Blumen das Formular der Antrag der Auftrag die Liste der Artikel das Buch der Brief die Auskunft die Ordnung das Problem das Projekt die Sache die Sitzung der Kaffee das Bild das Sandwich ...

Kontrollieren Sie Ihren Lernerfolg

➡ Einheit 11, S. 109 f.

❶ Welche Arbeit macht Ihnen Spaß, welche nicht? Machen Sie eine Liste. Vergleichen Sie auch mit Einheit 11.

❷ Schauen Sie alle Wort-Netze in dieser Einheit noch einmal an, merken Sie sich die Wörter und Ausdrücke. Bauen Sie dann Ihre eigenen Wort-Netze.

❸ Wählen Sie aus der Wort-Kiste auf Seite 115 drei Wörter und notieren Sie dazu Tätigkeiten.

❹ Hören Sie zu, entspannen Sie sich und schauen Sie das Bild an. Notieren Sie anschließend Wörter, die Ihnen in den Sinn kommen.
Schauen Sie die Wortliste in ein paar Tagen noch einmal an. Welche Wörter kennen Sie noch?

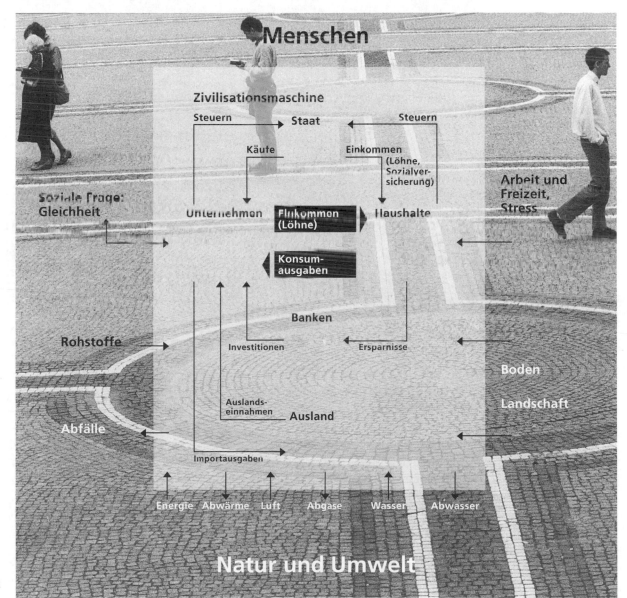

Foto:
A. Ringer

Grafik
aus:
Fenner /
Hadorn /
Strahm,
*Politszene
Schweiz*

In dieser Einheit können Sie den Wortschatz zum Thema **Reisen und Verkehr** üben und wiederholen:

- Reisen
- Wegbeschreibung
- Verkehrsmittel

- Informationen an der Grenze
- Unterkunft und Verpflegung
- Sehenswürdigkeiten

Sie können Ihren Lernerfolg auf Seite 137 kontrollieren.
Im **Lernwortschatz** finden Sie alle wichtigen Wörter zu diesem Thema mit Beispielen und Übersetzung.

*Aus:
Janosch,
Tiger und
Bär im Stra-
ßenverkehr*

In der Nacht träumte der Bär alles,
was er heute gelernt hatte.
1. Wo kein Gehweg ist, immer links gehen.
2. Möglichst nur bei der Ampel über die Straße gehen und nur bei Grün für die Fußgänger.
3. Sich immer erst umschauen.
Auch bei der Ampel.

4. Beim Zebrastreifen vor dem Bordstein warten, bis alle Autos anhalten.
5. Zwischen parkenden Autos ganz nach vorne gehen, bis man die ganze Fahrbahn sieht. Dann anhalten und warten, bis kein Auto mehr kommt. Dann erst gehen.
Das war sehr viel für einen Traum.

Reisen

❶ Martina möchte Alfred in München besuchen. Sie wollen sich am Mittwoch treffen und zusammen München anschauen. Lesen Sie den Brief und den Flugplan. Wann startet das Flugzeug in Lyon? Wie lange dauert der Flug von Lyon nach München?

> Lieber Alfred,   Lyon 29. März
> ich habe jetzt den Flug am Mittwoch reserviert,
> damit wir Donnerstag + Freitag genug Zeit
> haben für die Besichtigung der Stadt.
> Die Maschine landet um 21°°.
> Ich hoffe, das geht für Dich –?
> Ich habe das Ticket schon gekauft ….!
> Ruf mich doch bitte an – oder hol mich
> einfach ab!   Ich freue mich Martina

→	**Munich MUC**		+02:00
Xe67	0925–1110	AFNS3228	0
Xe6	1915–2100	AFNS3272	0
123	0650–0755	IT7038/	PAR
	0920–1050	LH4393	
		29Mar–15Avr	

Fréquence/Verkehrstage/Days of service
1 Lundi/Montag/Monday
2 Mardi/Dienstag/Tuesday
3 Mercredi/Mittwoch/Wednesday
4 Jeudi/Donnerstag/Thursday
5 Vendredi/Freitag/Friday
6 Samedi/Samstag/Saturday
7 Dimanche/Sonntag/Sunday
X quotidien/täglich/daily
Xe tous les jours sauf/täglich außer/
    daily except

Abflug: _____

Reisezeit: _____

❷ Alfred freut sich auch und ruft Martina an. Leider ist sie nicht zu Hause. Aber Martina hat einen Anrufbeantworter. Alfred hinterlässt eine Nachricht. Hören Sie und machen Sie Notizen.

am Flughafen	
in Passang	
Weg zu Alfred	

Ankunft Arrivals

TAGESKARTE INNENRAUM
10.00 DM
Bitte Hinweise auf der Rückseite beachten!
DB 7741638

❸ Wer tut was? Lesen und hören Sie noch einmal Schritt ❶ und ❷ und kontrollieren Sie die Liste mit den wichtigsten Informationen. Richtig oder falsch?

Alfred liest:	r	f	Martina hört:	r	f
Flug am Mittwoch reserviert			am Flughafen die S-Bahn nehmen		
mehr Zeit für Stadtbesichtigung			am Hauptbahnhof umsteigen		
Ankunft Mittwochabend 21.00 Uhr			In Passang einfach geradeaus gehen		
Ticket gekauft			den Schlüssel beim Nachbarn holen		
Abholen nicht nötig			Alfred ist bis Donnerstagmittag in Bremen		

Wegbeschreibung

❶ Christoph hat Jean-Claude in die Schweiz eingeladen. Sie möchten zusammen Ferien in den Schweizer Bergen machen. Christoph hat ein Ferienhaus gemietet und schreibt Jean-Claude, wie er am besten dorthin fährt. Lesen Sie und ordnen Sie die Informationen des Briefes den Bildern zu.

Luzern, 21.3.

Lieber Jean-Claude,
hier noch ein paar wichtige Infos für
dich. Sörenberg liegt in den Bergen und
ist mit öffentlichen Verkehrsmitteln nur
schwer zu erreichen. Du nimmst am
besten den Wagen!
Du kommst in Genf über die Grenze
und nimmst dann die Autobahn Richtung Lausanne bis Bern. In Bern wechselst
du auf die Autobahn Richtung Thun,
aber nur kurz, bis zur Ausfahrt Muri.
Da biegt die Hauptstrasse nach Luzern
ab. Du fährst etwa 30 Minuten geradeaus, bis rechts ein Schild kommt: "Flühli/
Sörenberg". Wenn du in Sörenberg ankommst, fahr zur Post auf der linken
Seite und ruf mich an: 23 26 78. Ich
hol dich dann an der Telefonkabine ab.
　　　　Ich freue mich. Bis bald!
　　　　　　　Christoph
N.B. Denk dran, an der Schweizer Grenze
brauchst du immer noch einen Ausweis!

Sie können auch die Regio-Box, S. 136, zu Hilfe nehmen.

❷ Jean-Claude hat auf dem Weg nach Sörenberg Probleme. Er fährt mehrmals falsch und muss Leute um Auskunft fragen. Lesen Sie bitte seine Fragen. Ordnen Sie chronologisch.

Finden Sie auf einer Karte den Weg von Genf nach Sörenberg?

– Können Sie mir bitte helfen? Ich suche das Postamt.
– Pardon, je cherche l'autoroute pour Berne.
– Entschuldigung, geht diese Straße nach Sörenberg?
– Entschuldigen Sie, ist das hier die Hauptstraße Richtung Luzern?
– Pardon, j'aimerais changer . . . . Äh, Entschuldigung, ich möchte Geld wechseln.

Wegbeschreibung

➡ Einheit 7, S. 68 f.

3
a) Orientierungspunkte helfen beim Reisen. Suchen Sie in der Wort-Schlange Nomen, die als Orientierungspunkte beim Reisen helfen. Ordnen Sie die Wörter den beiden Wort-Igeln zu. Im Lösungsschlüssel finden Sie auch die richtigen Artikel.

tankstelle/ampelbrückeausfahrtmuseumkreuzungkurveeinfahrtschildparkverbothotelkurveparkhausdenkmalkirche einbahnstraßeautobahnfußgängerzonetaxistandtelefonzellegasthausu-bahn

b) Schreiben Sie für eine Freundin eine genaue Wegbeschreibung. Erklären Sie ihr, wie sie am schnellsten von der Schule zu Ihnen nach Hause kommt.

Am besten ...

4
Wo sagt man was? Lesen Sie bitte die Sätze 1–4 und ordnen Sie sie den Orten A–D zu!

1 Bitte voll (tanken)!
2 Es ist grün. Fahr doch endlich!
3 Du fährst viel zu schnell. Hier gilt Tempo 30.
4 Wenn ich hier parke, bekomme ich einen Strafzettel.

A an einer Ampel
B bei einem Halteverbot
C an einer Tankstelle
D in einer Ortschaft / innerorts

5
a) Was sucht man oft in einer fremden Stadt? Formulieren Sie Fragen. Schauen Sie noch einmal die Sätze in **2** an.

| das Theater | das Museum | eine Tankstelle | die Post | das Hotel X |
| den Bahnhof | die Einsteinstraße | die nächste U-Bahnhaltestelle |

Entschuldigung, ...

b) Wenn Sie in einer fremden Stadt nach dem Weg fragen, können Sie höfliche und unhöfliche Antworten bekommen. Lesen Sie die Antworten und markieren Sie mit h = höflich oder u = unhöflich.

h   u

1. Tut mir leid, aber ich bin nicht von hier.
2. Sehen Sie den Platz da? An der Ampel müssen Sie rechts abbiegen.
3. Ich bin leider auch fremd hier.
4. Wie soll ich das wissen?
5. Am besten fahren Sie da vorn über die Kreuzung, dann ist es die dritte Straße links.
6. Da vorn an der Ecke steht ein Polizist, der wird dafür bezahlt.

c) Spielen Sie in der Gruppe. Geben Sie unhöflich oder höflich Auskunft.

13

Verkehrsmittel

❶ a) Lesen Sie die Wörter in der Wort-Kiste. Wählen Sie Wort-Igel aus. Ordnen Sie die Wörter zu.

Sie können auch die Regio-Box, S. 136, zu Hilfe nehmen.

> das Flugzeug   der Bus   das Motorrad   der Reisende   das Moped   das Mofa
> der Zug   das Fahrrad   das Taxi   der Fußgänger   die Straßenbahn   das Auto
> der Passagier   der Pilot   der Wagen   die Maschine   der Kapitän   das Boot   der Polizist
> der Schaffner   der Krankenwagen   die Haltestelle   die Trambahn   der Aufzug
> der Intercity   das Ticket   die Notbremse   der LKW   das Schiff   der Kofferraum
> der Reifen   die Fähre   die Fahrkarte   fahren   gehen   fliegen   halten
> stehen   laufen   abbiegen   überholen   spazieren gehen   anhalten   bremsen

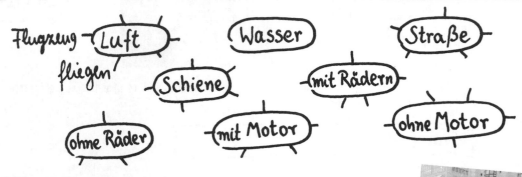

Flugzeug — Luft — fliegen   Wasser   Straße   Schiene   mit Rädern   ohne Räder   mit Motor   ohne Motor

b) Vergleichen Sie Ihr Ergebnis in der Gruppe.

❷ Wann benutzen Sie welches Verkehrsmittel? Notieren Sie Sätze.

Beispiel: Wenn ich ins Kino   gehe, nehme ich meistens . . .
　　　　　　　　ins Büro　　　　　　　gewöhnlich . . .
　　　　　　　　in die Kneipe　　　　　nie . . .
　　　　　　　　in die Schule　　　　　selten . . .
　　　　　　　　ins Theater　　　　　　immer . . .
　　　　　　　　ins Schwimmbad　　　oft . . .

❸ a) Was kann man unterwegs machen? Ordnen Sie zu.
　　Es gibt mehrere Möglichkeiten.

die Zeitung	essen
im Speisewagen	überholen
ein Auto	treten
im Stau	suchen
einen Parkplatz	überqueren
durch die autofreie Zone	genießen
im Zelt	spazieren gehen
die Aussicht	stehen
auf dem Campingplatz	schlafen
auf die Bremse	lesen

b) Wer macht was? Ergänzen Sie.　Der Autofahrer... | Der Fußgänger... | Der Reisende im Zug...

Informationen an der Grenze

1 a) Lesen Sie die Tipps und Reisevorschriften für Ägypten und Italien. Markieren Sie die Wörter, die für das Thema Zoll-/Passformalitäten wichtig sind.

Wie können Sie selbst zu einer raschen Zollabfertigung beitragen?

Indem Sie

- die für den Grenzübertritt erforderlichen Ausweise bereithalten,
- die Grenzwachtbeamtin oder den Grenzwachtbeamten über alle mitgeführten Waren informieren.

ÄGYPTEN

Erforderliche Reisedokumente
Personen Pass (mind. 6 Monate über Rückreisedatum hinaus gültig), Visum
Fahrzeuge Grenzpassierscheinheft, internationaler Führerschein, Grüne Versicherungskarte nicht anerkannt (eine Haftpflichtversicherung muss an der Grenze abgeschlossen werden).

Zollfreie Einfuhr
Geschenke bis Äg. £ 20,-. 200 Zigaretten oder 25 Zigarren oder 200 g Tabak.
1 l alkoholische Getränke. Parfüm für den persönlichen Gebrauch

Trinkgeld/Service
ca 12 bis 15% *Träger* Äg. £ 1,-

Taxispesen
Es ist ratsam, den Preis vor der Fahrt auszuhandeln, da Taxameter oft fehlen.

Geschwindigkeitsbeschränkungen
Innerorts 50 km/h (mit Anhänger 30 km/h)
Ausserorts 00 km/h (mit Anhänger 50 km/h)

Foto:
A. Ringer

Text aus·
Ferien im Süden Schweizerische Volksbank, 1993

ITALIEN

Erforderliche Reisedokumente
Personen Pass (nicht länger als 5 Jahre abgelaufen) oder Identitätskarte
Fahrzeuge Grüne Versicherungskarte

Zollfreie Einfuhr (ab 17 Jahre)
Waren bis Lit. 68.580,-. 200 Zigaretten oder 50 Zigarren oder 250 g Tabak. 2 l Spirituosen bis 22 % oder 1 l Spirituosen über 22 %. 500 g Kaffee und 100 g Tee. 50 g Parfüm

Trinkgeld/Service
Hotel/Restaurant Im Allgemeinen inbegriffen, sonst 10 %
Taxi/Coiffeur 10 %

Taxispesen
Beispiel Rom *Basistarif* Lit. 4000,- und ca. Lit. 1000,- pro km.
Preise variieren regional.

Geschwindigkeitsbeschränkungen
Innerorts 50 km/h.
Ausserorts 90 km/h.
Autobahnen bis 1099 cm³ 110 km/h, über 1100 cm³ 130 km/h.
Das Mitführen von Benzin in Kanistern ist nicht gestattet. Pannendreieck und Sicherheitsgurte obligatorisch.

b) Notieren Sie Unterschiede im Text.

Was ist unterschiedlich?	in Italien	in Ägypten
Was für ein Reisedokument brauchen Sie?		
Wie viel Alkohol dürfen Sie mitnehmen?		
Wie viel Trinkgeld geben Sie?		
Wie schnell darf man außerorts fahren?		

2 a) Welche Sätze können Sie an der Grenze / am Zoll hören? Markieren Sie.

Ihre Papiere, bitte!   Haben Sie was zu verzollen?   Alkohol dürfen Sie nicht einführen.
Die Vorwahl für die Schweiz ist 0041.   Möchten Sie rauchen?
Der Pass ist leider nicht mehr gültig.   Können Sie bitte den Kofferraum aufmachen?
Kommen Sie bitte mit ins Büro!   Sie haben aber nicht reserviert.

b) Was haben Sie an der Grenze schon erlebt? Erzählen Sie.

c) Spielen Sie in der Klasse Situationen an der Grenze / am Zoll.

Unterkunft und Verpflegung

➡ Einheit 4, S. 42 ff.

❶ An der Rezeption: Wer sagt was? Schreiben Sie die Sätze in die richtige Spalte.

Ihren Pass, bitte!   Ich habe ein Zimmer für zwei Personen reserviert.

    Bis wann kann man bei Ihnen frühstücken?   Hier ist Ihr Schlüssel, Nummer 312.

    Dritter Stock, gleich rechts, wenn Sie aus dem Aufzug kommen.

Und wie lange möchten Sie bleiben?   Könnten Sie mich bitte morgen um 7.30 wecken?

    Sie müssen noch dieses Formular ausfüllen. Und hier unterschreiben, bitte.

Entschuldigung, aber ich habe ein Zimmer mit Dusche bestellt.   Der Parkplatz für unsere

Gäste ist direkt hinter dem Haus.   Kann ich die Rechnung mit Kreditkarte bezahlen?

der Reisende / der Gast	der Herr / die Dame an der Rezeption

❷ a) Sie gehen heute ins Restaurant. Lesen Sie und markieren Sie Sätze, die für Sie nützlich und wichtig sind.

b) Schreiben Sie die Sätze an die richtige Stelle.

- Ist hier noch frei?
- Haben Sie reserviert?
- Kann ich bitte bezahlen?
- Sind Sie zufrieden?
- Schmeckt es Ihnen?
- Könnten Sie uns noch ein Mineralwasser bringen?
- Darf ich Ihnen noch etwas Gemüse geben?
- Guten Appetit!
- Einen Aschenbecher, bitte!
- Die Suppe ist leider versalzen.
- Danke, es hat uns sehr gut geschmeckt.
- Ich habe einen Tisch reserviert.
- Möchten Sie eine Vorspeise?

Unterkunft und Verpflegung

❸ a) Notieren Sie Ihre Lieblingsspeisen / Ihre Lieblingsgetränke in der Muttersprache. Kennen Sie die Wörter auf Deutsch? Ordnen Sie nach Nationen. Schlagen Sie unbekannte Wörter im Wörterbuch nach oder fragen Sie Ihren Lehrer / Ihre Lehrerin. Diskutieren Sie in der Klasse.

b) Vergleichen Sie Ihr Resultat mit der folgenden Speisekarte. Suchen Sie ähnliche Gerichte und Getränke auf der Karte.

Tageskarte

Frischer Feldsalat mit Lachsstreifen, dazu Baguette und Butter	14,50
Italienischer Vorspeistenteller (Südtiroler Speck, Parmaschinken, Gorgonzola) mit Vollkornbrot und Butter	16,50
Scampi in Kräuterbutter gebraten mit Gemüse und Reis	15,50
Rinderbrühe	4,50
Blumenkohlcremesuppe	6,50
Klare Ochsenschwanzsuppe	6,00
Nudeln mit Tomatensauce und grünem Salat	11,50
1/4 Ente mit Blaukraut und Kartoffelknödel	18,50
Schweinebraten mit Knödel und Krautsalat	13,50
Schweinelendchen auf Gorgonzolarahm mit Zucchinigemüse und Reis	21,50
1/2 Hähnchen mit Pommes frites und Salat	13,50
Gemischtes Eis mit Sahne	6,50
Fruchtsalat	5,50

Getränke

Biere

Helles vom Fass	0,5 l	4,50
Helles vom Fass	0,25 l	2,50
Pils vom Fass	0,3 l	4,50
Heller Bock		5,00
Weißbier hell		5,00
Weißbier dunkel		5,00
Alkoholfrei		4,50

Alkoholfreie Getränke

Apfelsaft	2,80
Orangensaft	3,90
Tomatensaft	3,90
Cola	2,80
Zitronenlimonade	2,80
Orangenlimonade	2,80
Tafelwasser	3,00
Soda Schweppes	3,90

Warme Getränke

Kännchen Bohnenkaffee	6,00
Kännchen Bohnenkaffee coffeinfrei	6,00
Tasse Bohnenkaffee	3,00
Tasse Bohnenkaffee coffeinfrei	3,00
Espresso	3,50
Cappuccino	5,00
Kännchen Tee	6,00
Kännchen Trinkschokolade	6,00

Spirituosen

Obstler	2 cl	4,00
Chivas Regal	2 cl	6,50
Remy Martin	2 cl	6,00
Asbach	2 cl	5,00

Wein

- Weiß -

Orvieto	0,2 l	5,00
Chablis A.C.	0,2 l	5,50
Pfälzer Landwein	0,2 l	4,50
Frankenwein	0,2 l	6,00

- Rot -

Chianti Classico	0,2 l	6,50
Beaujolais	0,2 l	5,50
Bongeronde	0,2 l	5,00
Bardolino	0,2 l	5,00

Sekt

Fürst von Metternich	0,75 l	55,00
Prosecco	0,1 l	4,50
Piccolo		9,50

❹ Stellen Sie ein Menü zusammen. Spielen Sie in der Klasse Gast und Kellner. Bringen Sie Gläser, Besteck und Servietten mit.

13

Sehenswürdigkeiten

➡ Einheit 7, S. 68 ff.

❶ Schauen Sie die Bilder und Wörter an. Ordnen Sie zu. Sie finden nicht für alle Wörter ein Bild.

der Turm	das Rathaus	das Schloss	die Kirche	das Museum	das Theater
das Stadion	das Denkmal	der Brunnen	der Platz	die Straße
die Fabrik	der Park	der Berg	die Post	das Kino	die Oper	die Ecke

①

②

③

④

⑤

⑥

⑦

⑧

⑨

❷ Ein Freund möchte Sie besuchen. Was zeigen Sie ihm von Ihrem Dorf, von Ihrer Stadt? Wohin gehen Sie? Machen Sie eine Liste. Schreiben Sie einen kurzen Text.

Zuerst zeige ich ihm ...

Und dann gehen wir zusammen ...

Sehr wichtig ist auch ...

Wir müssen unbedingt ...

Wunderschön ist natürlich auch ...

Am Schluss besichtigen wir noch ...

Sehenswürdigkeiten

❸ Erinnern Sie sich an eine Reise in eine schöne Stadt? Machen Sie Notizen. Ihr Partner / Ihre Partnerin soll „Ihre Traumstadt" erraten.

Die Stadt meiner Träume: Ratespiel

Sehenswürdigkeiten	Kultur	Geschichte	Erholung/Feste

❹ a) Lesen Sie den folgenden Text zum Thema Reisen. Was gehört zu einer sinnvollen Reisevorbereitung? Welche Tipps werden gegeben zu Unterkunft, Verpflegung und Benutzung von Verkehrsmitteln? Machen Sie Notizen.

Sinnvoller reisen

Vorbereitung

Stimme dich auf dein Reiseland ein. Informiere dich bereits zu Hause über die Lebensweise der Bevölkerung und ihre Alltagsprobleme, über die wirtschaftliche Lage des Landes. Lies Geschichten moderner Autoren des Landes, blättere in Sachbüchern. Schon ein paar Wörter in der Landessprache erleichtern Begegnungen.

Zeit haben

Von Ort zu Ort hetzen – heute New York, morgen Chicago – ist unbefriedigend. Plane deine Reise so, dass du längere Zeit am selben Ort verweilen kannst. Das gibt dir Zeit, Kontakte zu knüpfen, Menschen und ihre Gewohnheiten näher kennen zu lernen, die alltäglichen Sensationen zu entdecken. Weniger kann mehr sein.

Lokal konsumieren

Einheimische Hotels
In vielen Ländern gibt es kleinere Hotels und Pensionen, die Einheimischen gehören und im Landesstil geführt werden. Hier kannst du die Eigenständigkeit deines Gastlandes besser erleben als in den internationalen Hotels.

Regionale Küche
Die regionale Küche ist ein Teil der Kultur eines Landes. Oft ist sie viel schmackhafter als die internationale Hotelküche, deren Bestandteile meist teuer importiert werden müssen. Einheimisch essen und trinken erspart dem Land Devisen und stärkt die Landwirtschaft.

Lokale Verkehrsmittel
Es gibt überall lokale Verkehrsmittel, Busse, Züge, Sammeltaxis, etc. Sie sind billig, ermöglichen Kontakte zu Einheimischen und zeigen Städte und Landschaften viel lebensnäher.

Aus:
Reisoleum,
SSR-Reisen,
(Zürich)

b) Vergleichen Sie die Notizen in der Gruppe. Haben Sie eine andere Meinung? Diskutieren Sie.

13

Sehenswürdigkeiten

5 Lesen Sie den „Sprachführer". Welche Sätze sind auf einer Reise brauchbar und sinnvoll? Markieren Sie.

Sprachführer

I In einer fremden Stadt
Entschuldigen Sie, wie heißt diese Straße (-ser Platz)? Verzeihen Sie – steht diese Burg (Kathedrale) schon längere Zeit (die ganze Woche) hier? Ich habe ein bisschen die Orientierung verloren, vielleicht können Sie mir Auskunft geben – wie heißt diese Gasse (Straße, Provinz, -ses Land)?

II Im Restaurant
1) Ich esse kein Fleisch (kein Gemüse, nichts Süßes, keine Teigwaren etc.). Ich esse nichts Gekochtes (Gebratenes oder Gebackenes). Das ist mir zu schwer. Ich muss Diät halten, ich bin nämlich magen- (leber-, gallen-, nieren-, darm-)leidend. Kann mir die Spezialität des Hauses künstlich verabreicht werden?
2) Das habe ich nicht bestellt. Schicken Sie das in die Küche (den Stall) zurück! Ich kann mich nicht mehr erinnern, was ich bestellt habe – ist der alte Oberkellner noch im Dienst(verhältnis)? Ist das die Suppe? (Von wem ist dieses Fleisch?) Bitte zahlen, ich warte schon drei Stunden (Tage, Monate)!

VII Unangenehme Situationen
Der Wechselkurs ist mir nicht angenehm. Die Berge sind mir etwas zu hoch. Ich bin von Ihren Fähigkeiten als Billardspieler enttäuscht.

VIII Wir suchen ein Zimmer
Kann ich ein anderes (eine andere Art) Zimmer sehen? Haben Sie auch (vielleicht) ein Zimmer mit einem Bett (einer Tür, -nem Fenster)? Gibt es ein Zimmer mit WC? Gibt es im Hotel ein WC? Irgendwo im Ort? Lassen Sie mein Klavier von der Gepäckaufbewahrung holen.

X Unterwegs
1) Hallo Taxi – zum Hauptbahnhof! Wo ist der Bahnsteig I? Wo ist der Bahnsteig? Wo sind die Geleise?
2) Wie komme ich zum Dampfer? Wie kommt denn hier ein Dampfer her? Wie bin ich auf diesen Dampfer gekommen? Ich bin doch nicht auf einem Dampfer?! Pardon, Sie tragen meinen Koffer (Anzug)! Herr Kapitän, ich möchte sofort aussteigen!

Auszüge aus:
J. Schutting,
Sistiana

---

6 In dieser Einheit haben Sie viele regional unterschiedliche Wörter kennen gelernt. Im folgenden Kasten geben wir Ihnen noch einmal eine Übersicht der wichtigsten Wörter. Markieren Sie Wörter, die für Sie wichtig sind, oder Wörter, die Ihnen besonders gut gefallen. Vergleichen Sie in der Gruppe.

A	CH	D
das Auto / der PKW	das Auto / der Wagen	das Auto / der Wagen / der PKW
das Fahrrad	das Velo	das Fahrrad
der Gehsteig	das Trottoir	der Gehsteig / Bürgersteig
die Fahrkarte / der Fahrschein	das Billet	die Fahrkarte / der Fahrschein
der Führerschein	der Fahrausweis / Führerausweis	der Führerschein
parken	parkieren	parken
die (Auto-) Werkstatt	die Garage	die Reparaturwerkstatt
der Zebrastreifen	der Fussgängerstreifen	der Zebrastreifen
die Geldstrafe / der Strafzettel	die Busse	die Geldstrafe / der Strafzettel
der Autofahrer	der Automobilist	der Autofahrer
die Telefonzelle	die Telefonkabine	die Telefonzelle
der Lastwagen / der LKW	der Camion / der Lastwagen	der Lastwagen / der LKW
der Fahrer / Chauffeur	der Chauffeur	der Fahrer
die Straßenbahn / Tram(way)	das Tram	die Tram(bahn) / Straßenbahn
außerhalb / in einer Ortschaft	ausserorts / innerorts	außerhalb / in einer Ortschaft
das Krankenhaus / das Spital	das Spital	das Krankenhaus

Kontrollieren Sie Ihren Lernerfolg

❶ Erinnern Sie sich noch? Erzählen Sie oder schreiben Sie.

Wann sind Sie zum ersten Mal Auto gefahren? Was für ein Modell war das?
Wann sind Sie zum ersten Mal geflogen? Wohin?
Wann sind Sie zum ersten Mal mit einem Schiff gefahren? Wo war das?
Wann sind Sie zum ersten Mal über die Grenze / ins Ausland gegangen? Wohin?
Wann haben Sie zum ersten Mal in einem Hotel übernachtet? Wo?
Wann haben Sie zum ersten Mal ohne Eltern im Hotel übernachtet? Wo?

❷ a) Wohin gehen Sie häufig? Schreiben Sie Ausdrücke mit Verben und Präpositionen.

b) Mit welchem Verkehrsmittel fahren Sie häufig? Schreiben Sie Ausdrücke mit Verben und Präpositionen.

❸ Wann waren Sie zuletzt in einer fremden Stadt? Entspannen Sie sich und machen Sie eine „Reise im Kopf". Notieren Sie rund um den Wort-Igel.

❹ Erinnern Sie sich noch an den kleinen Bär und seinen Traum auf Seite 126? Wie heißen die Verkehrsregeln?

❺ Eine „Reise im Kopf": Legen Sie Musik auf, die Sie an Ihre letzte Reise erinnert. Entspannen Sie sich und betrachten Sie die „Reise-Wörter". Was kommt Ihnen in den Sinn?

Ab reis e	Her reis e
ab reis en	her reis en
An reis e	Hin reis e
an reis en	hin reis en
Aus reis e	mit reis en
aus reis en	Mit reis ende
be reis en	nach reis en
Durch reis e	Rück reis e
'durch reis en	um 'reis en
durch 'reis en	ver reis en
Durch reis ende	Weiter reis e
Ein reis e	weiter reis en
ein reis en	zurück reis en
fort reis en	um 'her reis en
	her um reis en

In dieser Einheit können Sie den Wortschatz zum Thema **Kommunikation und Massenmedien** üben und wiederholen:

- Postsendungen
- Post und Geld
- Telefon
- Ton: Geräte und Medien

- Foto, Film, Fernsehen, Video
- Zeitungen, Zeitschriften, Bücher
- Bürokommunikation: Schreibmaschine, Computer, Fax, Kopierer

Sie können Ihren Lernerfolg auf Seite 149 kontrollieren.
Im **Lernwortschatz** finden Sie alle wichtigen Wörter zu diesem Thema mit Beispielen und Übersetzung.

Im Netz der Medien

Zeichnen Sie Ihr Medien-Netz weiter auf ein großes Poster. Schreiben Sie laufend neu gelernte Wörter und Ausdrücke aus dieser Einheit dazu.

Hans-Georg Rauch:
ZEIT-ZEICHEN
„Im Mediendschungel"

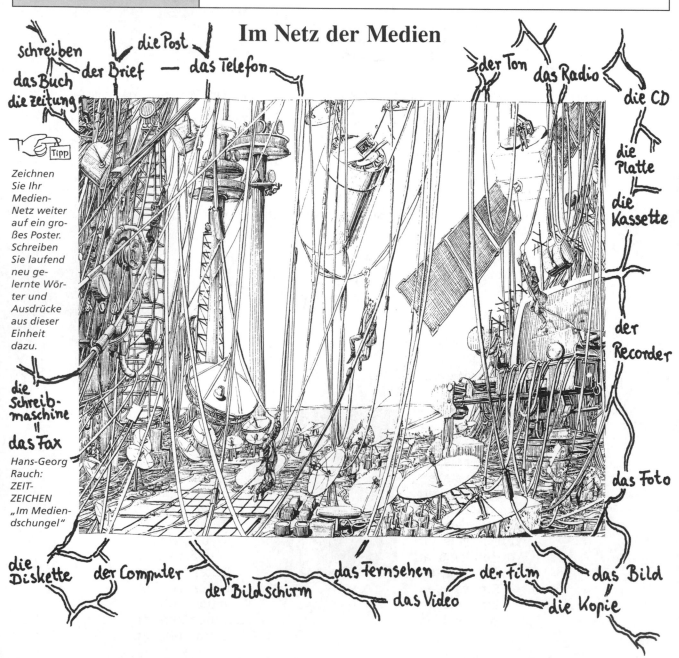

schreiben
das Buch
die Zeitung
die Post
der Brief — das Telefon
der Ton
das Radio
die CD
die Platte
die Kassette
der Recorder
die Schreibmaschine = das Fax
die Diskette
der Computer
der Bildschirm
das Fernsehen
das Video
der Film
das Bild
die Kopie
das Foto

Postsendungen

❶ Zwei Briefe und viele „Post-Wörter": Betrachten und vergleichen Sie die Briefkuverts. Lesen Sie die Wörter und Ausdrücke. Schreiben Sie die fehlenden Wörter und Ausdrücke zum zweiten Brief.

die Art der Sendung: der Brief

als Eilsendung / per Express

per/mit Einschreiben

per/mit Luftpost

die Briefmarke

ÖS 57,–:
das Porto,
die Gebühr

der Stempel

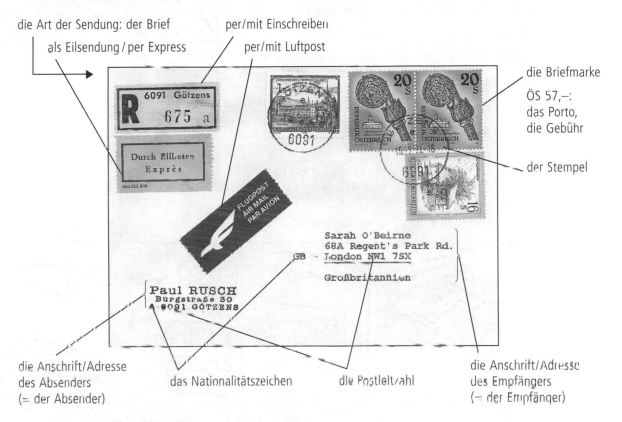

die Anschrift/Adresse
des Absenders
(= der Absender)

das Nationalitätszeichen

die Postleitzahl

die Anschrift/Adresse
des Empfängers
(= der Empfänger)

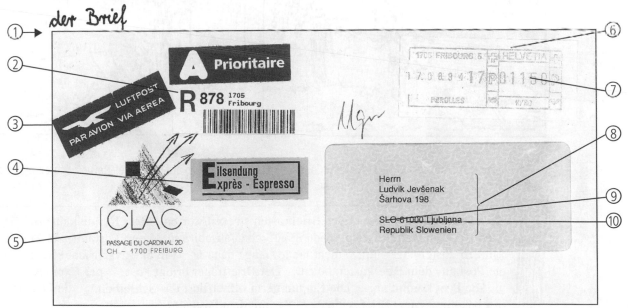

❷ Nehmen Sie ein leeres Briefkuvert. Schreiben Sie darauf alle Wörter und Ausdrücke aus ❶ an passende Stellen. (Einige passen an mehreren Stellen!) Vergleichen Sie Ihr „Wort-Kuvert" dann mit einer Partnerin / einem Partner.

14

Postsendungen

❸ Nehmen Sie einen Brief, eine Postkarte oder eine Ansichtskarte, die Sie bekommen haben. Vergleichen Sie mit Seite 139: Was finden Sie? Was ist gleich, was ist anders?

❹ Ergänzen Sie die Fragen eines Postkunden am Postschalter:

a) 1. Was kostet ein(e) _____ nach _____ (Land)?

2. Wie ist das Po _____ für diese(s/n) _____ ins Aus _____ ?

3. Wie heißt das Nation _____ für _____ ?

4. Könnten Sie mir bitte die Postl _____ für die Stadt _____ sagen?

Gespräch aufnehmen und anhören!

b) Spielen Sie Kunden und Postbeamtin: Verwenden Sie echte Briefe, Postkarten, Päckchen oder Pakete.

❺ a) „Brief-Reise": So könnte Post von Ihnen zum Empfänger „reisen". Beschreiben Sie in Ihrer Muttersprache.

b) Lesen Sie die Ausdrücke der Wort-Kiste. Ordnen Sie sie im zeitlichen Ablauf der „Brief-Reise": Schreiben Sie dann eine Tabelle zu den vier Bildern und ordnen Sie die Ausdrücke ein.

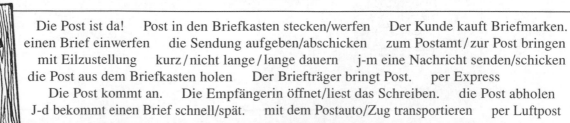

Die Post ist da!   Post in den Briefkasten stecken/werfen   Der Kunde kauft Briefmarken.
einen Brief einwerfen   die Sendung aufgeben/abschicken   zum Postamt / zur Post bringen
mit Eilzustellung   kurz / nicht lange / lange dauern   j-m eine Nachricht senden/schicken
die Post aus dem Briefkasten holen   Der Briefträger bringt Post.   per Express
Die Post kommt an.   Die Empfängerin öffnet/liest das Schreiben.   die Post abholen
J-d bekommt einen Brief schnell/spät.   mit dem Postauto/Zug transportieren   per Luftpost

c) Erzählen Sie diese „Brief-Reise" einer Partnerin / einem Partner oder schreiben Sie eine Geschichte.

Post und Geld

a) Was kann Frau Meier mit ihrem Postkonto alles machen?

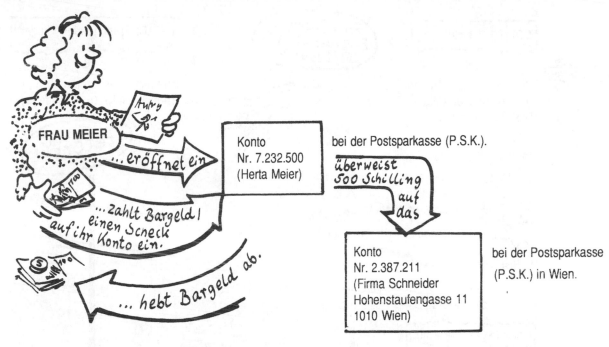

FRAU MEIER

... eröffnet ein

Konto Nr. 7.232.500 (Herta Meier)

bei der Postsparkasse (P.S.K.).

überweist 500 Schilling auf das

... zahlt Bargeld / einen Scheck auf ihr Konto ein.

Konto Nr. 2.387.211 (Firma Schneider Hohenstaufengasse 11 1010 Wien)

bei der Postsparkasse (P.S.K.) in Wien.

... hebt Bargeld ab.

(A)	(CH)	(D)
☞ P.S.K.	**PTT**	**☎ Postbank**
die Postsparkasse (P.S.K.) der Erlagschein die Bankleitzahl	die Post (PTT) der Einzahlungsschein –	die Postbank der Zahlschein, die Zahlkarte, der Überweisungsschein die Bankleitzahl

b) Frau Meier überweist ÖS 500,– an die Firma Schneider. Dafür muss sie dieses Formular der Österreichischen P.S.K. ausfüllen.
Helfen Sie ihr dabei.

c) Kreuzen Sie an:
1. Frau Meier zahlt
   ❏ in bar,
   ❏ per Scheck,
   ❏ per Überweisung.
2. Muss sie den Abschnitt „Empfänger" unterschreiben?
   ❏ Ja.
   ❏ Nein.

☞ P.S.K. Österreichische Postsparkasse   ERLAGSCHEIN

Verwendungszweck   öS

Kontonummer des Empfängers   Empfänger

bei – oder auf ein anderes Konto des Empfängers *)   PSK

Bankleitzahl   60000   *) Soll d. Überw. auf ein and. Kto. des Empfängers ausgeschlossen sein, bitte nebenstehend. Kästchen ankreuzen!

Bankvermerke

Unterschrift des Auftraggebers – bei Verwendung als Überweisungsauftrag
Auftraggeber

Kontonummer des Auftraggebers

12-1215 (5.92) 6. – DVR. 0043184

XXX

10+

Bitte dieses Feld nicht beschriften und nicht bestempeln!

14

Telefon

❶ a) Stellen Sie sich vor: Sie rufen Frau Suter, Firma ZAC AG, an.

b) Sie sind Herr/Frau Peters. Jemand ruft Sie an.

START 1: Sie rufen an. o o

Frau Suter, ZAC AG: 0041 / 263 / 2456481

START 2: Ihr Telefon klingelt!
 Tipp

In den deutsch-sprachigen Ländern meldet man sich in der Regel mit dem Namen bzw. dem Firmen-namen.

Ich nehme den Telefonhörer ab.
Ich höre den Ton tüüüüüüü ...
(Die Leitung ist frei.)

Ich wähle die Telefonnummer:

1. internationale Vorwahl: 0041 (= Schweiz);
2. nationale Vorwahl: Ø263 (= Fribourg);

Null weglassen!

3. Rufnummer der Firma 24 56 481 (ZAC AG).

Tasten drücken!

Ich nehme das Telefon ab.
Ich melde mich (= Ich sage meinen Namen).

Peters?

Ich höre tü-tü-tü-tü ...
(Die Nummer ist besetzt!)

Ich höre den Ton tüü – tüü – tüü ...
(Die Nummer ist frei.)

Ich lege den Hörer auf.
ENDE 1

Die Firma ZAC meldet sich.

Firma ZAC AG! / Hallo, hier ist...

Der Anrufer / Die Anruferin meldet sich:

Ich möchte Frau Suter sprechen.

Die Telefonzentrale verbindet mich mit Frau Suter.

Wir sprechen über ...

Ich erkundige mich nach ...

Ich bekomme Auskunft über ...

bla... bla...

Wir telefonieren miteinander über ...

Ich informiere sie/ihn über ...

Er/Sie fragt nach ... *?*

Es ist ein langes Telefongespräch.

$14^{32} - 16^{11}$

 Tipp

Sowohl für Fernge-spräche als auch für Ortsgesprä-che sind die Tarife meist am Abend und am Wochen-ende billi-ger.

Wir führen ein kurzes Gespräch. Frau Suter erwartet noch einen dringenden Anruf.

Ich bedanke mich.

Auf Wiederhören!

Wir verabschieden uns und legen auf.
ENDE 2

Auf Wiederhören!

c) Spielen Sie selbst Telefongespräche: Vereinbaren Sie einen Termin beim Arzt. Buchen Sie eine Reise. Oder bestellen Sie einen Tisch im Restaurant. Verwenden Sie das Telefonbuch, Visitenkarten, Prospekte usw.

Telefon

d) Frau Suter, die Besitzerin der Firma ZAC Brainware AG, führt ein sehr merkwürdiges Telefongespräch. Hören Sie und beantworten Sie die folgenden Fragen:
1. Wie läuft der Anruf ab: „Start 1" oder „Start 2"? „Ende 1" oder „Ende 2"? 2. Ruft der Anrufer von zu Hause aus an?
3. Spricht der Anrufer oder seine Gesprächspartnerin von Geld? 4. Wer legt zuerst den Hörer auf?

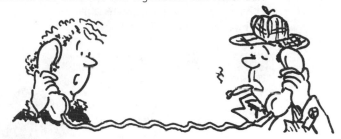

e) Die schockierte Dame engagiert
Privatdetektiv Köpflin. Der bittet sie,
ihm den Ablauf des Telefonats im Detail
zu erzählen. Spielen Sie das Gespräch
mit einem Partner / einer Partnerin.

❷ Was passiert wann? Schreiben Sie die Ausdrücke aus der Wort-Kiste in zeitlicher Reihenfolge auf einen Wort-Pfeil.

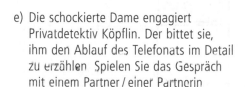

| eine Telefonkarte kaufen   die Nummer im Telefonbuch suchen   etwas Wichtiges mitteilen
j-n gut/schlecht verstehen   die Verbindung/Leitung ist gestört   den Hörer auflegen
die Auskunft Inland/Ausland anrufen   j-n sofort/nicht erreichen   auf einen Anruf warten
in die öffentliche Telefonzelle gehen   die richtige/eine falsche Nummer wählen
die Stimme gut/schlecht hören   eine Telefonansage hören |

1. Vor dem Telefongespräch   2. Beim Telefonieren

eine Telefonkarte kaufen   *auflegen*

❸ Wenn Sie eine Telefon- oder Faxnummer wissen möchten, rufen Sie die Telefonauskunft an. In den deutschsprachigen Ländern gibt es eine „Auskunft Inland" (national) und eine „Auskunft Ausland" (international).

 Hören Sie einen Anruf bei der Inlandsauskunft. Kreuzen Sie an und beantworten Sie die Fragen.

 1. Was für Nummern möchte der Anrufer wissen?

Die Telefonnummer: ❏ beruflich (Arbeit: Firma, Büro)   ❏ privat   ❏ öffentlich (staatliche Verwaltung)

Die Faxnummer: ❏ beruflich   ❏ privat   ❏ öffentlich

2. Welche Nummern bekommt der Anrufer? Telefonvorwahl: _____ / Rufnummer: _____ ;
(Tele)fax: _____ .

3. In welchem Land findet das Telefongespräch statt? Woher wissen Sie das?

 110 Polizei Notruf   **112** Feuerwehr
Rettungsleitstelle, wenn
örtlich nicht anders geregelt.

Die Sonderdienste. Auskunft, Beratung, Notruf und Störungsdienst.

Telekom Direkt 0 11 13
(Ihr Ansprechpartner für Fragen, Probleme und Anregungen)

Telefonauskunft
Inland..0 11 88
Ausland 0 01 18

14

Ton: Geräte und Medien

❶

a) Betrachten Sie die Bilder: Eine „Stereoanlage"
besteht aus mehreren Geräten, auf denen man
verschiedene Medien oder Tonträger abspielen
kann.
„Bauen" Sie Ihre eigene Stereoanlage.
Schreiben Sie in die Zeichnung.

der Kassettenrecorder   das Radio

der CD-Spieler

der Plattenspieler   der Lautsprecher

b) Geräte und dazu passende Medien: Ergänzen Sie die Wortpaare nach dem Beispiel.

Geräte ➡	Medien/Tonträger
das Tonbandgerät	das *Tonband*
der Kassettenrecorder	die _____
der Plattenspieler	die _____ (LP, Single)
der CD-Spieler	die _____

c) Welche Geräte und Medien benutzen Sie am liebsten? Warum?
Beispiel: „Ich mag ... und ... gern, weil ..." – „Ich benutze lieber ..., denn ..." – „Ich habe ... am liebsten, ..."

❷

a) Welche Wörter/Ausdrücke aus der Wort-Kiste passen zu den Bildsymbolen? Ergänzen Sie die Wort-Igel.
(Es gibt manchmal mehrere Möglichkeiten.)

> Der Ton ist gut/schlecht.   die Lautsprecher leise/laut stellen   Die Anlage ist an/aus.
> den Kassettenrecorder einschalten/ausschalten   „Liebe Hörerinnen und Hörer!"
> Rundfunk/Musik/eine Kassette/eine Platte/eine CD hören   ein Interview mit ... hören
> das Radio anmachen/ausmachen   einen Knopf/Schalter drücken
> Dieses Lied gibt es auf CD, Kassette und Platte.   Die Sendung hat viele Zuhörer(innen).
> einer Journalistin/einem Journalisten genau zuhören   den Stecker in die Steckdose stecken

Die Anlage ist an/aus.

Musik hören

Der Ton ist gut/schlecht.

Ton: Geräte und Medien

b) In der folgenden Wort-Schlange stecken eine Geschichte und mehrere „trennbare Verben" (Beispiel: *zuhören* – Sie *hörte* ein paar Minuten *zu*). Markieren Sie Wörter und Sätze.
Schreiben Sie dann die Geschichte ab und unterstreichen Sie darin trennbare Verben.

als/sie/spät/abendsheimkamwardasradionochanesliefpopmusiksiesetztesichundhörteeinpaarminutenzudannschalte tesiedasgerätausundmachtedenplattenspieleransiehörtenocheinemozartplattedafürstelltesiedielautsprecherziemlich leisediesemusikwarsehrgutfürsiealsdieplatteauswarmachtesiedieanlageausundgingschlafen

❸ Finden Sie heraus, was die folgenden Wörter bedeuten.

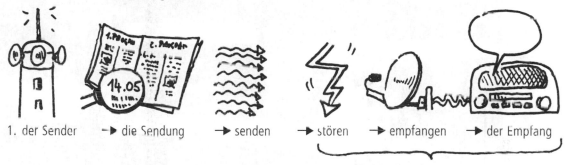

1. der Sender   → die Sendung   → senden   → stören   → empfangen   → der Empfang

der Hörer / die Hörerin / die Zuhörer

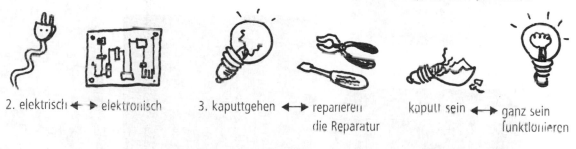

2. elektrisch ← → elektronisch   3. kaputtgehen ← → reparieren   kaputt sein ← → ganz sein
die Reparatur   funktionieren

❹ Suchen Sie Unterbegriffe zum Oberbegriff „Programm" und schreiben Sie sie in das Wort-Schema.

Radio-Programm für Samstag, den 29. Juli

<u>1. Programm:</u>

05.00 Information am Morgen – Nachrichten,
       Wetterbericht, Verkehrsdurchsagen
05.05 Radio-Werbung
05.10 Musik am Morgen – beliebte Lieder und
       Instrumentalmusik aus Österreich
05.35 Presseschau: Meinungen und Kommentare
       aus deutschsprachigen Zeitungen
05.45 Journalisten fragen – Politiker(innen)
       antworten: das aktuelle Interview
06.00 Information am Morgen – Nachrichten,
       Wetterbericht, Verkehrsdurchsagen
06.05 Der politische Kommentar
06.10 Das Klassik-Konzert: Beethovens 9. Symphonie,
       Direktübertragung aus Los Angeles

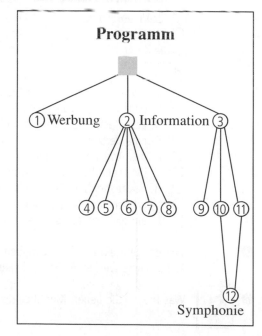

14

Foto, Film, Fernsehen, Video

❶ Bilder, Begriffe, Definitionen: Was gehört zusammen? Nummerieren Sie wie im Beispiel.

①

④

⑧

Täglich: ⑤

10 Uhr   Blue Planet (Blauer Planet)
11 Uhr   Ring of Fire (Welt der Vulka
12 Uhr   Blue Planet (Blauer Planet)
13 Uhr   Blue Planet (Blauer Planet)

②

⑨

⑥

⑩

⑦

③

○ der Videorecorder 🖊 der Fernseher ○ der Film ○ der Schauspieler /
○ die Videokassette ○ das Film- / Fernsehstudio ○ das Kino die Schauspielerin
○ die Kamera ○ die Zuschauer, das Publikum ○ das Programm

🖊 A ein elektronisches Gerät mit Bildschirm, auf dem man Fernseh- und Videofilme sehen kann
○ B Räume mit technischen Geräten für die Produktion von Kino- bzw. Fernsehfilmen
○ C eine Sequenz von vielen Bildern und Geräuschen, die mit einer Film- oder Videokamera aufgenommen wurde
○ D eine flache Plastikbox mit Videoband für 3 – 6 Stunden Videoaufnahmen
○ E eine Person, die in Kino- oder Fernsehfilmen eine Rolle spielt
○ F das Angebot von Kinofilmen oder Fernsehsendungen, die man sich zu einer bestimmten Zeit anschauen kann
○ G die Menschen, die ins Kino gehen oder fernsehen
○ H das technische Gerät, mit dem man Fotos aufnimmt bzw. Schwarzweiß- oder Farbfilme macht
○ I großer Raum mit Sitzen, wo viele Menschen im Dunkeln Filme auf einem riesigen Bildschirm ansehen
○ J ein elektronisches Gerät, mit dem man Fernsehsendungen aufnehmen und Videokassetten abspielen kann

❷ Wie entsteht ein Film? Beschreiben Sie den Weg eines Films vom Studio bis zum Kino bzw. zum Fernsehpublikum.
Z. B.: „Filme werden meist in Filmstudios produziert. Dort spielen Schauspieler ihre Rollen vor der . . . "

❸ Was mögen Sie lieber: Kinofilme, Fernsehen oder Videos? Warum? Sprechen Sie mit einer Partnerin / einem Partner.

Zeitungen, Zeitschriften, Bücher

❶ a) Die folgenden Wort-Skalen beschreiben charakteristische Eigenschaften der Printmedien „Zeitung", „Zeitschrift" und „Buch". Lesen und ergänzen Sie die Wort-Skalen wie im Beispiel.

die Zeitung   *die Zeitschrift*   *das Buch*

dünn ◄──► dick

die Zeitschrift

schwarzweiß ◄──────────────────────────────────────► bunt/farbig

billig ◄──► teuer

der Kiosk   die Buchhandlung   die Bibliothek
◄──►

das Buch

erscheint einmal   . . . jeden Monat   . . . jede Woche   . . . jeden Tag
◄──►

b) Notieren Sie Ausdrücke und Komposita zu den Printmedien mit Hilfe der Skalen und eines Wörterbuches. Beispiele: *die dünne Zeitung, der Zeitungskiosk.*

❷ a) Ein Text entsteht: Lesen Sie Satz für Satz und markieren Sie Ihren „Leseweg" farbig.

Sehen Sie im Wörterbuch nach, wo es nötig ist.

Ein Autor   schreibt   einen Text.
Eine Autorin   Texte.

Dieser Text soll   als   Notiz   einer Zeitung   gedruckt   werden.
Diese Texte sollen   Artikel
                             Bericht   in   einer Zeitschrift   veröffentlicht
                             Beitrag
                             Geschichte   einem Buch   erscheinen.

Vor dem Druck   der Zeitung   wird die Zahl   der Zeilen   bestimmt,
                  der Zeitschrift   der Seiten

die   der Artikel   in der morgigen Nummer   haben darf.
             der Beitrag   im neuen Heft

Vor dem Druck   des Buches   wird   mit dem Drucker   das Papier   diskutiert.
                  des Taschenbuches   werden   die Schriften

Der Autor   muss den Text noch einmal   lesen,   bevor er gedruckt wird.
Die Autorin   korrigieren,

Bald können Sie lesen, was im Text des Autors / der Autorin steht.

b) Schreiben Sie den Text weiter: „Ich gehe in eine Buchhandlung / in die Bibliothek / zum Zeitungskiosk und . . ."

14

Bürokommunikation: Schreibmaschine, Computer, Fax, Kopierer

❶ a) Wie heißen die Geräte? (Zwei sind in Bild A enthalten.) Schreiben Sie die vier Begriffe rot ins Buch.

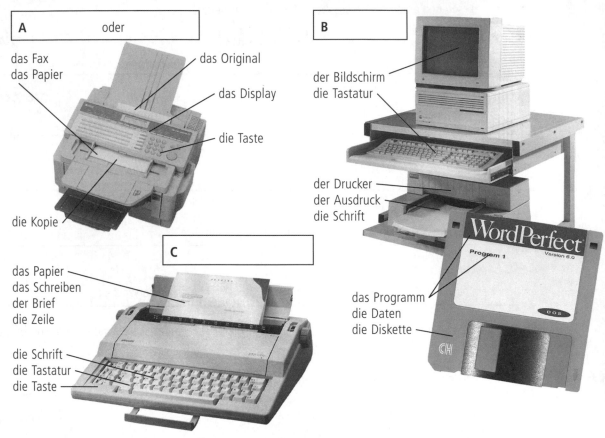

| A | oder |

das Fax
das Papier

das Original

das Display

die Taste

die Kopie

| B |

der Bildschirm
die Tastatur

der Drucker
der Ausdruck
die Schrift

WordPerfect
Program 1
Version 6.0

das Programm
die Daten
die Diskette

DOS

| C |

das Papier
das Schreiben
der Brief
die Zeile

die Schrift
die Tastatur
die Taste

b) Diese Geräte und die zugehörigen Materialien sind wichtig für die Kommunikation im Büro. Lesen Sie die rot geschriebenen und die gedruckten Wörter laut und ergänzen Sie weitere Wörter, die Ihnen zum Bild einfallen.

❷ a) Was kann man mit diesen Büromaschinen machen? Beschreiben Sie mit Hilfe des Wort-Netzes einige Geräte:
„Mit einer/einem ⟨ 1 ⟩ kann man gut/leicht/schnell ⟨ 3 ⟩ ——2——> ."

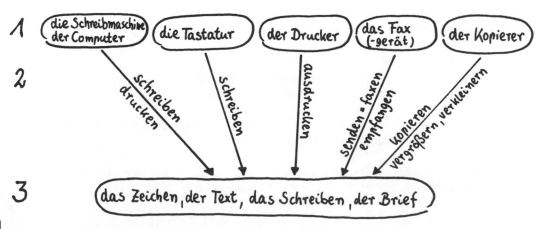

1 ⟨die Schreibmaschine / der Computer⟩ ⟨die Tastatur⟩ ⟨der Drucker⟩ ⟨das Fax (-gerät)⟩ ⟨der Kopierer⟩

2 schreiben / drucken · schreiben · ausdrucken · senden = faxen / empfangen · kopieren / vergrößern / verkleinern

3 ⟨das Zeichen, der Text, das Schreiben, der Brief⟩

 b) Was können Sie schon? Was möchten Sie noch lernen bzw. tun? Notieren Sie Ihre Wünsche.
c) Vergleichen und diskutieren Sie Ihre Notizen mit einer Partnerin / einem Partner.

Kontrollieren Sie Ihren Lernerfolg

❶ Denkaufgabe: Mit welchem Buchstaben beginnt der Familienname der Bewohnerin / des Bewohners von Olindrode?

Auf dieser Briefmarke ist ein deutscher Briefträger aus dem 19. Jahrhundert abgebildet. Er sucht die Post für eine Postkundin aus einem Stoß von Briefen und Postkarten heraus.

Stellen wir uns vor: Dieser alte Briefträger arbeitet auf dem Lande. Jeden Tag bringt er den Bewohnern mehrerer Dörfer ihre Post.

An einem schönen Morgen trägt unser Briefträger also einen Brief, ein Telegramm, eine Eilsendung und ein Päckchen von ganz verschiedenen Absendern aus. Die Empfänger sind Herr Maier, Frau Eberle, Petra Wimmer und Andreas Taufers. Jede dieser vier Personen wohnt in einem anderen Dorf, nämlich in Toxerode, Roderode, Olindrode bzw. Warmrode. Herr Maier wohnt in Toxerode, bekommt aber nicht das Päckchen. Petra Wimmer wohnt in Roderode. Den Brief bringt der Briefträger nach Warmrode. Frau Eberle bekommt das Telegramm.

Nach „Markencharade '93", Nr. 7, Postdienst

Der erste Buchstabe des Familiennamens der Bewohnerin / des Bewohners von Olindrode ist: _____

❷ a) Markieren Sie Wörter und Ausdrücke zum Thema „Kommunikation und Massenmedien" im Text.
b) Wenn Sie wollen, machen Sie daraus Tabellen, Wort-Igel, Wort-Bäume oder eine Gedächtnis-Karte.

Das perfekte Massenmedium

Auf dem Bundeskongress der Bibliotheken wurde ein fortschrittliches Programm vorgestellt, das viele elektrische Geräte und elektronische Kommunikationsmittel ersetzen könnte. Das sensationelle Medium B.U.C.H. (Abkürzung für englisch *Brain Using Cognitive Hoard*) stellt dem Benutzer durch einfaches Lesen eine fast unbegrenzte Menge von Daten und Informationen zur Verfügung, indem es sein Gehirn aktiviert.

B.U.C.H. ist technisch nicht kompliziert: Es enthält keine Elektronik, Displays, Schalter, Knöpfe, Kabel, Stecker oder Steckdosen, sondern nur Papierblätter eines bestimmten Formats. Diese sind nummeriert und (meist an der linken Seite) fest miteinander verbunden. So kann B.U.C.H. immer in der richtigen Reihenfolge gelesen werden. Wegen seiner simplen Technik geht es selten kaputt und muss deshalb nicht zur Reparatur – anders als Computer, Kopierer, Schreibmaschinen oder Kameras.

B.U.C.H. ist immer „eingeschaltet", man muss es also weder anmachen wie ein Radio noch ausschalten wie einen Fernseher. Das B.U.C.H.-Programm findet sich meist auf einer der ersten Seiten und auf der Rückseite des Programms. Jede Seite von B.U.C.H. enthält sichtbare Zeichen, die das menschliche Gehirn lesen und automatisch verstehen kann. Am Ende der Seite muss keine Taste gedrückt werden, um weiteren Text auszudrucken oder am Bildschirm zu zeigen; es genügt eine Fingerbewegung, um die nächste Seite sehen zu können.

Schließlich lassen sich viele B.U.C.H.s leicht in Regalen lagern, die überall in Kiosken, Buchhandlungen, Bibliotheken, Arbeitszimmern und Büros stehen. B.U.C.H.s sind billig und können kopiert, vergrößert, verkleinert und sogar Seite für Seite um die Welt gefaxt werden!

Kurz: B.U.C.H. ist sicher *das* Medium für die private Kommunikation und die Büros der Zukunft.

❸ Betrachten Sie das Bild auf Seite 138. Lassen Sie Ihre Gedanken wandern, entspannen Sie sich und hören Sie zu. Malen Sie beim Hören und nach dem Hören das Wort-Netz zum Bild weiter.

In dieser Einheit können Sie den Wortschatz zum Thema **Staat und Gesellschaft** üben und wiederholen:

- ● Nation und Nationalismus
- ● Krieg und Frieden
- ● Ausländer und Ausländerinnen
- ● Politik und Parteien
- ● Recht und Gesetz

Sie können Ihren Lernerfolg auf Seite 160 kontrollieren.
Im **Lernwortschatz** finden Sie alle wichtigen Wörter zu diesem Thema mit Beispielen und Übersetzung.

Wer ist das?

Text _____

Text _____

Text _____

Text A

Ich weiß nicht, was soll es bedeuten,
Dass ich so traurig bin;
Ein Märchen aus alten Zeiten,
Das kommt mir nicht aus dem Sinn.

Die Luft ist kühl und es dunkelt,
Und ruhig fließt der Rhein;
Der Gipfel des Berges funkelt
im Abendsonnenschein.

Die schönste Jungfrau sitzet
Dort oben wunderbar,
Ihr goldnes Geschmeide blitzet,
Sie kämmt ihr goldenes Haar.

Text A aus: Heinrich Heine, „Das Heimweh", Buch der Lieder

Text B

Er lebte in den Alpen. Er befreite sein Land. Er zeigte viel Mut, als er seinem Sohn einen Apfel vom Kopf schoss. Man weiß heute noch nicht, ob er wirklich gelebt hat; aber viele Leute in diesem Land glauben, dass er ein großer Freiheitsheld war.

Text C

Es begann wie in einem Märchen: Sie wurde in Bayern geboren. Sie war jung und schön. Der Kaiser sollte ihre ältere Schwester heiraten, verliebte sich jedoch in sie. Das Glück dauerte aber nicht lange: Ihr Sohn starb. Sie war sehr traurig und das Leben am Kaiserhof machte sie unglücklich. Deshalb reiste sie viel. Sie wurde bei einem Attentat in Genf ermordet.

❶ Welcher Text gehört zu welchem Bild? Notieren Sie.

Nation und Nationalismus

❷ a) Was wissen Sie noch über diese drei Personen? Notieren Sie Stichwörter.

A	CH	D		Ihr Land
Kaiserin Sissy	*Wilhelm Tell*	*Lorelei*		

b) Ergänzen Sie: Gibt es in Ihrem Land auch einen Nationalhelden oder eine Nationalheldin? Wann hat sie/er gelebt? Was hat er/sie gemacht? Welche Charaktereigenschaften hatte sie/er?

❸ „Die Deutschen arbeiten viel, die Schweizer essen Schokolade und die Österreicher sind gemütlich."

Fotos:
P. Bosshardt

... und die deutschen Frauen, die Schweizerinnen und die Österreicherinnen? Schreiben Sie eine Liste mit passenden Wörtern für jedes Bild. Suchen Sie Begriffe aus der Wort-Kiste und ergänzen Sie Ihre eigenen Wörter. Vergleichen Sie anschließend mit Ihrem Partner oder Ihrer Partnerin.

> aktiv   passiv   alternativ   arm   reich   sauber   schmutzig   ehrlich   ernst   faul
> frei   gefährlich   konservativ   kritisch   menschlich   interessiert   stark   tolerant

❹ Nationaler Mythos und nationale Klischees: Diskutieren Sie oder schreiben Sie. Notieren Sie sich zuerst ein paar wichtige Wörter und Ausdrücke oder verwenden Sie die Ausdrücke aus der Wort-Kiste unten.

> ● Viele Leute bei uns ... ● In unserem Land kennen wir ... ● Früher ..., aber heute ...
>   ● Viele Leute halten die Deutschen *für* ...
> ● Von den Schweizern und Schweizerinnen sagt man, dass sie ... ● Wir feiern ...
>   ● Die Österreicher und Österreicherinnen gelten *als* ... ● Viele sind stolz *auf* ...
> ● Sie kämpfte *gegen* ... ● Er kümmerte sich *um* ... ● Sie protestieren *gegen* ...
>   ● Sie regiere ... ● Er unterstützte ... ● Sie versuchten ...
> ● Ich finde, ... ● Ich bin der Meinung, ... ● Ich glaube, ... ● Meiner Meinung nach ...

Nation und Nationalismus

❺ Lesen Sie und kreuzen Sie an.

G. Nenning, „Wir Nationalisten- schweine", in Tempo (Schweiz) 12/1988

Nationalismus und Demokratie

Die Annahme, dass der Nationalismus durch Demokratie und Wohlstand (zwei Drittel Wohlstand, ein Drittel Armut) verschwindet, wird sich als kläglicher Irrtum entpuppen. Noch kläglicher ist nur noch der Irrtum, dass der Nationalismus unter dem Kommunismus (drei Drittel Armut, ausgenommen Funktionäre) verschwindet. „Jeder Mensch", schrieb Kurt Tucholsky 1930, „hat eine Leber, eine Milz, eine Lunge und eine Fahne; sämtliche vier Organe sind lebenswichtig. Es soll Menschen ohne Leber, ohne Milz und mit halber Lunge geben: Menschen ohne Fahne gibt es nicht."

Dieser Ausspruch ist von beängstigender Aktualität. Die Renaissance des Nationalismus wird in den 90er Jahren kein Land verschonen – am wenigsten die Bundesrepublik. Seit Tucholskys Zeiten hat sich viel geändert. Eines blieb gleich: das gestörte Verhältnis der Deutschen zu ihrer Nationalität.

	Steht das im Text?	ja	nein
1	In einem demokratischen Staat gibt es keinen Nationalismus, wenn es den Menschen gut geht.		
2	Im Kommunismus gibt es Nationalismus.		
3	Im Kommunismus geht es allen schlecht.		
4	Das deutsche Herz schlägt national.		
5	Jeder Mensch hat eine Fahne.		
6	In Deutschland kann es keinen Nationalismus mehr geben.		

❻ Welche Wörter sind Ihnen sympathisch? Markieren Sie rot. Welche sind Ihnen unsympathisch? Markieren Sie blau. Vergleichen Sie mit Ihrer Partnerin / Ihrem Partner. Oder: Schlagen Sie in einem Wörterbuch nach. Vergleichen Sie die Definitionen und Beispielsätze.

Langenscheidts Großwörterbuch Deutsch als Fremdsprache

Na·ti·on [-'tsioːn] *die*; -, -en; **1** alle Menschen, die dieselbe Abstammung, Sprache u. Kultur haben u. *mst* innerhalb gemeinsamer politischer Grenzen leben ≈ Volk ⟨die deutsche, italienische, französische *usw* N.⟩ **2** ≈ Staat: *An den Olympischen Spielen nehmen Sportler der verschiedensten Nationen teil* ‖ -K: **Industrie- 3 die Vereinten Nationen** e-e internationale Organisation, die für den Frieden auf der Welt arbeitet; *Abk* die UNO, UN

na·tio·nal [-tsio-] *Adj*; **1** *mst attr*; in Bezug auf e-e Nation ⟨die Selbstbestimmung, die Souveränität, die Interessen⟩ ‖ K-: **National-, -museum, 2** *mst attr*; die Angelegenheiten innerhalb e-s Staates betreffend ↔ international ⟨auf nationaler Ebene; den nationalen Notstand ausrufen⟩ **3** e-e **nationale Minderheit** e-e kleine Gruppe von Menschen, die sich von den anderen im Staat durch ihre Sprache u. Kultur unterscheidet

na·tio·nal·be·wusst *Adj*; in seiner Einstellung u. seinem Handeln (immer) bewusst an den eigenen Staat od. die eigene Nation denkend‖*hierzu* **Na·tio·nal·be·wusst·sein** *das*; *nur Sg*

Na·tio·nal·fei·er·tag *der*; ein Feiertag, der an ein Ereignis erinnert, das für ein Volk od. e-n Staat sehr wichtig war ≈ Staatsfeiertag

Na·tio·nal·ge·richt *das*; e-e Speise, die für ein Land typisch ist (u. dort gern gegessen wird)

Na·tio·nal·hym·ne *die*; das offizielle Lied e-s Landes, das zu feierlichen Anlässen gespielt wird: *Unter den Klängen der N. nahm der Sportler die Medaille entgegen*

Na·tio·na·lis·mus *der*; -; *nur Sg*; **1** *mst pej*; e-e Denkweise, die die Interessen der eigenen Nation für wichtiger hält als die anderer Völker od. Staaten **2** das starke Bewusstsein, Teil e-r Nation zu sein, *bes* wenn damit das Ziel verbunden ist, e-n eigenen Staat zu gründen ‖ *zu* **1 Na·tio·na·list** *der*; -*en*, -*en* **na·tio·na·lis·tisch** *Adj*; *mst pej*; übertrieben patriotisch

Na·tio·na·li·tät *die*; -, -en; **1** die Zugehörigkeit (e-s Bürgers) zu e-m bestimmten Staat ≈ Staatsangehörigkeit, Staatsbürgerschaft **2** *Kollekt*; e-e Gruppe von Menschen, die dieselbe Sprache u. Kultur haben u. mit Menschen anderer Sprache od. Kultur innerhalb gemeinsamer politischer Grenzen leben: *Im alten Österreich gab es viele verschiedene Nationalitäten*

Na·tio·nal·mann·schaft *die*; e-e Mannschaft mit Spielern von verschiedenen Vereinen, die bei internationalen Wettkämpfen ein bestimmtes Land vertritt ‖ -K: **Fußball-**

Na·tio·nal·rat *der*; **1** *nur Sg*; das direkt gewählte Parlament in Österreich u. der Schweiz **2** ein Mitglied des Nationalrates (1) ‖ NB: ↑ **Bundesrat, Ständerat**

Na·tio·nal·so·zia·lis·mus *der*; -; *nur Sg*; **1** die politische (faschistische) Bewegung, die nach dem 1. Weltkrieg in Deutschland entstand u. mit der Hitler an die Macht kam **2** die Diktatur Hitlers in Deutschland von 1933–1945, die die Ideologie dieser Bewegung hatte ‖ *zu* **1 Na·tio·nal·so·zia·list** *der*; -*en*, -*en*; **na·tio·nal·so·zia·lis·tisch** *Adj*‖NB:↑ **Nazi**

Krieg und Frieden

1 Was ist für Sie Frieden? Notieren Sie.

● ein Musikstück: _____

● ein Bild: _____

● ein Geräusch: _____

● eine Person: _____

● ein Erlebnis: _____

● _____ _____

2 Wählen Sie aus der Wort-Kiste Wörter, die für Sie zu „Krieg" oder „Frieden" gehören. Ergänzen Sie die zwei Wort-Igel.

aktiv   die Bedingung   die Beziehung   brauchen   damals   die Diskussion   ehrlich
die Erinnerung   der Feind   der Fortschritt   frei   die Freundschaft   die Geschichte
die Gewalt   gewinnen   glauben   die Heimat   heute   die Jugend   kämpfen   die Konferenz
die Macht   männlich   menschlich   der Nachbar   die Rücksicht   (sich) ändern
die Sicherheit   tolerant   verbieten   das Volk   die Voraussetzung   das Vorurteil

3 Welche Ausdrücke fallen Ihnen noch zu „Frieden" ein? Was verstehen andere Menschen noch unter Frieden? Schreiben Sie die Wörter in einer anderen Farbe zum Wort-Igel.

4 Schreiben Sie oder diskutieren Sie.

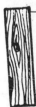

● Als Kind war Krieg für mich ...
● Als Kind war Frieden für mich ...
● Heute ist Frieden für mich ...
● Krieg ist für mich ...

● Frieden gibt es nur ...
● Meiner Meinung nach gehört zu Frieden ...
● Die wichtigste Voraussetzung für Frieden ist ...

Krieg und Frieden

5 Lesen Sie den Text. Sammeln Sie Stichwörter in der Liste.

Aus:
Max Frisch,
Schweiz
ohne
Armee?
Ein
Palaver

Wenn wir von Frieden reden, und gesetzt den Fall, wir glauben an seine Möglichkeit: Wie stellen wir uns den Frieden vor? 1946 in Frankfurt am Main, als Gast bei ausgebombten Deutschen, verstand ich unter Frieden ganz einfach: keine Bomben mehr, keine Siege mehr, Entlassung von Kriegsgefangenen. In Prag, wo es kaum Trümmer gab, nach einem Besuch in Theresienstadt, wo ich noch den Galgen sah und Tausende von Tüten mit menschlicher Asche, schien die Antwort auch einfach: Friede als Ende der Angst, keine Uniformen der Fremdherrschaft. In Warschau, 1948, hörte ich nach einem stundenlangen Gang duch Trümmerstille plötzlich das Gedröhn von Niethämmern an den ersten Pfeilern einer neuen Brücke über die Weichsel: Der Friede! Dort wie hier das Gespräch (bei halben Zigaretten) mit Zeitgenossen, die nichts besassen ausser der grossen Hoffnung: aus den Ruinen werde hervortreten der neue Mensch. Die einen erwarteten ihn als Kommunisten, die andern als Christen. Nun wissen wir: Der neue Mensch ist nicht angetreten. Unsere vernunftmässige Ablehnung des Krieges als Mittel der Politik besagt noch nicht, dass wir friedensfähig sind. Gesellschaften mit Gewaltstrukturen mögen sich den Nicht-Krieg wünschen; der Friede widerspräche ihrem Wesen. Da keine Herrschaft je eingestehen wird, dass sie eine Armee auch braucht, um sie unter Umständen gegen die eigene Bevölkerung einzusetzen, ist sie zwecks Tarnung dieser Armee-Funktion gezwungen zu einer Rüstung, die das Vaterland vor aller Welt zu schützen verspricht.

Wann?	Wo?	Frieden bedeutet …	Die Hoffnung ist …
1946			
1948			
Heute			

6 Was dachte Albert Einstein über das Militär und den Krieg? Lesen Sie den Text und ergänzen Sie die Sätze mit den Wörtern aus der Wort-Kiste.

Albert
Einstein

„Wenn einer mit Vergnügen in Reih und Glied zu einer Musik marschieren kann, dann verachte ich ihn schon; er hat sein großes Gehirn nur aus Irrtum bekommen, da für ihn das Rückenmark schon völlig genügen würde. Diesen Schandfleck der Zivilisation sollte man so schnell wie möglich zum Verschwinden bringen. Heldentum auf Kommando, sinnlose Gewalttat und die leidige Vaterländerei, wie glühend hasse ich sie, wie gemein und verächtlich erscheint mir der Krieg; ich möchte mich lieber in Stücke schlagen lassen, als mich an einem so elenden Tun beteiligen! Töten im Krieg ist nach meiner Auffassung um nichts besser als gewöhnlicher Mord!"

Albert Einstein verachtete _____, weil sie ihr eigenes Gehirn nicht benutzen und mit Vergnügen

zu _Musik_ in Reih und Glied _____ . Er meinte, die _____ sollte abgeschafft

werden. Er hasste _____ und übertriebene _____ . Er wollte bei einem _____

nicht mitmachen. Für ihn war _____ im Krieg _____ .

 Armee   Soldaten   Uniformen   Vaterlandsliebe   marschieren   Krieg   töten   Gewalt   Mord

Ausländer und Ausländerinnen

➡ Einheit 3, S. 38 f.

❶ Lesen Sie das Gedicht und ordnen Sie die Wörter 1 bis 4 den Abschnitten des Gedichts zu. Notieren Sie dann wichtige Wörter aus dem Gedicht.

Dragica Rajcic

Die kroatische Autorin schreibt seit 1972 Gedichte und Kurzprosa. Erste Veröffentlichung auf Deutsch im Gastland 1985 in der Literaturzeitschrift „Orte".

Aus: Dragica Rajcic, Lebendigkeit Ihre zurück

Verfahren

Am Anfang
bist du
einer von deinen Leuten
kennst
Südwind
jeden gereusch
jedes Wort

als aus heiterem Himmel
grüne Flugzeuge
genau auf deinen Kopf
Bombe werfen
rennst du Weg
um Körper zu retten

in Sicherheit angekommen bekommst du
Asylfehrfahrennummer
getragene Kleider
taschengeld
welche du in abetragene Tasche
stekst

wenn du Glück hast
wirft einer von nichtsogefehrlichen
eine Rauschbombe in dein Zimmer
und du kannst
wenn du kannst
wegrennen
aus Sicherheit
um restliche Leben zu retten

1 Krieg
_____
_____
_____
_____

2 Asyl
_____
_____
_____
_____

3 Heimat
_____
_____
_____
_____

4 Fremdenhass
_____
_____
_____
_____
_____
_____

❷ Lesen Sie den „Denk-Zettel", den ein Dichter in Wien auf der Straße verteilt. Schreiben Sie einen eigenen „Denk-Zettel".

Helmut Seethaler, Wien

42. Denk-Zettel Tel 33 98 753
Helmut Seethaler
1200 Wien
Wasnergasse 43/6

Wir haben keine Feinde
in einem anderen Land.
Wir haben Feinde in
unserem eigenen Land:
Die, die uns einreden,
wir hätten Feinde
in einem anderen Land.

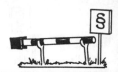

Ausländer und Ausländerinnen

❸

a) Schauen Sie das Bild an: Was denken Sie? Notieren Sie Stichwörter.

Foto:
Michael
von Graf-
fenried,
aus:
Swiss
Image,
Benteli
Verlag
(Bern)

b) Was denkt der Mann links, was denkt der Mann rechts? Schreiben Sie. Sie können die Wörter aus der Wort-Kiste verwenden.

die Grenze	fremd	das Verfahren	der Aufenthalt	der Pass	illegal	die Heimat
das Recht	das Asyl	der Antrag	die Strafe / die Buße	geschlossen	allein	die Familie

❹

a) Lesen Sie die Zahlen von 1993 zum Thema Migration. Vergleichen Sie die Zahlen von D, CH, A. Was fällt Ihnen auf?

Deutschland	
Bevölkerung:	81 Mio
Ausländeranteil:	8 %
Flüchtlinge:	827 143
Asylsuchende:	
1991:	256 000
1992:	438 000
1993:	Tendenz: sinkend

Schweiz	
Bevölkerung:	6,87 Mio
Ausländeranteil:	18,1 %
Flüchtlinge:	26 736
Asylsuchende:	
1991:	41 600
1992:	17 960
1993:	Bis Ende Aug. 15 800

Österreich	
Bevölkerung:	7,8 Mio
Ausländeranteil:	6,6 %
Flüchtlinge:	60 881
Asylsuchende:	
1991:	27 000
1992:	16 328
1993:	Tendenz: sinkend

Tages-
Anzeiger
(Zürich)
24. 11. 1993

b) Sammeln Sie Gründe, warum Menschen in die Emigration gehen. Suchen Sie Argumente für und gegen eine offene Asylpolitik.

> **Gründe für die Emigration**
>
> *weil Krieg ist; wegen der wirtschaftlichen Situation; dort gibt es Terror; aus politischen Gründen; weil in dem Land gefoltert wird; Hunger ➤ weil es nichts zu essen gibt.*

> **Gründe**
> **für eine offene Asylpolitik**

> **Gründe**
> **gegen eine offene Asylpolitik**

Politik und Parteien

➡ Einheit 3, S. 36 f.

❶

a) Politpuzzle: Wer gewinnt die Wahl? „Bauen" Sie Ihren Wunschkandidaten für das Amt des Staatspräsidenten. Wählen Sie ein Foto aus. Überlegen Sie: „Was ist das für ein Mensch?" Geben Sie ihm einen Namen.

Fotos:
P. Bosshardt

b) Sie wollen, dass Ihr Kandidat gewinnt. Schreiben Sie eine Anzeige, machen Sie einen Werbespot oder stellen Sie Ihren Kandidaten in einer Wahlversammlung vor. Verwenden Sie dazu die Wörter aus den verschiedenen Wort-Kisten. Erfinden Sie etwas zu: Herkunft, Familie, Partei, Slogan, politische Ideen und Aussagen . . .

„Staatskiste"

> die Partei   das Volk   das Gesetz   die Verfassung   die Geschichte   das Interesse
> das Problem   der Staat   die Macht   das Amt   die Meinung   der Wähler   die Wählerin
> der Bürger   die Bürgerin   die Arbeitgeber   die Arbeitnehmer   die Kirche

„Parteienkiste"

> rot   grün   schwarz   konservativ   liberal   fortschrittlich   sozialistisch   bürgerlich
> demokratisch   sozial   frei   politisch   stark   menschlich   öffentlich   kritisch
> individuell   neu   links   rechts   unabhängig

„Problemkiste"

> der Umweltschutz der Verkehr die Luft der Wald die Wirtschaft die Industrie die Arbeiter
> die Arbeitslosigkeit die Drogen die Armut die Kriminalität der Frieden die 3. Welt die Bildung
> die Wissenschaft die Kultur die Ausländer die alten Menschen die Kranken die Frauen die Kinder

„Aktionskiste"

> ein Gesetz *über* . . . beschließen   bestimmen   mehr . . . fordern   protestieren *gegen*
> reagieren *auf*   verbieten   erlauben   verlangen   beantragen
> mehr . . . versprechen   diskutieren *über*   entscheiden *über*   zusammenarbeiten *mit*

c) Stellen Sie in der Klasse Ihren Kandidaten vor. Machen Sie zu den anderen Kandidaten Notizen.

d) Wählen Sie in der Klasse einen neuen Staatspräsidenten. Verwenden Sie Stimmzettel, Wahlurne usw.

❷

Was würden Sie als Politiker oder als Politikerin machen? Verwenden Sie die Wort-Kisten unter **❶**:

● Wenn ich Minister/Ministerin wäre, würde ich . . .   ● Wenn ich Macht hätte, . . .

● Wenn ich in einer politischen Partei wäre, . . .   ● _____

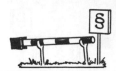

Recht und Gesetz

❶ a) Lesen Sie die Geschichte und vergleichen Sie mit der Wort-Kiste. Welche Wörter aus der Wort-Kiste passen zur Geschichte? Markieren Sie.

Das Geräusch weckte ihn auf:
Die Straßenlaterne beleuchtete einen Stiefel.
Ein Stiefel direkt vor seinem Gesicht. Er schaute nach oben.
„Stehen Sie auf", sagte der erste Polizist.
Langsam erhob sich der Mann, seinen Schlafsack festhaltend. Er musste ziemlich lächerlich aussehen; wie er da stand, in einem Schlafsack.
„Ihren Ausweis!", sagte der zweite Polizist.
Er griff in die Jacke und holte das Dokument.
„Was machen Sie da?", fragte der zweite Polizist.
„Ich warte", sagte der Mann.
„Aha, Sie warten. Mitten in der Nacht liegen Sie auf dem Gehsteig und warten", grinste der erste Polizist.
„Das ist doch nicht verboten", antwortete der Mann.
„Oder gibt es ein Gesetz, das Warten auf öffentlichen Gehsteigen verbietet?"
„Oho, das Gesetz!", lachten die beiden Polizisten.
„Und der Schlafsack?"
„Es ist kalt", entgegnete der Mann und zog den Schlafsack über seine Schultern.
„Auf jeden Fall ist es gegen die Vorschrift, nachts ohne Grund auf Gehsteigen zu warten. Sie verstoßen gegen das öffentliche Interesse und gegen die öffent-

liche Sicherheit, wenn Sie hier warten! Haben Sie überhaupt eine Warteerlaubnis?"
„Eine was . . .?", staunte der Mann.
„Sie haben sich schuldig gemacht und bekommen eine Strafe. Wir werden Ihre Tat untersuchen und das Gericht wird über Ihren Fall urteilen."
„Sie wollen mich verhaften? Ich bin unschuldig! Ich warte nur!"
„Schuldig oder unschuldig, das wird das Gericht entscheiden. Kommen Sie mit auf das Revier."
Und die beiden Polizisten griffen ihm unter die Arme und mit komischen Hüpfbewegungen folgte er ihnen aufs Revier.
„Ich protestiere. Ich möchte einen Rechtsanwalt! Das ist gegen Recht und Gesetz. Sie behandeln mich wie einen Verbrecher!", schrie der Mann.
Aber die beiden Polizisten setzten ihn auf die Bank.
Er war gefangen in seinem Schlafsack.
„Seien Sie still. Wir holen jetzt ein Formular und Sie machen Ihre Aussage." Die beiden Polizisten gingen in ein Büro. „Warten Sie hier!"
Es war kalt auf dem Revier. Der Mann zog den Schlafsack enger um seine Schultern und schlief ein.

die Freiheit   das Gericht   die Polizei   die Pflicht   der Prozess   die Schuld   der Verbrecher   die Strafe   das Verbot
schuldig   schlimm   hart   fair   tolerant   menschlich   bestrafen   beweisen   verbieten   verhaften   sich etwas/nichts gefallen lassen   sich beschweren

b) Suchen Sie im Text weitere Wörter, die zum Thema *Recht* und *Gesetz* gehören. Markieren oder notieren Sie die Wörter. Vergleichen Sie mit Ihrem Partner / Ihrer Partnerin.

Recht und Gesetz

❷ a) Kombinieren Sie. Es gibt mehrere Möglichkeiten.

	stellen		begehen
einen Antrag	geben	die Tat	befragen
einen Ausweis	beantragen	eine Untersuchung	bezahlen
die Erlaubnis	bekommen	den Prozess	verhaften
das Formular	bezahlen	den Verbrecher	verlieren
Steuern	ausfüllen	die Zeugin	abschließen
ein Verbot	aussprechen	das Urteil	aussprechen
	ausstellen	eine Geldstrafe	durchführen

b) Wer macht was? *Einen Ausweis beantragen/ausstellen:* Schreiben Sie zu jedem Ausdruck Personen oder Institutionen.

❸ „Polizist und . . .": Schreiben Sie oder spielen Sie. Verwenden Sie den Wortschatz von ❶ und ❷.

2.3 Personalien

Wie ist Ihr Name?

Ist das Ihr Familienname?

Wann sind Sie geboren?

Wann sind Sie eingereist?

Sind Sie bei der Ausländerkontrolle angemeldet?

Haben Sie eine Arbeitsbewilligung?

4.1 Verkehrskontrollen

Bitte zeigen Sie den Führerausweis. Gehört das Fahrzeug Ihnen?

Sie riechen nach Alkohol. Was haben Sie getrunken?

Danke, Sie können weiterfahren.

6 Unfallaufnahme

Wer hat den Unfall genau gesehen?

Kommen Sie bitte her. Was haben Sie gesehen?

Wann geschah das Ereignis?

Aus: E. Brechbühl, Sprachführer für Polizeibeamte (Schweiz)

Warum? Ich habe doch meine Steuern bezahlt!

❹ Wo begegnet Ihnen *Recht* und *Gesetz* in Ihrem Alltag? Überlegen Sie und notieren Sie.

Kontrollieren Sie Ihren Lernerfolg

❶ a) Stützen der Gesellschaft. Was tun diese Personen? Was wollen sie? Wo arbeiten sie? Was denken sie? Notieren Sie Substantive, Adjektive, Verben und Ausdrücke.

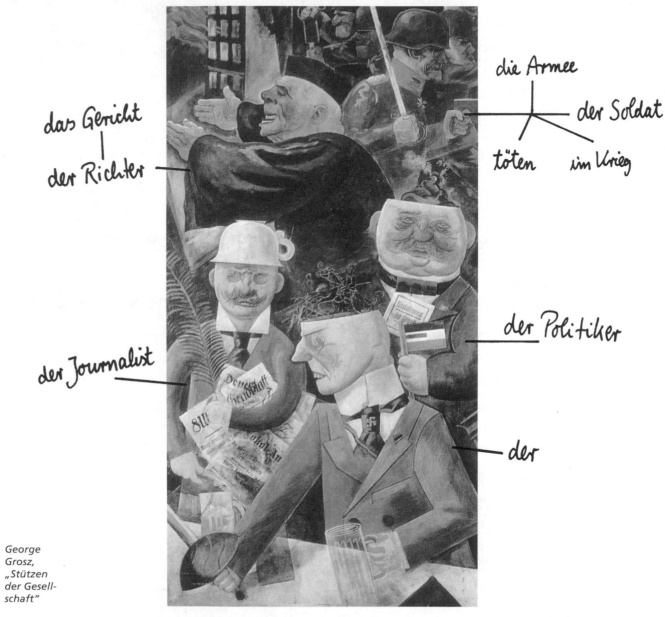

das Gericht

der Richter

der Journalist

die Armee

der Soldat

töten   *im Krieg*

der Politiker

der

George Grosz, „Stützen der Gesellschaft"

b) Welche Personen fehlen auf dem Bild? Ergänzen Sie.

_____

_____

_____

❷ Hören Sie den Text. Notieren Sie Wörter und Ausdrücke.

In dieser Einheit können Sie den Wortschatz zum Thema **Freizeit und Unterhaltung** üben und wiederholen:

- Spiele
- Fitness und Sport
- Hobbys
- Kulturelle Aktivitäten
- Feste und Feiertage

Sie können Ihren Lernerfolg auf Seite 169 kontrollieren.

Im **Lernwortschatz** finden Sie alle wichtigen Wörter zu diesem Thema mit Beispielen und Übersetzung.

Spiele

❶ Welches Spiel wird gespielt? Hören Sie die Geräusche und nummerieren Sie die Fotos.

❷ Lesen Sie die Wort-Kisten. Welche Wörter passen zu den Fotos? Schreiben Sie eine Liste.

> spielen   mischen   dran sein   an der Reihe sein   treffen   beginnen   starten
> anfangen   fertig sein   verlieren   gewinnen   drücken   fangen   ziehen
> ausgeben   überlegen   denken   stoppen   werfen

> die Karte das Spiel der Ball der Würfel die Figur der Start das Ziel die Taste der Knopf
> das Brett der Plan das Pech das Glück die Regel das Ergebnis das Resultat

> das Computerspiel: Tetris   das Denkspiel: Memory   das Ratespiel: Berufe raten
> das Brettspiel: Mühle   das Ballspiel: Sitzball   das Glücksspiel: Roulett
> das Denkspiel: Schach   das Bewegungsspiel: Frisbee   das Kartenspiel: Poker

> draußen   drinnen   in der Natur   im Freien   in der Halle   zu Hause   aktiv   passiv
> als Zuschauer   als Mitspieler   im Sommer   im Winter   geschickt   mit den Händen
> mit dem Kopf   mit den Füßen   allein   zu zweit   im Team   als Mannschaft

❸ Was kann man mit einem Ball / mit Karten alles machen? Welche Verben passen? Ergänzen Sie die Wort-Igel.

fangen

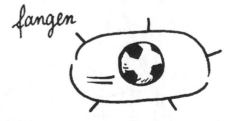

mischen

Bringen Sie Spiele mit in den Unterricht. Spielen Sie.

❹ a) Was haben Sie als Kind gern gespielt? Erzählen Sie Ihrem Partner / Ihrer Partnerin.

b) Wählen Sie zwei oder drei Spiele aus, die Sie heute noch gern spielen. Was machen Sie bei diesen Spielen? Was brauchen Sie bei diesen Spielen? Wann und wo spielen Sie? Wie und mit wem spielen Sie? Beschreiben Sie. Verwenden Sie die Wort-Kisten.

Fitness und Sport

➡ Einheit 1, S. 15

16

❶ Welches sind Ihre Lieblingssportarten? Notieren Sie.

_____

❷ a) Lesen Sie die Wort-Kiste. Sind Ihre Lieblingssportarten dabei? Ergänzen Sie.

> Fußball   Tennis   Rugby   Skifahren   Langlaufen   Eishockey   Schwimmen   Turnen
> Leichtathletik   Basketball   Volleyball   Eisschnelllauf   Skispringen   Badminton   Handball
> Segeln   Klettern   Rad fahren   Reiten   Schach   Curling   Motorsport   Boccia

b) Ordnen Sie die Sportarten in Gruppen.

– mit einem Netz
– in der Halle
– im Freien
– im Wasser
– mit einem Gerät (z. B. Schläger)
– mit einem Ball

❸ a) Hören Sie das Interview. Welche Sportarten erwähnt die Frau?
Welche mag sie (+), welche nicht (–)? Machen Sie Notizen und nennen Sie einige Gründe (+/–).

Sportarten	+ / –

b) Hören Sie noch einmal genau. Was wird im Interview gesagt? Ergänzen Sie die Sätze.

1. Also, wenn man sich da bemüht, Rek _____ z __ br _____ . . .

2. Aber da gibt's doch auch Spi _____ b _____ Spo _____ . . .

3. . . . wie die den Ba _____ spielen oder wie die la _____ und __ ren _____ .

4. . . . auf einem Spielfeld einem Ball nachrennen, nur um ein To _____ zu ma _____ .

5. . . . Laufen und Joggen schon, solange man sich noch die Mu _____ gö _____ . . .

6. . . . nicht so richtig Sport mit einem Ten _____ oder mit einem Ba _____ . . .

7. . . . vor allem auch, weil man durch die Nat _____ fa _____ ka _____ . . .

8. . . . wie sie spo _____ sind, wie sie köpf _____ und ins Wa _____ spr _____ .

9. . . . auf dem Berg startet, um als Ers _____ unten ins Zi _____ z _____ ko _____ . . .

16

Fitness und Sport

❹ Wählen Sie ein paar Fragen aus und machen Sie mit Ihrem Partner / Ihrer Partnerin ein Interview. Sie können die Fragen auch schriftlich beantworten.

Tauschen Sie die Antworten und machen Sie ein Rollenspiel.

Treiben Sie gern Sport?
Sind Sie in einem Verein?
Wie oft trainieren Sie?
Wie heißt der bekannteste Sportler Ihres Landes?
Wer ist die berühmteste Sportlerin Ihres Landes?
Gibt es typische Sportarten für Ihre Region?

Können Sie verlieren?
Was tun Sie für Ihre Gesundheit?
Haben Sie sich schon mal verletzt?
Ist Sport gesund?
Finden Sie Leistungssport gut?

❺ Zu welchen Sportarten passen die folgenden Fragen? Notieren Sie die Zahlen hinter den Fragen.

A Wie steht das Spiel? _____

B Wie weit ist er gesprungen? _____

C Wer hat das Tor geschossen? _____

D Wo ist das Ziel / der Start? _____

E Wann ist Halbzeit? _____

F Welche Mannschaft gewinnt? _____

G Wie schnell ist sie gefahren? _____

H Wer hat den Punkt gemacht? _____

J Wie lange dauert das Drittel noch? _____

1 im Fußball
2 im Weitsprung
3 im Slalom
4 im Tennis

5 im Eishockey
6 im 100-Meter-Lauf
7 in der Abfahrt
8 im Badminton

9 im Basketball
10 im Diskuswerfen
11 im Segeln
12 im Brustschwimmen

❻ Bei welchen Sportarten möchten Sie mitreden? Wählen Sie eine aus. Notieren Sie die wichtigen Wörter rund um den Körper.

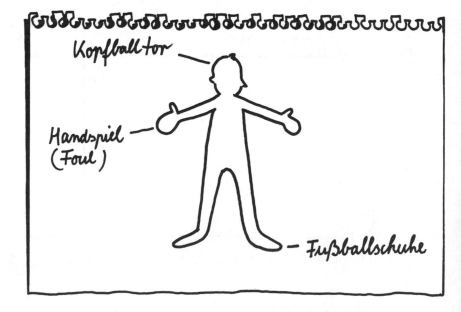

Kopfballtor

Handspiel (Foul)

Fußballschuhe

❼ „Dingsbums-Sport-Rätsel":
Ihr Partner / Ihre Partnerin muss herausfinden, an welche Sportart Sie denken. Spielen Sie in der Gruppe.

Beispiel:
● Dieses Dingsbums spielt man in der Halle. Man braucht dazu die Hände.
○ Ist es Handball?
● Nein, dazu braucht man die Hände, aber auch noch ein Netz.
○ Ist es Volleyball?
● Nein, dazu braucht man auch noch einen Schläger.
○ Dann ist es _____ ?

Hobbys

❶

a) Welche Hobbys kennen Sie? Was tun Sie gern, was nicht?
Lesen Sie die Wort-Kiste und gruppieren Sie die Hobbys. Ergänzen Sie.

Mag ich:	Ich weiß nicht so recht:	Mag ich nicht:

Briefmarken sammeln   singen   Bücher lesen   ins Museum gehen
Karten spielen   essen gehen   fernsehen   malen   zeichnen
Freunde einladen   im Garten arbeiten   tanzen   nähen   stricken
mit Freunden ausgehen   fotografieren   nichts tun   spazieren gehen
Musik hören   ein Instrument spielen   basteln   reisen
wandern   angeln   kochen   im Garten arbeiten

b) Welche Sinne sind bei Ihren Hobbys wichtig? Schreiben Sie Ihre Hobbys zu den passenden Bildern.

❷

a) Lesen Sie die Kurzdialoge. Von welchen Hobbys ist die Rede? Vergleichen Sie mit der Wort-Kiste.

A   ○ Die Zeitung lese ich am liebsten gleich am Morgen bei einem Kaffee.
    ● Ich lese keine Zeitung mehr. Seit ich diesen Zeichenkurs besucht habe, mal ich nur noch.

B   ○ Ich kann überhaupt nichts spielen, ich hatte nie die Geduld zum Üben.
    ● Ich auch, ich war schon als Kind unmusikalisch. Völlig unbegabt, sagten alle Lehrer.

C   ○ Ich geh eigentlich selten aus. Dafür laden wir oft Gäste ein. Ich finde, Kochen ist sehr kreativ.
    ● Das schon, aber das Abwaschen kann ich gar nicht leiden. Drum geh ich lieber ins Restaurant.

D   ○ Eine richtige Safari – in Afrika oder so – würde mich schon mal interessieren.
    ● Das ist mir viel zu gefährlich. Wir machen jedes Jahr unseren Wanderurlaub in Spanien.

E   ○ Verrückt, sag ich dir, der steht seit heute Morgen um fünf Uhr Schlange bei der Post um die neuesten Sondermarken.
    ● Das geht ja noch, meiner rennt seit zwei Tagen mit dem neuen Rasenmäher im Garten herum.

F   ○ Im Moment steh ich total auf Diskomusik, obwohl ich nichts gegen andere Musik habe.
    ● _____

G   ○ Im Bett les ich am liebsten etwas Spannendes, zum Beispiel einen Krimi.
    ● _____

H   ○ Wir haben zwar keinen Fernseher, aber ich könnt jeden Tag ins Kino gehen.
    ● _____

b) Stellen Sie sich vor, Sie sind die Person ●. Wie antworten Sie? Notieren Sie.

Kulturelle Aktivitäten → Einheit 14, S. 144 ff.; Einheit 17, S. 171 ff.

❶ a) Was passt? Ordnen Sie die Schlagzeilen den Wort-Ketten zu. Notieren Sie die Zahl vor jeder Wort-Kette.

① **Das aktuelle Theaterstück**   ⑤ **Die klassische Platte des Monats**

② **Das Fußballereignis des Jahres**   ⑥ **Neu im Museum**

③ **Ein einmaliges Jazzkonzert**   ⑦ **Wieder mal in die Oper**

④ **Der Kinohit**

___ A die Karte ──── die Leinwand ──── die erste Reihe ──── die Regie
___ B die CD ──── die Aufnahme ──── die Geige ──── der Dirigent
___ C der Eintritt ──── die Gitarre ──── das Schlagzeug ──── das Publikum
___ D die Kasse ──── die Schauspieler ──── die Pause ──── der Applaus
___ E das Ereignis ──── das Bild ──── die Kunst ──── der Erfolg
___ F die Garderobe ──── der Eingang ──── das Lied ──── die Sängerin
___ G das Spiel ──── die Pfiffe ──── die Zuschauer ──── der Ausgang

b) Bilden Sie Sätze mit den Wort-Ketten. Vergleichen Sie mit Ihrem Partner / Ihrer Partnerin.

❷ a) Lesen Sie die Texte und markieren Sie Schlüsselwörter.

Anzeigen aus: Tages-Anzeiger (Zürich) und Tiroler Tages-zeitung (Innsbruck)

A
Der Regisseur Dieter Giesing bringt alle Voraussetzungen mit, dass der erste Abend nach der Sommerpause

ZÜRICH, SCHAUSPIELHAUS
Do (Premiere) 20 h

mit Glanz sich in die Erinnerungen schreiben wird. Seine Inszenierung von Isaak Babels «Sonnenuntergang» am Akademietheater in Wien wurde ans Theatertreffen Berlin eingeladen, ein Stück, das – 1927 uraufgeführt wurde.

B
Trotz ihrer Verschiedenheit harmonieren die hier gezeigten Bilder und Skulpturen mit weitverbreiteten Ansichten zur Kunst. Anders als etwa Duchamp, Warhol oder Jeff Koons, die auch Industrieprodukte, Werbung und neue Medien als Sektor

C
The Aristocats: Hochkarätiges Disney-Trickvergnügen ohne nachträglichen Katzenjammer.
Schloss: Mi 3* h

Four Weddings and a Funeral: Amüsante englische Komödie über das Heiraten in scheidungsfreudigen Zeiten.
Schloss: ab Do

Philadelphia: Das erste grosse Hollywood-Drama über Aids mit einem eindrücklichen Tom Hanks.
Schloss: Fr/Sa 8 h

D
Sherele: Volksmusik aus den Mittelmeerländern und Osteuropa, mit Martin Schaefer, Franz Ledergerber, Cornelia Montani, Joe Sebastian Fenner. Sigristenkeller. Fr 20 h.
The Jackson Singers: Spirituals & Gospelsongs. Aula der Kantonsschule. Fr 20 h.

E
Öffentliche Vortragsreihe «Moderne Medizin im Stadtspital Triemli»

Bauchschmerzen: Was steckt dahinter?

Bauchschmerzen sind häufig und oft vieldeutig. Wie lässt sich eine harmlose Störung von einer ernsthaften Erkrankung unterscheiden? Wann sollte der Arzt aufgesucht werden?

F
In Innsbruck wird Eva-Maria Lerchenberg-Thöny auch Öffentlichkeitsarbeit machen. In Matineen und in Schulen wird sie die Ausdrucksmittel des klassischen und des modernen Tanzes erklären. Auch das geplante Tanztheaterfestival mit der Galerie St. Barbara soll die Sprache des Tanzes einem breiten Tiroler Publikum geläufig machen.

b) Ordnen Sie die Texte den Begriffen zu.

Kino	C	Tanz		Konzert		Vortrag		Theater		Ausstellung	

Kulturelle Aktivitäten

c) Lesen Sie die Texte noch einmal. Was interessiert Sie? Laden Sie einen Partner / eine Partnerin ein. Beispiel:

Ich gehe heute in den neuen Disney-Film.

Hast du Lust mitzukommen?

3 a) Schauen Sie die Statistik an. Wofür geben die Deutschen in der Freizeit ihr Geld aus? Schreiben Sie Sätze. Zum Beispiel:

– Für den Urlaub brauchen die Deutschen fast doppelt so viel Geld wie für das Auto.
– Die Statistik zeigt, dass sie für Fernsehen und Radio mehr ausgeben als für Sport und Camping.

Die Freizeit ist den Deutschen lieb und teuer

Freizeitausgaben je Privathaushalt in DM in Deutschland 1993

	DM
Urlaub	2 291
Auto (Freizeit)	1 174
TV, Radio	1 017
Sport, Camping	984
Bücher, Zeitungen, Zeitschriften	653
Garten, Haustiere	538
Spiele, Spielwaren	380
Foto-, Videohobby	207
Theater, Kino	182
Werkzeuge	66
Sonstiges	778

Quelle: BAT-Freizeit-Forschungsinstitut, Stat. Bundesamt, eigene Berechnungen

Postbank *DiaGraph 4 · 93*

Fast sieben Hunderter pro Monat für Freizeit

Immer kürzere Arbeitszeiten und immer mehr Urlaub veranlassen die privaten Haushalte, einen ständig steigenden Betrag vom Haushaltsgeld für die Freizeit zu verwenden. Kein anderes europäisches Land leistet sich ähnlich hohe Freizeitausgaben wie die Bundesrepublik Deutschland. Nach einer Untersuchung der Postbank hat sich das Freizeitbudget der privaten Haushalte in den vergangenen zwanzig Jahren fast verfünffacht. 1973 flossen rund 10 Prozent der verfügbaren Einkommen der Privathaushalte in die Kassen der Freizeitbranche. Inzwischen wird jede siebte Mark für Urlaub und Ausflug, Hobby und Heimwerken, Sport, Spiel, Kino oder Konzert verwendet. 1993 werden die privaten Haushalte in der Bundesrepublik Deutschland knapp 300 Milliarden DM für Freizeitgüter aufwenden. 1973 waren es erst 60 Milliarden DM.
Auch in Zukunft wird die Freizeit den Bundesbürgern immer mehr Geld wert sein. Denn: Nur 8 Prozent der Bundesbürger tun in ihrer Freizeit etwas, was wenig kostet.

Tipp

Kaufen Sie eine Zeitung. Gestalten Sie Ihr persönliches Freizeitprogramm.

b) Wofür geben Sie Ihr Geld in der Freizeit aus? Machen Sie eine persönliche Statistik. Diskutieren Sie.

16

Feste und Feiertage

❶ Betrachten Sie das Bild auf Seite 161. Suchen Sie Feste und Feiertage. Welche kennen Sie?

❷ a) Lesen Sie die Briefausschnitte. Welche Feste und welche Bräuche passen dazu? Notieren Sie zu jedem Buchstaben die passende Zahl.

> Am Abend gingen wir dann zum Masken-ball. Petra und ich als Indienerfrauen, Urs spielte einen Cow-boy mit einem Lasso und Revolver. ①

> Essen gab es viele Reden, auch lustige. Und dann mussten natürlich zuerst Gertrud und Lukas tanzen, und dann durften alle ②

> es wirklich komisch war. Irene schaffte es einfach nicht, die Kerzen auszu-blasen, sie musste immer wieder lachen. ③

> er einfach nicht finden, obwohl wir im ganzen Haus suchten. Da sagte Peter: „Vielleicht sind sie im Garten versteckt." Und tatsächlich, da lagen sie alle, bunt be= ④

> es war ein feierlicher Moment. Die ganze Familie stand um den Baum herum und darunter lagen viele Päckchen. Wir Kinder warteten gespannt ⑤

Ⓐ Fasching/ Fastnacht
ⒸⒽ Fasnacht
Ⓓ-Süd: Fasching/ Fastnacht
Ⓓ-West: Karneval

A	zu Weihnachten	– einen Baum schmücken / sich Geschenke machen ( )
B	zu Ostern	– Eier bunt bemalen / die Eier verstecken ( )
C	zum Geburtstag	– die Kerzen auf der Geburtstagstorte auslöschen ( )
D	während des Hochzeitsfestes	– das Brautpaar eröffnet den Tanz ( )
E	zum Karneval/Fasching	– sich verkleiden/maskieren (①)

 b) Gibt es diese oder ähnliche Feste auch in Ihrer Region? Sind die Bräuche gleich? Erzählen Sie.

❸ Bilden Sie Komposita mit *Oster-, Weihnachts-, Geburtstags-* .... . Was ist möglich? Notieren Sie.

-fest	-geschenk	-eier	-baum
-torte	-braten	-hase	-party
-einladung	-montag	-stress	-zeit

❹ Welches Fest hat für Sie eine besondere Bedeutung? Welche Feste sind für Sie in diesem Jahr wichtig? Warum? Notieren Sie und erzählen Sie.

Kontrollieren Sie Ihren Lernerfolg

❶ Hören Sie zu und entspannen Sie sich.

❷ Spielen Sie das Würfelspiel.

Mit dem Würfelspiel können Sie Ihren Lernerfolg kontrollieren. Sie brauchen dazu den Spielplan, einen Würfel und Spielfiguren. Würfeln Sie der Reihe nach und ziehen Sie mit Ihrer Spielfigur auf das entsprechende Spielfeld. Erzählen Sie der Gruppe etwas über das Thema dieses Feldes. Das Spiel ist aus, wenn die erste Spielerin / der erste Spieler das Ziel erreicht hat.

Erzählen Sie uns etwas über

START ▼		ein traditionelles Fest in meiner Heimat	moderne Musik	Musik, die ich nicht ausstehen kann
eine Live-Übertragung im Fernsehen		das letzte Familienfest		eine gute Kunstausstellung
ein sportliches Vorbild		das Gefühl, wenn man verliert		ein Bild, das ich liebe
meine Lieblingssportart		Disko und Tanz		moderne Architektur
das letzte Weihnachtsfest		meinen Lieblingsautor		das blödeste Spiel, das ich je spielen musste
Ostern früher und heute		mein liebstes Hobby		ein gutes Fest
das, was ich am Silvesterabend gemacht habe		meine Lieblingsautorin		ein gutes Foto
die Lieblingsmusik meiner Eltern		Hobbys, die ich nicht leiden kann		ein Theaterstück
meinen Lieblingsschauspieler		ein Spiel, das ich als Kind gern gespielt habe		das süße Nichtstun
meine Lieblings-schauspielerin		die olympischen Sommerspiele		Fernsehgewohnheiten in meiner Familie
ein Buch, das ich gerade lese		die olympischen Winterspiele		ein Spiel im Freien
ein spannendes Jugendbuch		meinen Lieblingsfilm		eine berühmte Sängerin
einen Fernseh-Krimi		meine Lieblingsmusik		Leute, die ich zum Geburtstag einlade
eine Fernsehserie, die ich mag		eine Musikgruppe, die ich gern habe		▼ ZIEL
eine Sportart, die ich nicht mag	eine Sportverletzung	Wintersportmöglich-keiten in meinem Land		

Kunst

> In dieser Einheit können Sie den Wortschatz zum Thema **Kunst**
> üben und wiederholen:
>
> - Bildende Kunst
> - Musik
> - Literatur und Theater
>
> Sie können Ihren Lernerfolg auf Seite 176 kontrollieren.
> Im **Lernwortschatz** finden Sie alle wichtigen Wörter zu diesem Thema mit Beispielen und
> Übersetzung.

Arnold Böcklin, Die Toteninsel (1886)

Albrecht Dürer, Selbstbildnis im Pelzrock (um 1500)

Gabriele Münter, Wind und Wolken (1910)

Gustav Klimt, Die drei Lebensalter der Frau (um 1914)

Bildende Kunst

Rolf Iseli, Erdbild (1971 – 1977)

Elvira Bach, ohne Titel (1985)

❶ Betrachten Sie die Bilder auf beiden Seiten. Hören Sie die Musik. Zu welchem Bild passen Ihrer Meinung nach die Musikstücke 1 bis 6 am besten?

Bild von	Musikstück(e)	Bild von	Musikstück(e)
Albrecht Dürer	_____	Gabriele Münter	_____
Arnold Böcklin	_____	Rolf Iseli	_____
Gustav Klimt	_____	Elvira Bach	_____

❷ Wählen Sie Wörter und Ausdrücke, mit denen Sie Ihre Wahl begründen können.

	. . .	. . .	
	sanft.	Sanfte Musik	gibt den Eindruck des Bildes „ . . . " wieder.
	ruhig.	Ruhige Musik	wirkt ähnlich wie das Bild (von) . . .
Das 1. Musikstück ist	ernst.	Ernste Musik	ist ein schöner Gegensatz zum Bild „ . . . "
Die Musik Nr. . . . klingt	gefühlvoll.	Gefühlvolle Musik	passt gut zum Bild mit dem Titel „ . . . "
Das Lied Nr. . . . finde ich	klassisch.	Klassische Musik	trifft gut die Stimmung des Bildes (von) . . .
	modern.	Moderne Musik	und dazu das Bild „ . . . " finde ich spannend.
	hart.	Harte Musik	
	. . .	. . .	

❸ a) Notieren Sie zu jedem Bild Ihre persönlichen Eindrücke.
b) Beschreiben Sie ein Bild genau. Sie finden passende Wörter und Ausdrücke in der Wort-Kiste.

das Bild stellt . . . realistisch dar   wirkt lebendig   transportiert eine . . . Stimmung
ist ein konkretes Bild   sieht wie ein Foto aus   bedeutet . . .   gibt . . . wieder
das Gemälde zeigt eine Person   lässt ein Gefühl von . . . entstehen   ist klassisch

der Maler schafft einen neuen Stil   beschäftigt sich kritisch mit . . .   gibt einer Idee Ausdruck
die Malerin   analysiert die Lebenswelt   mischt die Farben   produziert aktuelle Kunst
die Künstlerin ist beeinflusst von . . .   macht sich ein genaues Bild von . . .
der Künstler arbeitet mit natürlichen Farben   öffnet einen neuen Blick auf . . .

Bildende Kunst

❹

a) Wo finden Sie bildende Kunst? Kreuzen Sie an und ergänzen Sie weitere Orte.

☐ in einer Ausstellung   ☐ zu Hause in meiner Wohnung   ☐ in der Galerie
☐ an meinem Arbeitsplatz   ☐ auf dem Weg durch die Stadt   ☐ im Museum
☐ in Büchern   ☐ auf der Bank   ☐ _____

b) Haben Sie heute schon ein Kunstwerk gesehen? Was war das? Wo haben Sie es gesehen?
Wie gefällt es Ihnen? Erzählen Sie.

❺

a) Welche Kunstwerke finden Sie in den verschiedenen Ausstellungen? Markieren Sie.

Arbeiten Sie mit dem Wörterbuch.

b) Welche der markierten Nomen passen zu den Verben? Notieren Sie.

malen _____

zeichnen _____

entwerfen _____

fotografieren _____

filmen
aufbauen   *Objekte, Installationen*

drucken _____

bauen _____

art, Das Kunstmagazin, Vorschau 1994

Ausstellungen

**Marc Chagall
Die druckgrafischen Folgen
Saarbrücken,
Saarland Museum**

Chagall: „Die Nacht der Scheherezade", 37 x 28 cm, 1945/46

Mehr als 150 Druckgrafiken des russischen Malers (1887 bis 1985)

**Buñuel
Auge des Jahrhunderts
Bonn, Kunst- und
Ausstellungshalle der BRD**
300 Gemälde, Skulpturen und Grafiken sowie 400 Großdias von Standfotos aus Filmen des spanischen Regisseurs (1900 bis 1983). Dazu eine Filmretrospektive.

**Bernhard Prinz
Bilder und Objekte
Lübeck,
Overbeck-Gesellschaft**
Der 1953 geborene deutsche Künstler installiert in drei Räumen des Kunstvereins neue Fotos und Objekte.

**Walter Obholzer
Salzburg, Kunstverein**
Der 1953 geborene Wiener wird direkt auf die Wände des Kunstvereins malen.

**Dada Global
Zürich, Kunsthaus**
80 Werke und 150 Dokumente aus der Sammlung des Kunsthauses dokumentieren die internationale Künstlerbewegung.

**Le Corbusier
Wien, KunstHaus**
Retrospektive zum Werk des französisch-schweizerischen Architekten (1887 bis 1965) mit Zeichnungen, Gemälden, Architekturentwürfen, Skulpturen und Tapisserien.

**Frank Lloyd Wright
New York,
Museum of Modern Art**
Rund 500 Architekturzeichnungen und Modelle sowie Design des amerikanischen Architekten (1867 bis 1959), der unter anderem mit dem 1932 gebauten, spiralförmigen Guggenheim Museum in New York berühmt wurde.

**Auguste Rodin
Martigny, Fondation Pierre Gianadda**

Auguste Rodin: „Kambodschanische Tänzerin", 32 x 25 cm, 1906

100 Zeichnungen und Aquarelle des französischen Bildhauers (1840 bis 1917)

Musik

❶

Arbeiten Sie mit dem Wörterbuch.

Musikinstrumente:

> das Klavier   die Gitarre   der Bass   das Schlagzeug   die Trompete   das Saxophon

Sammeln Sie weitere Instrumente.

---

❷

Spielen Sie als Orchester ein Musikstück, das alle kennen.

Wählen Sie ein Instrument aus, das Sie sein wollen. Verwenden Sie die Ausdrücke aus der Wort-Kiste. Vergleichen Sie auch Seite 171, Schritt **❷**.

● Ich bin Helga, die Trompete, weil ich ein großer Fan von Miles Davis bin. Und manchmal macht es mir auch Spaß, ganz schön laut zu sein.

> lenke Aufmerksamkeit auf mich   spiele mit anderen mit   mache Lärm   bin ein Fan von
> klinge wie die menschliche Stimme   bin lustig und froh   mag traditionelle Musik
> zeige manchmal große Gefühle   das Publikum liebt mich   träume gern

---

❸

Falter, Stadtzeitung Wien. Mit Programm, Nr. 6, 1994

a) Suchen Sie passende Programmangebote.

1. Ich höre sehr gern Live-Musik am Vormittag.
2. Ich möchte gern eine Oper sehen.
3. Ein klassisches Konzert, das würde mir gefallen.
4. Jazz ist was für mich; gibt's da auch was live?
5. Hard-Rock und Metal, das ist mein Geschmack.
6. Ich möchte einfach ausgehen und tanzen.

WIENLEXIKON

Dir = Dirigent, R = Regie,
B = Bühnenbild, S = Solisten

DEMNÄCHST
Orchestra of the Age of Enlightenment, Simon Rattle (19., 20. 2., Konzerthaus); Kammermusikabend Gidon Kremer & Martha Argerich (23. 2., Musikverein); Hamlet von A. Thomas, konzertant (18. 2., Konzerthaus); Haydn-Tage (20. 2.–4. 3., Musikverein, Kirchen)

Pop/Rock
Act Crowbar stellt eine angriffslustige, melodiöse Zukunft des Heavymetal dar. (Kommen ohne Gitarren-Soli aus!). *Arena, Fr 20*
Pop-Odrom An jedem zweiten Wochenende finden im Wiener Rockhaus die Vorrunden (Sparte: Rock/Pop) von Europas größtem Bandwettbewerb statt. *Rockhaus, Fr – So 19.30*

DJ's/Clubs
Astrid „Crossover Thursday"-DJ-Line – „Blockbuster". 70er-Discohits und 80er-Hadern inkl. Neue Deutsche Welle. *B.A.C.H., Do 21*
Blue Monday Pop, Indie, Punk der 80er und 90er Jahre. DJs: Isabella, Yogi, Dee Dee Jay. *U4, Mo 23*
Dancehall Night DJs: Waxmaster Tom, Raggaman Krissman, Raina Lethal Andy, Furioso Ragga Presented ...

Musiktheater
Die Hochzeit des Figaro von W. A. Mozart – Dir.: Fisch – Fontana, Raimondi, Araya; Weber, Bankl, Wimberger – Es war einmal, da besaß ein Graf bei Hochzeiten in seinem Hause das

Jazz
Airto Moreira & Flora Purim Das brasilianische (Jazz-Rock-) Ehepaar mit hochkarätigen südamerikanischen Rhythmen im poppigen Format. *Reigen, Sa 21*

Konzert
Wiener Symphoniker, Horst Stein; *Rudolf Buchbinder (Klavier)*; Beethoven: Klavierkonzert Nr. 3 c-Moll op. 37; Bruckner: Symphonie Nr. 6 A-Dur; *Musikverein (GS), Mi 19.30*

Musiklokal
Krah, Krah Jazz-Frühschoppen mit Arnulf Morell Quartett (Eintritt frei). *So 11*
Literaturhaus Reinhard Liebe, Reinhard Wegerth & Ernst Mühl („frisch begrünte Wienerlieder"), *Do 19*
Zum lustigen Radfahrer Hot Club d'Autriche, *Fr 20*

b) Welche Arten von Musik haben Sie gefunden? Und welche fehlen Ihnen? Machen Sie eine Liste.

kommt vor	fehlt
Pop	

Literatur und Theater

❶

a) Ein paar Fragen zum Lesen. Machen Sie Notizen und erzählen Sie.

Was haben Sie zuletzt gelesen: einen Brief, eine Zeitung, einen Comic, ein Verkehrsschild?
Wie dick war das letzte Buch, das Sie gelesen haben? Und wer ist der Autor?
Erinnern Sie sich, ob Sie beim Lesen eines Buches laut gelacht oder geweint haben?
Was war der erste deutsche Text, den Sie gelesen haben?
Können Sie ein Gedicht auswendig?
Erfinden Sie gerne Geschichten?

Nehmen Sie Ihre Interviews auf Kassette auf.

b) Formulieren Sie Fragen zum Thema „Literatur". Verwenden Sie dazu auch die Ausdrücke aus der Wort-Kiste. Stellen Sie dann die Fragen Ihrem Partner / Ihrer Partnerin.

● Gehst du oft ins Theater?　　　　　　　● Kannst du mir ein Taschenbuch für die Ferien empfehlen?

> den Titel des Buches nennen　　das Ende eines Krimis lesen　　~~ins Theater gehen~~
> ein ~~Taschenbuch für die Ferien~~ empfehlen　　in der Bibliothek etwas zum Lesen ausleihen
> Romane genießen　　Märchen erzählen　　Bücher schenken　　von etwas enttäuscht sein
> den Inhalt kurz zusammenfassen　　sich an Märchen und Geschichten erinnern

❷

a) Ordnen Sie die neun Absätze zu einem Kreis-Text. Nummerieren Sie in der Schlange.

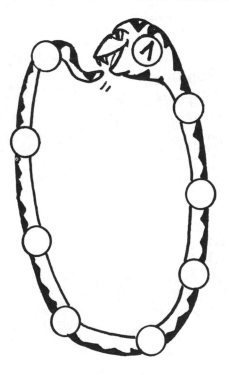

① Wenn ich nicht lesen gelernt hätte,
wäre ich nie Robinson Crusoe gewesen.

② Hätten mir meine Freunde nicht ihre Geschichten erzählt,
wären wir nicht die Helden unserer Geschichten gewesen.

③ Wenn die Zeit nicht so interessant gewesen wäre,
hätte ich meinen Freunden nichts erzählen können.

④ Wäre mir die Zeit in der Schule viel zu lang geworden,
wäre ich nicht mehr in die Schule gegangen.

⑤ Wenn ich keine wilden Abenteuer erlebt hätte,
wäre die Zeit nicht so interessant gewesen.

⑥ Wenn ich nie Robinson Crusoe gewesen wäre,
hätte ich keine wilden Abenteuer erlebt.

⑦ Hätte ich meinen Freunden nichts erzählen können,
hätten sie mir nicht ihre Geschichten erzählt.

⑧ Wären wir nicht die Helden unserer Geschichten gewesen,
wäre mir die Zeit in der Schule viel zu lang geworden.

⑨ Wäre ich nicht mehr in die Schule gegangen,
hätte ich nicht lesen gelernt.

b) Schreiben Sie in Gruppen eigene Geschichten, die einen Kreis-Text bilden. Wählen Sie ein „Thema" aus oder erfinden Sie selbst eines.

Wenn es kein Papier gäbe, . . .　　　　　　Wenn es keine Bilder gäbe, . . .
Wenn es keine Bücher gäbe, . . .　　　　　Wenn alle Leute dieselbe Sprache sprechen würden, . . .
Wenn ich keine Musik hören könnte, . . .

Literatur und Theater

❸   a) Lesen Sie die beiden Texte. Wo spielen sie?

Aus:
Literatur in
Österreich,
hg. von
Gustav Ernst
u. Klaus
Wagenbach

Aus:
Franz
Hohler,
Der Mann
auf der
Insel

> Antonio Fian   *Wildwestfilm*
>
> erst gestern
> war ich in einem
> wild-west-film
> es wurde viel geschossen
> auf beiden seiten
> etwa hundert opfer
> am ende
> blieb nur einer übrig
> aber der war
> ein gerechter
> . . .

> **Eine kurze Geschichte**
> von Franz Hohler
>
> „Kommst du den Kindern noch gute Nacht
> sagen?", rief die Frau ihrem Mann zu, als
> sie um acht Uhr aus dem Kinderzimmer
> kam.
> „Ja", rief der Mann aus seinem Arbeitszim-
> mer, „ich muss nur noch den Brief zu Ende
> schreiben."
> „Er kommt gleich", sagte die Mutter zu den
> Kindern, die beide noch aufgerichtet in ihren
> Betten saßen, weil sie dem Vater zeigen
> wollten, wie sie die Stofftiere angeordnet
> hatten.
> . . .

b) Bilden Sie Gruppen. Jede Gruppe wählt
einen der Texte und schreibt den Text zu Ende.

c) Spielen Sie Ihre Geschichte ohne Worte. Die anderen Kursteilnehmer erzählen, was sie gesehen haben.

 d) Hören Sie beide Texte. Was gefällt Ihnen besser, Ihr Schluss oder das Original?

❹   Lesen Sie den Dialog. Sammeln Sie Adjektive und Adverbien: Wie kann man diesen Dialog sprechen? Notieren Sie.

Aus:
Alles von
Karl
Valentin

> *laut, leise, ärgerlich,*
> *überrascht, …*

Spielen Sie mit verteilten Rollen
in der Gruppe.
1. Bilden Sie Zweiergruppen.
2. Wählen Sie Ihre Rolle.
3. Entscheiden Sie, wie Sie die
   Rolle spielen wollen.
4. Spielen Sie den Dialog
   den anderen vor.
5. Wie haben die Spieler
   gesprochen?
6. Was hat Ihnen am besten
   gefallen?

> ### In der Apotheke
>
> KARL VALENTIN: Guten Tag, Herr Apotheker.
> LIESL KARLSTADT: Guten Tag, mein Herr, Sie wünschen?
> K. V.: Ja, das ist schwer zu sagen.
> L. K.: Aha, gewiss ein lateinisches Wort?
> K. V.: Nein, nein, vergessen hab ich's.
> L. K.: Na ja, da kommen wir schon drauf, haben Sie kein
>   Rezept?
> K. V.: Nein!
> L. K.: Was fehlt Ihnen denn eigentlich?
> K. V.: Nun ja, das Rezept fehlt mir.
> L. K.: Nein, ich meine, sind Sie krank?
> K. V.: Wie kommen Sie denn auf so eine Idee?
>   Schau ich krank aus?
> L. K.: Nein, ich meine, gehört die Medizin für Sie oder für
>   eine andere Person?
> K. V.: Nein, für mein Kind.
> L. K.: Ach so, für Ihr Kind. Also, das Kind ist krank.
>   Was fehlt denn dem Kind?
> K. V.: Dem Kind fehlt die Mutter.
> L. K.: Ach, das Kind hat keine Mutter?

17

Kontrollieren Sie Ihren Lernerfolg

❶ Ordnen Sie die Wörter und Ausdrücke in das Schema ein. Ergänzen Sie weitere Wörter.

Machen Sie ein Wort-Poster, in das Sie auch Bilder und Presse-ausschnitte kleben.

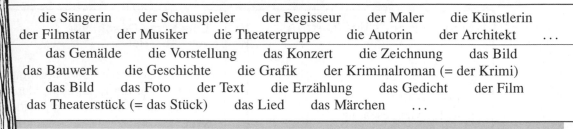

| die Sängerin | der Schauspieler | der Regisseur | der Maler | die Künstlerin |
| der Filmstar | der Musiker | die Theatergruppe | die Autorin | der Architekt ... |

das Gemälde   die Vorstellung   das Konzert   die Zeichnung   das Bild
das Bauwerk   die Geschichte   die Grafik   der Kriminalroman (= der Krimi)
das Bild   das Foto   der Text   die Erzählung   das Gedicht   der Film
das Theaterstück (= das Stück)   das Lied   das Märchen   ...

	Bildende Kunst	Architektur	Musik	Literatur	Theater	Film
Personen						
Werke						
Materialien/ Medien						

❷ Notieren Sie Wörter zum Thema „Kunst", die für Sie wichtig sind. Schreiben Sie den Namen eines Künstlers und / oder den Titel eines Kunstwerkes dazu.

das Gemälde *„Mona Lisa" von Leonardo*

❸ Notieren Sie am Rand Ereignisse, die zu den Daten Ihres Lebenslaufes passen, und schreiben Sie in dieser Art weiter.

Schreiben Sie solch einen Le-benslauf ohne Na-men auf ein Blatt. Jeder liest ein Blatt vor. Die anderen raten.

Sandra wurde in dem Jahr geboren, als die Beatles ihr letztes öffentliches Konzert gaben.
Sie kam in den Kindergarten, als ihre Eltern die Lieder von Janis Joplin entdeckten.
Als Sandra in die Schule kam, hörte Sie am liebsten Märchen und Kinderlieder.
Als sie zehn Jahre alt war, ging sie in die Musik-schule und lernte Gitarre.
Die Bilder, die Sandra damals in ihrem Zimmer aufhängte, waren Poster ihres liebsten Filmstars.
Als sie fünfzehn war, ...

_____

_____

_____

_____

_____

❹ Spielen Sie in der Gruppe. Denken Sie sich einen Gegenstand aus, der zu dieser Einheit passt.

Nach einer Idee von Manfred Schewe, Fremdspra-chen insze-nieren

1. Alle sitzen im Kreis; jeder/jede sucht sich gegenüber einen Partner / eine Partnerin.
2. Der Partner / Die Partnerin soll genau beobachten, wie der erste Teilnehmer oder die Lehrerin ohne Worte einen Gegen-stand formt.
3. Wer den ersten Gegenstand geformt hat, gibt ihn so an seinen Nachbarn rechts weiter, wie es zu diesem Gegenstand passt.
4. Die Partnerin / Der Partner gegenüber sagt, was geformt und weitergegeben wurde.
5. Die Übung wird reihum fortgesetzt.

Schreiben Sie nach der Übung alle Wörter auf, die dargestellt wurden.

❺ Betrachten Sie die Bilder am Anfang dieser Einheit. Entspannen Sie sich und hören Sie zu.

In dieser Einheit können Sie den Wortschatz zu folgenden Themen üben und wiederholen:

- **Raum und Bewegung:** Woher? Wo? Wohin?
- **Zeit:** Wann? Wie lang(e)? Wie oft?
- **Quantität und Qualität:** Wie viel? Wie?
- **Beziehungen:** Warum? Wozu? Womit? Wie?

Im **Lernwortschatz** finden Sie alle wichtigen Wörter zu diesem Thema mit Beispielen und Übersetzung.

Der Wortschatz dieser Einheit ist möglichst einfach und übersichtlich zusammengestellt. Sie können auf den folgenden Seiten mit Hilfe der Beispielsätze zu zweit in Frage- und Antwortspielen üben und die Übersichten als Nachschlagetabellen benutzen.

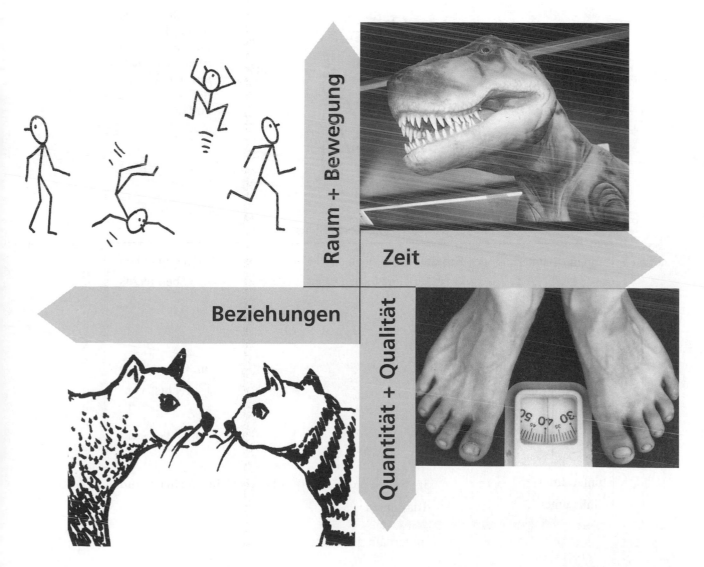

Raum und Bewegung: Woher? Wo? Wohin?

▶ Woher?

sein haben kommen

aus dem Westen
aus Spanien
von Hamburg
von links
aus dem Supermarkt
vom Metzger
von Max
von zu Hause

● **Woher** bist du?
○ Aus der Schweiz, genauer gesagt, aus Basel.

● **Woher** hast du dieses Foto?
○ Von Maria, sie hat es mir geschenkt.

● **Wo** kommt diese gute Milch **her**?
○ Die ist nicht aus dem Geschäft, sondern direkt vom Bauern.

Wo?

liegen sein stehen halten (sich) treffen abfahren

zwischen München und Bayreuth
in der Gegend von Nürnberg
außerhalb des Dorfes
mitten im Dorf
innerhalb des Dorfes
in der Nähe der Kirche
vor dem Rathaus
hinter der Post
an der Kreuzung
nach der Ampel

im Schwimmbad
beim Fluss
am See
über dem Wasser
auf der Wiese
neben dem Zeltplatz
zu Hause

rückwärts ← ↓ abwärts → vorwärts

aufwärts ↑

oberhalb des Kastens

↔ waagrecht

außen · innen · innerhalb des Kastens · (da) oben · rechts oben

im Norden (von) · oben rechts

s e n k r e c h t

außerhalb des Kastens

im Westen (von)

links (von)

da, hier
im Zentrum (von)
in der Mitte (von)
mitten (in)
da, wo das Zentrum ist

im Osten (von)

rechts (von)

(da) hinten / im Hintergrund

unten links

links unten

im Süden (von)

(da) unten

(da) vorn / im Vordergrund

unterhalb des Kastens

➡ E. 1, S. 15; E. 6, S. 58; E. 7, S. 70, S. 74 f.; E. 13, S. 127 ff.

Wohin?

- Hier!
- ○ Wo?
- Da.
- ○ Nein, dort drüben!
- Drinnen oder draußen?
- ○ Irgendwo – vielleicht anderswo?
- Überall und nirgends!

- **Wo** liegt Wels?
- ○ Im Westen / Westlich von Linz.

- **Wo** treffen wir uns?
- ○ Bei der Kirche.

- **Wo** steht dein Fahrrad?
- ○ Vor dem Haus.

| stellen | legen | müssen |
| gehen | fahren | begleiten |

auf den Sessel
unter den Tisch
über das Bild
zwischen die Stühle
vor den Schrank
hinter die Kommode
ins Bett

ans Meer
aufs Land
um den See
in den Fluss
durch den Bach

nach Osten
nach rechts
geradeaus
auf die Post
zur Polizei
nach Hause

- **Wohin** fahren Sie dieses Jahr in Urlaub?
- ○ Nach Thüringen. Und Sie?

- **Wo** gehst du heute Abend **hin**?
- ○ Zuerst wollte ich ins Kino, aber ich gehe zu Michaela. Da ist ein Fest.

- **Wo** hab ich nur mein Buch **hin**gelegt?
- ○ Da kann ich dir auch nicht helfen.

Dorthin!

Hierhin?

Soll ich **hinunter** kommen oder kommst du **herauf**?

Ich **hinauf**? Komm du doch **herunter**!

WO? = Dativ – WOHIN? = Akkusativ

Tipp

auf	über	vor
in	neben	zwischen
an	unter	hinter

WOHIN? – *WOHER?*

Länder/Regionen/Städte:
ohne Artikel: nach Österreich, nach Innsbruck
                aus Deutschland, aus Weimar
mit Artikel: in die Schweiz, ins Riesengebirge
                aus der Steiermark, aus dem Harz

Berge/Institutionen:
auf den Großglockner, auf die Zugspitze,
aufs Matterhorn / auf die Bank
*vom Mönch, von der Marmolata, vom Rothorn,
von der Schule*

Menschen/Institutionen:
zu(m) Peter, zu(r) Rita, zur Schule, zum Bäcker
von Frau Meier, vom Metzger

| hinauf, herauf | = rauf | hinein, herein | = rein |
| hinunter, herunter | = runter | hinaus, heraus | = raus |

18

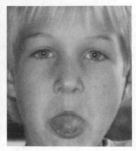

Zeitskala

von den Anfängen
des Universums
bis heute

Urknall ↘

Zeitlicher Ablauf · Zeitlicher Ablauf · Zeitlicher Ablauf · Zeitlicher Ablauf

früher, einst, vorher am Anfang	jetzt und dann	später, hinterher, nachher am Ende
Vergangenheit	**Gegenwart**	**Zukunft**
gestern voriges Jahr, vor einem Jahr im letzten Herbst letztes Mal	heute dieses Jahr diesen Herbst diesmal	morgen nächstes Jahr, in einem Jahr nächsten Herbst nächstes Mal
als ich geboren wurde, … als ich in Basel ankam, …		wenn ich fertig bin, … wenn ich 50 bin, …

> **Bevor** Sie anfangen, stellen Sie die Zutaten bereit. **Nachdem** Sie das Öl erhitzt haben, legen Sie die Steaks in die Pfanne. **Solange** diese braten, machen Sie den Salat. **Während** Sie den Tisch decken, lassen Sie die Steaks einige Minuten ruhen. **Nachher** werden sie gesalzen. **Inzwischen** haben Sie auch den Wein eingeschenkt. Guten Appetit!

Wann?

● **Wann** ist er gegangen?
○ Schon vor einer Stunde.

● **Wann** ist das passiert?
○ Letztes Jahr, glaube ich.

● **Wann** musst du gehen?
○ Erst in einer Stunde.

● **Wann** siehst du sie wieder?
○ Vielleicht nach ihrer Reise.

> **Zuerst** war der Urknall. Wasser und Land waren **am Anfang** noch nicht getrennt. Millionen Jahre **danach** entstanden die ersten Bakterien, **später** Pflanzen **und dann** die ersten Tiere. **Schließlich** entwickelte sich der Affe und **zuletzt** entstand der Mensch. **Anfangs** machte er Werkzeuge aus Stein, **am Ende** flog er zum Mond. Und wie wird es weitergehen?

Tageszeiten	Wochentage	Datum
am Morgen **am** Vormittag **am** Mittag **am** Nachmittag **am** Abend **in** der Nacht	**am** Montag **am** Dienstag **am** Mittwoch **am** Donnerstag **am** Freitag **am** Samstag **am** Sonntag	**am** Freitag, dem 11. 1. 1952 (**am** elften ersten 1952) **am** 8. Mai 1948 (**am** achten Mai 1948)
Monate	**Jahreszeiten**	**Jahr**
im Januar / Jänner Ⓐ **im** Februar **im** März …	**im** Frühling **im** Frühsommer **im** Spätherbst **im** Winter	1994 **im Jahre** 2005 Das war 1994.
Zeitpunkt		**Uhrzeit**
vor dem Konzert **während** des Spiels **nach** dem Theater plötzlich auf einmal		**um** halb zehn **um** 20 Uhr 30 **um** Mitternacht kurz **nach** halb drei so **gegen** Viertel vor zwölf lieber **vor** 6 (Uhr)

➡ E. 5, S. 51 ff.; E. 7, S. 78

Wann fliegt er endlich?

Sie müssen **noch einen Moment** Geduld haben. Er ist **bald** bereit zum Start. **Im Augenblick** steht er noch auf dem Boden. **Gleich** ist er ganz aufgeblasen.
Es dauert **nicht mehr lange.** Der Pilot steigt **eben** in den Korb ein. Ja, und **in einem Augenblick** ist es so weit, **jetzt** können Sie es gut sehen: **In diesem Moment** bewegt sich der Korb, die Hülle ist voll, und **nun** hebt er ab. Schön, langsam, traumhaft schön, wie er **gerade** vor unseren Augen wegfliegt.
(Etwas später):
Schade, dass Sie so spät kommen. Hier ist **gerade** ein Ballon gestartet. Bis **vor kurzem** konnte man ihn noch gut sehen. Er ist **eben** in den Wolken verschwunden. Pech für Sie. Sie hätten etwas **früher** kommen müssen.

in einem Moment	im Moment	vor einem Moment
gleich	jetzt	eben
bald	im Augenblick	gerade
sofort	nun	vor kurzem
noch einen Moment	gerade	neulich
nicht mehr lange	eben	vorhin
	in diesem Moment	früher

Wie lang(e)?

● **Wie lange** läuft das Spiel schon?
○ Erst seit fünf Minuten.

● **Wie lange** dauert es noch?
○ Etwa noch eine halbe Stunde.

● **Seit wann** lebt er schon in Wien?
○ Ach, schon seit einer Ewigkeit.

● **Wie lange** bleibst du noch in Wien?
○ Sicher noch bis nächsten Sommer.

Objektive Zeit	Subjektive Zeit
ein Jahrhundert (lang)	jahrelang
ungefähr ein Jahr	monatelang
sicher noch einen Monat	wochenlang
schon eine Woche	tagelang
das ganze Wochenende	stundenlang
bis morgen früh	eine Ewigkeit
die ganze Nacht	ziemlich lang(e)
etwa eine halbe Stunde	nicht so lang(e)
genau eine Viertelstunde	nur einen Moment
ein paar Minuten	
eine Sekunde	

Wie oft?

● **Wie oft** hast du das gesehen?
○ Schon dreimal.

● War sie schon oft bei dir?
○ Schon mehr als zehnmal.

● Siehst du dir das mehrmals an?
○ Sicher noch einmal.

● **Wie oft** fährst du noch dahin?
○ Immer öfter ...

immer	oft	selten
jedes Mal	häufig	fast nie
dauernd	manchmal	nie
fast immer	öfter	überhaupt nie
immer, wenn ...	mehrmals	
meistens, wenn ...	ein paarmal	
regelmäßig	zweimal / zum zweiten Mal	
jeweils am Dienstag	einmal / zum ersten Mal	
immer wieder		

Quantität und Qualität: Wie viel? Wie?

Wie viel?

Mengen	Preise	Rechnen
Wie viele kommen zur Party? **Wer**?	**Wie viel / Was kostet das?**	**Wie viel ist …?**

Wie viele kommen zur Party?
Wer?
niemand – keine Frauen – nur ein Kind – jemand, den ich mag – wenige Leute – einige aus dem Kurs – ein paar – manche, die neu sind – viele Bekannte – alle – jeder, der Zeit hat

Wie viel brauchst du zum Kochen?
Was?
ein Paket Reis – etwas Salz – nur wenig Sahne – ein bisschen Pfeffer – ein Stück Käse – ein paar Pilze – viel Wein – eine ganze Zwiebel – alle Tomaten – keinen Oregano – und sonst nichts mehr

Wie viel / Was kostet das?
8 Schilling 50 Groschen Ⓐ
2 Mark 70 Pfennig Ⓓ
7 Franken 10 Rappen ⒸⒽ

Das kostet …	Das ist …
viel zu viel	unbezahlbar
doppelt so viel	nicht zu bezahlen
sehr viel	wertvoll
ziemlich viel	teuer
nur die Hälfte	eher teuer
wenig	nicht so teuer
zu wenig	billig
fast nichts	nichts wert
nichts	fast umsonst
	gratis

Wie viel ist …?

Addieren:
4 **plus** 5 **plus** 6 **ist** 15.
$4 + 5 + 6 = 15$

Multiplizieren:
4 **mal** 5 ist …?
4×5 (auch $4 \cdot 5$) =

Dividieren:
8 **durch** 2 ist …?
$8 : 2 =$

Subtrahieren:
5 **minus** 3 ist …?
$5 - 3 =$

Zahlen

eins	zwei	drei	vier	fünf	…
elf	zwölf	dreizehn	vierzehn	fünfzehn	…

zehn	zwanzig	dreißig	vierzig	fünfzig	…
(ein)hundert	zweihundert	dreihundert …			

(ein)tausend   zweitausend   dreitausend …
eine Million   zwei Millionen …
eine Milliarde   zwei Milliarden …

1	15	14	4
12	6	7	9
8	10	11	5
13	3	2	16

Reihenfolge	Rangliste	Resultate
erstens	**Der/Die/Das wievielte …?**	**Wie steht das Spiel?**
zweitens	Der/Die Erste	Das Spiel steht 3 : 2.
drittens	Zweite	Sie gewannen 3 **zu** 2.
	Dritte	Das Match endete 0 **zu** 0 **unentschieden.**
	…	
	Vorletzte	
	Letzte	

➡ E. 4, S. 42, S. 48 f.; E. 8, S. 82; E. 12, S. 121

Fläche

Wie groß ist das Feld?
Wie viele Quadratmeter
    hat die Wohnung?

Quadratmeter/m²

Größe/Länge/Höhe/Breite/Distanz

Wie hoch ist der Berg?
Wie breit ist der Fluss?
Wie lang ist er?
Wie tief ist er wohl?
Wie weit ist es bis
    Reykjavik?
Wie groß bist du?

Zentimeter/cm
Meter/m
Kilometer/km

Geschwindigkeit

Wie schnell fährt
    der Zug?
Er fährt 130.

Geschwindigkeits-
angabe:
Kilometer pro Stunde/
km/h
Stundenkilometer

Gewicht

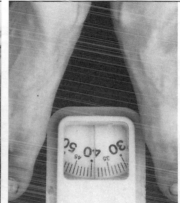

Wie schwer bist du?
Wie viel wiegt das?
Wie viel Brot soll ich
    kaufen?

Kilogramm/kg
Gramm/g
Pfund = 500 g ⒸⒽ Ⓓ
Deka = 10 g Ⓐ

Volumen/Inhalt

Wie viel geht da rein?
Wie viel Wasser ist da
    drin?
Wie viel Milch brauchst
    du?
Wie groß ist der Topf?

Liter/l
1/8 l / 1/4 l Ⓐ Ⓓ / 1/2 l
Deziliter dl ⒸⒽ
Kubikmeter/m³
eine Flasche/
zwei Glas ...

Temperatur

Wie warm ist es bei
    euch?
Wie kalt wird es hier?
Ist das Wasser heiß?

unter/über Null
10° minus/plus
Grad Celsius / °C

Wie?

Qualitäten

groß - klein breit - schmal kurz - lang rund - eckig dünn - dick hoch - niedrig weit - eng viel - wenig	
schwer - leicht voll - leer schnell - langsam warm - kalt neu - alt stark - schwach schief - gerade	

Beziehungen: Warum? Wozu? Womit? Wie?

Grund/Ursache/Folge	Ziel/Zweck	Art und Weise / Instrument

Von nichts kommt nichts

Wie kommt es eigentlich, **dass** du so kaputt aussiehst? Sicher wegen dem Computer. **Weil** ich so viel schreiben muss, ich denke vor allem **deswegen**. Das kommt von der ständigen Arbeit am Bildschirm. Ich habe dann immer so starke Kopfschmerzen, **dass** ich kaum einschlafen kann. **Darum** schlaf ich am Morgen länger. Das ist auch der Grund, **weshalb** ich das Telefon ausstecke. Ich will **nämlich** nicht geweckt werden.

Rätsel

Wofür ist dieses Ding? **Fürs** Auto vielleicht? **Damit** der Motor leiser läuft. Wahrscheinlich auch **zum** Benzinsparen. Oder nimmt man es, **um** beim Reisen nicht nervös **zu** werden? Vielleicht ist es auch **dazu** gemacht, **dass** die Kinder im Auto besser schlafen können. **Dafür** wahrscheinlich. **Wozu** könnte es sonst da sein? Was meinen Sie?

Wie konnte das nur passieren?

Ich weiß auch nicht, **wie** ich das gemacht habe. Ich mache das eigentlich immer **damit** – meistens **mit** der rechten Hand, nie **ohne** Schere. So ist es immer **gut** gegangen. Ich glaube, ich habe es schon **richtig** gemacht, aber eben nur **fast** .... Beim nächsten Mal bin ich vorsichtiger. Ich weiß zwar noch nicht, **womit** ich es machen soll, aber ...

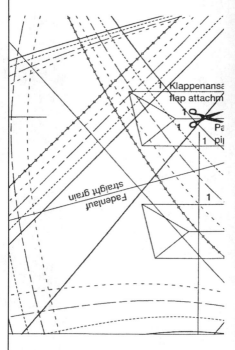

Warum?
Weshalb?
Weswegen?
Woher?
Wieso?
Wie kommt es, dass ...?

weil (+ Nebensatz)
denn (+ Hauptsatz)
darum (+ Hauptsatz)
deshalb (+ Hauptsatz)
deswegen (+ Hauptsatz)
daher (+ Hauptsatz)
daher ..., dass (+ Nebensatz)
so ..., dass (+ Nebensatz)

wegen (+ Substantiv im Genitiv
      oder Dativ)

nämlich

Wofür?
Wozu?

um ... zu (+ Infinitiv)
damit (+ Nebensatz)
dass (+ Nebensatz)

für (+ Substantiv)
zum (+ substantiviertes Verb)

dafür
dazu

Wie?
Womit?

so
wie
mit/ohne (+ Substantiv)
damit
Adverb: richtig, falsch, gut ...

➡ E. 1, S. 11; E. 2, S. 23 f.; E. 3, S. 32; E. 4, S. 46, S. 48; E. 7, S. 69 f.; E. 9, S. 87

Bedingung	Opposition/Einschränkung	Vergleich

Lieber spät als nie

Trotz alledem

Die Beste der Besten

Er hat gesagt, er kommt **bei** jedem Wetter, ob es regnet oder schneit. Aber nur **dann, wenn** alle auf ihn warten. „Ihr müsst auf mich warten, **sonst** komme ich nicht", hat er immer wieder gesagt. „**Wenn** alles gut geht, bin ich um sieben da." Wir warteten und warteten. „**Hätte** er doch oder **wäre** er bloß … – Aber, na ja!"

Ich wollte heute mal zu Hause bleiben. Ich habe gedacht, das Konzert findet **nicht** heute statt, **sondern** erst morgen. Zum Glück habe ich Radio gehört, da haben sie gesagt, das Konzert finde heute statt, **obwohl** der Sänger noch leicht erkältet sei. Ich bin dann mit ein paar Freunden **doch** hingegangen. Es war leider eine Katastrophe, der Sänger stand auf der Bühne, **aber** man konnte fast nichts hören. **Dabei** hat er sich Mühe gegeben, **aber** ohne Stimme geht es wirklich nicht. Es war **trotz** des schlechten Konzerts ein guter Abend – endlich wieder einmal alte Bekannte gesehen.
Hast du also **trotzdem** Spaß gehabt?

Sie ist etwa **genauso** groß, aber doch ganz **anders als** die von Petra. Ganz und gar nicht **die Gleiche**, obwohl sie Geschwister sind. In der Farbe und in der Größe ist sie ganz **anders**. Meine gefällt mir **besser**. Überhaupt ist sie die **liebste von** allen. Mit deiner kann man sie vielleicht vergleichen, sie ist ihr ziemlich **ähnlich**. Aber deine ist **nicht so** intelligent **wie** meine. Das ist der Unterschied!

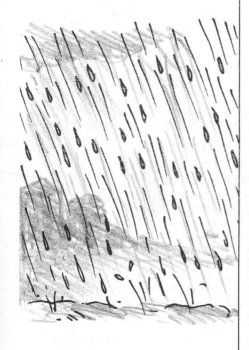

aber (+ Hauptsatz)
dabei (+ Hauptsatz)
nicht …, sondern (+ Hauptsatz)
obwohl (+ Nebensatz)
trotzdem (+ Hauptsatz)
außer (+ Hauptsatz/Nebensatz)

trotz (+ Substantiv im Genitiv oder Dativ)

statt
bloß
jedoch
doch (*betont*)

(nicht) so … wie
genauso
ebenso
ähnlich
wie
anders (als)
verschieden
je … desto
umso

solcher/solche/solches

als ob (+ Nebensatz im Konjunktiv)

Komparativ (+ als)
Superlativ (+ von)

wenn … (, dann)
nur (dann), wenn
sonst (+ Hauptsatz)
sobald (+ Nebensatz)

bei (+ Substantiv)

irreal: Konjunktiv II

Lösungsschlüssel

1 Personen und Persönliches
Angaben zur Person
❷ (1) der Name/Familienname; (2) der Vorname; (14) verlängert bis; (9) die Behörde; (5) das Geschlecht; (8) gültig bis; (10) die Unterschrift des Passinhabers; (3) die Staatsangehörigkeit/Nationalität; (12) die Größe; (13) die Farbe der Augen; (4) das Geburtsdatum; (11) der Wohnort; (7) das Ausstellungsdatum; (6) der Geburtsort

❸ 1. der Name; 2. das Geburtsdatum; 3. die Größe; 4. der Wohnort (die Adresse); 5. das Telefon (die Telefonnummer) privat/tagsüber; 6. der Beruf/das Studium; 7. die Firma/die Uni/die Schule; 8. die Farbe der Augen

Das Gesicht
❹ Mona Lisa: schmale Lippen; dunkle, sanfte Augen; lange, glatte Haare; helle, gepflegte Haut; ein eher spitzes Kinn; eine hohe, glatte Stirn; ein schmaler Hals
Marilyn Monroe: blondes, gewelltes Haar; eine kleine Nase; ein offener Mund; schöne, weiße Zähne; helle, gepflegte Haut; runde, volle Lippen; ein erotischer Blick

❺ a) der Hunderter: links Mitte; der Tausender: links unten; der Zwanziger: rechts unten; der Fünfziger: links oben; der Fünfhunderter: rechts oben

b) Wolfgang Amadeus Mozart

Hörtext zu a) und b)
Der Mann auf dem Hunderter trägt eine runde, randlose Brille. Er hat dünnes Haar, fast den Ansatz zu einer Glatze. Er trägt einen Vollbart und hat große Ohren. Auf seinem Gesicht liegt ein verschmitztes Lächeln. Man könnte sich vorstellen, dass er das Ganze gar nicht so ernst nimmt.
Der Mann auf dem Fünfziger trägt einen kurzen, gepflegten Vollbart. Seine Stirn ist in Falten gelegt. Er wirkt sehr intelligent.
Der Mann auf dem Zwanziger trägt einen dunklen Schnurrbart. Er hat dichte Augenbrauen und volles, gewelltes Haar. Er schaut träumerisch aus. Vielleicht ist er ein Abenteurer.
Der Mann auf dem Fünfhunderter hat ein sehr längliches Gesicht, nach hinten gekämmte Haare, einen gedrehten Schnurrbart und dünne, hohe Augenbrauen. Sein spitzes Kinn wird noch durch einen Spitzbart betont. Er wirkt sehr entschlossen.
Der Mann auf dem Tausender trägt eine runde Brille. Er hat ein glattes, bartloses Kinn. In seinem Gesicht sind tiefe Falten. Er hat eine hohe Stirn und dichte Haare. Sein Blick ist tiefernst. Er weiß, wie wichtig er ist.
Der Fünftausender klingt so: [Summen Anfang der *Kleinen Nachtmusik* von Wolfgang Amadeus Mozart] und er schmeckt nach Nougat und Marzipan.

Der Körper
❸ Gesicht, Ohren, hören, Augen, sehen, Hände, packen, Maul, fressen, verschlang (verschlingen)

❹ 1. durch die Nase/mit der Lunge; 2. mit den Augen; 3. mit den Ohren; 4. mit der Nase; 5. mit dem Mund; 6. mit dem Mund; 7. mit den Zähnen; 8. mit den Fingern; 9. mit der Hand/mit den Fingern; 10. mit den Beinen/mit den Füßen; 11. mit dem Kopf/mit dem Gehirn

❺ 1. stumm; 2. blind; 3. gelähmt; 4. taub; 5. taubstumm

Bewegung
❶ aufstehen, (sich) stellen, gehen, nehmen, heben, stellen, steigen, (sich) setzen, klopfen, (sich) bewegen

❷ a) Skizzen 2, 4, 6 passen nicht.

Hörtext zu a) und b)
Haben Sie nach den Übungen der vergangenen Tage bereits einen leichten Muskelkater hinter sich? Bravo! Dann waren Sie ehrlich zu sich selbst und haben sich nichts geschenkt. Und jetzt geht's gleich weiter:
Sie stehen mit leicht gegrätschten Beinen und gehobenen Armen. Über dem Kopf verschränken Sie die Finger und jetzt schwingen Sie den Körper in kleinen, federnden Bewegungen nach links und rechts seitlich aus. Und jetzt erweitern Sie. Größer werden und weiter ausschwingen. Die Hüften gerade lassen und beim seitlichen Ausschwingen immer gut ausatmen. Die Arme bleiben gehoben, die Finger sind verschränkt. Und jetzt wieder kleine, federnde Bewegungen zur Seite hin machen. Die Arme bleiben gehoben, und jetzt weit ausschwingen, sowohl nach rechts als auch nach links. Und jetzt wieder die kleinen, federnden Bewegungen. Und jetzt wieder groß und weit ausschwingen. Noch einmal. So, Danke schön, das genügt fürs Erste.

❸ 1. sich umdrehen; 2. auf einem Stuhl sitzen; 3. die Arme heben; 4. auf dem Boden knien; 5. sich auf einen Stuhl setzen; 6. Treppen steigen

Aussehen
❹ zu schwer sein → eine gute Figur wollen → eine Diät machen → abnehmen → sich besser fühlen → mit der Diät aufhören → zunehmen → sich schlechter fühlen (Auch andere Lösungen sind möglich.)

Gefühle und Mitmenschen
❹ 1. Du hast mich ... 2. Ich wußte Dir ... 3. zum Teil eben ... 4. zum Teil deshalb ... 5. Und wenn ich ... 6. weil auch im Schreiben ... 7. und weil die Größe ... 8. Dir hat sich ...

❻ 1. das Vertrauen; 2. die Furcht/Angst; 3. das Misstrauen; 4. das Verständnis; 5. die Liebe; 6. das Missverständnis

2 Familie, private Beziehungen
Familie und Verwandtschaft
❹ c) Im folgenden Hörtext sind die Ausdrücke fett gedruckt, mit denen Frau Krüger ihre Beziehungen zu ihrem Schwiegervater, ihrem Mann, ihrem Bruder und ihrer Schwester beschreibt:
„Zu meinem **Schwiegervater** habe ich ein **recht nettes Verhältnis:** Wir **verstehen uns gut** und **streiten uns** nie. Aber **mit** meinem **Mann verstehe** ich **mich** leider gar **nicht mehr so gut.** Er behandelt mich zwar **sehr höflich;** dabei hat er aber eine ganz **kühle** Art. Deshalb ist **unsere Beziehung sehr gestört.**
Der **Kontakt zu** meinem **Bruder** Friedrich dagegen ist so **eng** wie noch nie; ihn zu sehen ist ein echtes **Vergnügen.** Ich **habe** ihn wirklich **sehr gern,** weil er nie **streitet** und immer **Rücksicht auf** unsere **Probleme nimmt.**
Zu meiner **Schwester** Sabine dagegen **habe** ich praktisch **keinen Kontakt** mehr – und sie nicht zu mir. Ich **habe nichts gegen** sie; aber irgendwie **geht** sie **mich** einfach **nichts mehr an.“**

❺ a) (Beispiele:) Mutter: beschimpfen, schimpfen, heftig, hinausschicken, weinen, aufhören zu weinen
Oma: Kopf schütteln, murmeln, erzählen
Vater: anschreien, schreien, schlagen, seufzen, Zeitung auf den Tisch legen, Wohnzimmer verlassen, Tür zuknallen, verärgert in die Kneipe gehen, zurückkommen
Kinder: Jungen, Mädchen, Kinderzimmer, unangenehm, Verdacht, überlegen

Bekanntschaft, Freundschaft, Liebe

❼ a) Liebe: A, B; Freundschaft: A, B; Hass: ---;
Beginn einer Beziehung: A; Ende: A, B; Dauer: A, B;
Veränderung: A (B)

Kontrollieren Sie Ihren Lernerfolg

❶ a) <u>Großeltern</u>: Großmutter/Oma Trina Maier – Großva-
ter/Opa Fritz Maier; Großmutter/Oma Rosl Auhuber –
Großvater/Opa Georg Auhuber
<u>Eltern</u>: Mutter Maier – Vater Maier
<u>Geschwister/Freundin</u>: Bruder Simon Maier; Schwester
Daniela (Maier?); Freundin Sarah
<u>Enkelkinder</u>: Kind/Baby Susi

b) 1. (früher) ziemlich kompliziert, (jetzt) normal
2. „Opa" Georg Auhuber
3. Sie waren sehr enttäuscht. Sie schimpften darüber.

<u>Hörtext zu den Aufgaben a) und b)</u>:
(R = Rudi Maier
M = Miriam Watzke, Arbeitskollegin von Rudi)
R: Interessant, was du von deiner Familie erzählst. – Bei
mir zu Hause ist auch manches ein bisschen schwierig.
M: Warum? Was habt ihr denn für Probleme? Ich hab
gedacht, ihr seid eine harmonische Großfamilie in einem
schönen alten Bauernhaus!
R: Stimmt schon, aber nur zum Teil: Die Alten denken
eben anders als die Jungen, wie überall. Und bei uns
wohnen vier Generationen zusammen ...
M: Was, leben deine Großeltern noch?
R: Ja, alle vier! Meine Mutter ist eine geborene Auhuber,
ihre Eltern wohnen ein paar Häuser weiter in unserem
Dorf. Die Auhuber-Großeltern sind noch ziemlich fit; sie
besuchen uns oft und sind sehr lieb zu Sarah und unserem Baby. Besonders Opa Georg – den hab ich schon als
Kind am meisten gemocht. Aber auch Oma Rosl ist
schwer in Ordnung, sie hilft uns viel.
M: Und die Maier-Großeltern wohnen wohl bei euch auf
dem Bauernhof?
R: Ja, das sind die Eltern meines Vaters. Die haben vor ihm
die Landwirtschaft gemacht. Und sie haben deshalb ein
Recht, auf dem Maier-Hof zu wohnen. Aber sie sind
beide etwas schwierig, besonders Großvater Fritz. Er versteht überhaupt nicht, dass man zusammenleben und
ein Kind haben kann, ohne verheiratet zu sein. Und
Großmutter Trina ist da kaum besser ...
M: Sehen denn deine Eltern das mit deiner Freundin und
eurem Baby gerne?
R: Naja, jetzt schon. Jetzt lieben sie unsere Susi heiß und
innig. Aber damals, als Sarah das Kind von mir bekam, da
waren sie „sehr enttäuscht" von mir und schimpften
über uns.
M: Das Übliche, wundert mich gar nicht. – Jetzt bin ich
aber doch neugierig: Was für eine Beziehung hast du
eigentlich zu deiner Mutter?
R: Hmm, das war immer ein ziemlich kompliziertes Verhältnis. Sie wollte halt immer, dass ich ihr „kleiner Bub"
bleibe. Und ich wollte natürlich selbständig werden!
Aber wie durch ein Wunder hat sich die Situation durch
das Enkelkind entspannt, alles läuft jetzt ziemlich normal.
M: Hast du eigentlich auch noch Geschwister?
R: Ja, einen älteren Bruder, Simon; der ist ledig und über-
nimmt später den Bauernhof. Und Daniela, meine jün-
gere Schwester, die ist Angestellte beim Sozialamt.
M: Und deine Freundin, arbeitet die auch?
R: Ja, aber daheim eben, als Mutter und Hausfrau. Sarah
findet, das ist für Susi und unsere Kleinfamilie momen-
tan das Beste ...

3 Gesellschaft, soziale Beziehungen
Soziale Gruppen

❻ <u>Hörtext zu a), b) und c)</u>:
(D = Deborah, US-Amerikanerin
U = Urs, Schweizer
K = Katja, Bundesdeutsche)
D: Sagt mal, ich werd so oft gefragt, wie wir bei uns in den
Staaten soziale Minderheiten behandeln ...
U: Zum Beispiel die Männer, was?
D/K: Quatsch! Blödsinn! Was soll das?
U: Wieso? Männer sind fast in allen Ländern der Welt in
der Minderheit gegenüber den Frauen ...
K: Ja, auf dem Papier! So etwa 50,5 % Frauen und 49,5 %
Männer ---
D: Aber jetzt mal im Ernst: Sind denn die Frauen gleichbe-
rechtigt in Deutschland oder in der Schweiz oder in
Österreich?
U: Ja, nach dem Gesetz schon. Sogar in der Schweiz: Jetzt
dürfen auch die Frauen in allen Kantonen zusammen mit
den Männern abstimmen!
K: Aber im wirklichen Leben nicht, da haben Frauen nor-
malerweise nicht die gleiche gesellschaftliche Stellung
wie die Männer – etwa im Beruf, in der Politik, auch nicht
in der Familie!
D: Und wie kommen in der Familie die Alten und die Jun-
gen miteinander aus?
K: Tja, weiß ich nicht so allgemein. Jedenfalls gibt's zum
Beispiel mehr Senioren über 60 als Kinder und Jugendli-
che unter 18 Jahren. Und die Alten wohnen meist nicht
bei den jungen Familien.
U: Aber die Generationen helfen einander doch sehr oft:
Die Großmütter und Großväter passen auf die Enkel auf.
Und umgekehrt machen die Jungen Besorgungen für die
Alten und besuchen sie ...
D: Und wenn mal jemand richtig krank wird und nicht
mehr arbeiten kann?
K: Für jeden gibt's eine Krankenkasse, genug Ärzte und
Krankenhäuser. Aber die meisten Kranken werden wohl
in den Familien gepflegt.
D: Hm ... das scheint bei euch besser organisiert zu sein
als bei uns. Wie steht's bei euch mit Bildung und Berufs-
ausbildung? Gibt's bei euch vielleicht mehr akademisch
Gebildete als andere junge Leute, die gleich nach der
Schule arbeiten gehen?
U: Ja, hier gibt's schon einen starken Trend zu längeren
Bildungszeiten. Aber trotzdem gibt's unter den über
16-jährigen viel weniger Schüler und Studenten als Lehrlinge, die gleich einen praktischen Beruf erlernen.
K: Ist das bei euch auch so? Zwischen den beiden Gruppen von Jugendlichen gibt's bei uns traditionell wenig
Sympathien: Viele Lehrlinge halten die Schüler und Studenten für faul und die „Studierten" schauen oft sehr
arrogant auf die „einfachen" Arbeiter und Angestellten
herab.
D: Ah, das ist wieder so was typisch Deutsches: Arbeiter
und Angestellte! Was ist denn nun die größere Berufs-
gruppe?
U: Ja, in der Schweiz ganz sicher die Angestellten. Ich
denke, in Österreich und der BRD auch. Aber es gibt
immer noch viele Arbeiter.
D: Und arbeiten diese zwei Gruppen denn gegenüber
den Arbeitgebern zusammen, etwa wenn es um höhere
Löhne für alle Arbeitnehmer geht?
K: Ja, da halten Arbeiter und Angestellte schon zusammen, vor allem in Deutschland und Österreich wegen der
starken Gewerkschaften.
U: Ja, und das ist auch klar: Der Kampf um mehr Demokratie und Gleichberechtigung in den Betrieben läuft
noch! Zwischen den Arbeitnehmer-Organisationen und

der kleinen, aber mächtigen Unternehmer-Gruppe.

D: Jetzt muss ich aber auch noch was zum heißesten Punkt wissen. Bei euch gibt's doch ziemlich viele Ausländer, die hier leben und arbeiten – wie steht's zwischen denen und den Einheimischen, den Deutschen, Österreichern und Schweizern?

U: Ja, viele Ausländer leben schon in der 2. und 3. Generation bei uns ...

K: Aber sie sind eben doch noch eine Minderheit, unter 10 % von der Bevölkerung. Und sie leiden unter den Vorurteilen der Einheimischen. Viel zu wenige wollen wirklich Kontakt mit ihren ausländischen Nachbarn.

D: Das versteh ich nicht! Dann wären bei uns in den Staaten ja die meisten Leute für ihre Nachbarn Ausländer! ...

a) eine Deutsche (Katja), ein Schweizer (Urs), eine Ausländerin / US-Amerikanerin (Deborah)

b) (Mehrheit unterstrichen:) 2. Senioren/Alte – Jugendliche/Junge unter 18; 3. Gesunde – Kranke; 4. Lehrlinge/Auszubildende – Schüler/Studenten; 5. Angestellte – Arbeiter; 6. Arbeitnehmer – Arbeitgeber/Unternehmer; 7. Einheimische – Ausländer(innen)

c) 1. sind gleichberechtigt/haben nicht die gleiche soziale Stellung; 2. sorgen füreinander; 3. kümmern sich umeinander; 4. sind beieinander nicht beliebt; 5. helfen sich gegenseitig; 6. streiten über demokratische Mitbestimmung; 7. haben große Vorurteile gegeneinander

Kinder und Erwachsene

❶ b) (Beispiel:)
– Kein Kinderspielplatz / Spielen nicht erlaubt / nicht gestattet / untersagt / streng untersagt / strengstens untersagt / verboten / streng verboten / polizeilich untersagt ---

❸ die Erlaubnis/erlaubt; ---/gestattet; der Vorschlag/vorgeschlagen; die Beeinflussung/beeinflusst; die Überzeugung/überzeugt; die Überredung/überredet; die Diskussion/diskutiert; der Beschluss/beschlossen; die Bestimmung/bestimmt; die Warnung/gewarnt; der Zwang/gezwungen; ---/untersagt; das Verbot/verboten

Ausländer und Einheimische

❷ a) Yüksel gehört zu den Gastarbeitern/Fremdarbeitern/ausländischen Arbeitnehmern, ausländischen Mitbürgern, Zuwanderern/Migranten.
Ajub gehört zu den ausländischen Mitbürgern, Flüchtlingen, Asylanten, Fremden.

Kontrollieren Sie Ihren Lernerfolg

❶ a) Wörter, die nicht passen:
Nomen: das Geburtsdatum, der Baum, die Nase;
Adjektive: kurz, schlank, blond;
Verben: umtauschen, drucken, singen

❷ (Beispiele:) etwas sozial/demokratisch/gemeinsam/aktiv verändern; für Kranke/die Bevölkerung/die Gruppe/die Mehrheit/die Minderheit/den Verein/die Erwachsenen/die Jugendlichen/die Arbeitnehmer(innen)/die Senioren sorgen; einen Vorschlag machen/ablehnen/diskutieren/beschließen

4 Ernährung, Einkaufen, Kleidung

Lebensmittel, Essen und Trinken

❹ Bohnen – Kaffee *(Kaffee aus Kaffeebohnen)*, Würfel – Zucker *(Zuckerstücke in Würfelform)*, Butter – Milch *(Sauermilch zum Trinken)*, Frucht – Joghurt *(Joghurt mit Früchten)*, Tomaten/Orangen/Grapefruit – Saft *(Saft aus Tomaten/Orangen/Grapefruits)*, halb – fett *(niedriger Fettanteil)*, voll – fett *(hoher Fettanteil)*, Vollkorn – Brot *(Brot aus Vollkornmehl)*, Leber – Wurst *(Wurst, die*

Leber enthält), mager – Quark *(magerer Quark, mit geringem Fettanteil)*, Sahne – Quark *(Quark aus Sahne, mit hohem Fettanteil)*

Einkaufen und Kochen

❸ b) Apotheke, Bäckerei, Einkaufszentrum, Supermarkt, Lebensmittelgeschäft, Metzgerei, Trafik, Drogerie, Elektrogeschäft, Reinigung

❸ Hörtext zu a) und b)
Ja, ich leb in Innsbruck im Stadtteil Pradl, in der Zeughausgasse. Ich leb sehr gern hier, weil die Zeughausgasse is' relativ nahe beim Zentrum; in die Altstadt hab ich fünf Minuten zu Fuß, und, ja, die Straße is' eigentlich recht ruhig und es gibt auch alle möglichen wichtigen Geschäfte in der Nähe. Also die Apotheke, die Saggen-Apotheke, is' nur um drei Straßen weiter, dann ... wichtig is' auch die Bäckerei, Bäckerei Lener, wo man auch schon frühmorgens, also wenn man spät abends nach Hause kommt um drei oder vier, kann man schon die frischen Semmeln und die frischen Topfengolatschen kaufen, also das lieb ich besonders, dass diese Bäckerei auf dem Heimweg aus der Stadt liegt. Zum Einkaufen geh' ich eigentlich meistens in ein großes Einkaufszentrum, das nur drei Minuten von meiner Straße entfernt ist, wo ich alles finde. Manchmal is' es aber nervig, in den großen Supermarkt hineinzugehen, dann hat man aber auch die kleineren Geschäfte in der Nähe. Also man findet ein Lebensmittelgeschäft nur um die Ecke, auch eine Metzgerei is' um die Ecke, eine Trafik, ja, die Trafik is' aufgelassen worden, die gibt's nicht mehr, die da unten, also da muss man direkt in den Sillpark gehen, um Zigaretten und Zeitungen zu kaufen. Geht man über die Pradler Brücke hinüber, kommt man in eine sehr belebte Einkaufsstraße, wo es also alles, von Drogerien über Elektrogeschäfte, Reinigungen, Bäckereien, wo man alles findet. Also man muss sich zwar die Mühe machen, in die verschiedenen Geschäfte hineinzugehen, aber es macht manchmal auch Spaß, eine kleine Einkaufstour zu machen.

❺ am Tisch: Besteck: Messer, Gabel, Löffel; Geschirr: Tasse, Teller, Platte, Schüssel; Glas, Flasche; Serviette
in der Küche: Kochgeschirr: Pfanne, Topf; Schüssel, Flasche

❻ a) in der Küche, erwarten sie Besuch, kocht

b) gedeckt (decken), zum Trinken (trinken), mag (mögen), hol (holen), eingekauft (einkaufen), magst (mögen), bring (bringen), kosten, fehlt (fehlen), gedeckt (decken), brauchen, vergiss (vergessen), probier (probieren), fehlt (fehlen), mag (mögen)

Hörtext zu a) und b)
● Wie spät ist es eigentlich?
○ Halb acht vorbei.
● Was haben die Sporers gesagt, wann kommen sie?
○ So um acht. Du kennst sie ja, die sind recht pünktlich. Hast du schon gedeckt?
● Fast. Was soll ich denn zum Trinken holen? Der Michi mag sicher Weißwein, die Claudia glaub ich auch.
... Ich hol mal ein paar Flaschen aus dem Keller.
○ Hast du für die Elli was eingekauft?
● Aber klar, Cola ist da, Limo, Apfelsaft, was sie grad will. Was magst du?
○ Auch einen Weißen, und bring auch ein Mineralwasser mit.
[kurze Pause]
● Darf ich mal kosten ... mm, das ist noch so heiß ... aber gut.
○ Fehlt noch was?

- Nein, es ist sehr gut. Du bist eine Spitzenköchin!
○ Hast du jetzt den Tisch gedeckt oder nicht? Ist alles auf dem Tisch?
- Zum Teil, Teller sind drüben, Besteck, Servietten. Brauchen wir Salatteller auch?
○ Ja, sicher. Und vergiss die Gläser nicht.
[kurze Pause]
○ Probier doch noch mal, ob noch was fehlt.
- Gut ist es, vielleicht noch ein bisschen Pfeffer.
○ Nein, keinen Pfeffer mehr, aber irgendwas fehlt noch.
- Pfeffer fehlt.
○ Ich mag's aber nicht so scharf wie du.

Kleidung und Mode
❶ Dame: Bluse, Rock, Unterwäsche, Unterhose/Slip, Unterhemd, T-Shirt, Pullover, Hose, Jeans, Kleid, Schuh, Strümpfe, Socken, Kostüm, Jacke, Mantel
Herr: Anzug, Hemd, Unterwäsche, Unterhose, Unterhemd, T-Shirt, Pullover, Hose, Jeans, Schuh, Socken, Sakko, Jacke, Mantel

❻ a) Material: Leder, Stoff, Tuch, Wolle, Baumwolle, Seide, Kunstfaser
Qualität: dick, dünn, fein, rein
Muster: gestreift, kariert, gemustert, uni/einfarbig

❾ b) 1. Kunde: Der Pullover im Schaufenster, der gefällt mir gut. Kann ich den einmal genau ansehen?
2. Verkäuferin: In welcher Größe, bitte?
3. Kunde: 52, meistens brauche ich 52, oder x-large.
4. Verkäuferin: Moment bitte, ich hol Ihnen den in Ihrer Größe.
5. Kunde: Ja, der gefällt mir wirklich gut, die Farben und das Muster.
6. Verkäuferin: Probieren Sie ihn doch an, dahinten können Sie sich umziehen. . . . Wie geht's, passt er?
7. Kunde: Mir kommt vor, der ist etwas zu lang, und an den Schultern zu weit.
8. Verkäuferin: Ja, ja, die sind ziemlich weit. Ich bring Ihnen den gleichen in 50.
9. Kunde: Und kann ich diesen hellen da auch mal probieren, der sieht auch gut aus.
10. Verkäuferin: Aber selbstverständlich, bitte!
11. Kunde: Welcher passt jetzt besser? Was meinen Sie?
12. Verkäuferin: Beide stehen Ihnen gut. Der erste passt gut zu vielen Farben . . .
13. Kunde: Ich nehm den mal mit. Zur Not kann ich ja noch umtauschen, oder nicht?
14. Verkäuferin: Umtauschen geht, aber nur innerhalb von drei Tagen und mit der Quittung.

5 Tagesablauf, Körperpflege und Gesundheit
Der Tagesablauf
❹ die Arbeit: Arbeiten, Lernen, Essen am Arbeitsplatz
die Hausarbeit: Kinderbetreuung, Kochen, Essen zu Hause, Hausarbeiten, Einkäufe
die Erholung: kleine Bastel- und Gartenarbeiten, Kino-, Theater-, Konzert-, Galeriebesuche; Beten
die Geselligkeit: Spaziergänge, Besuche, Einladungen, Ausgehen

Körperpflege
❸ 1. Aber es ist doch erst acht Uhr! 2. Wieso, ich setz doch eine Mütze auf. 3. Ich hab aber überhaupt keinen Hunger. 4. Ich find die Nagelschere nicht. 5. Ich war doch erst vor einem Monat! 6. Aber sicher, ich gefall mir heute sehr gut. 7. Ich geh doch gar nicht in die Sonne.

Gesundheit und Krankheit
❹ 1. Krankenwagen; 2. Patient; 3. Rezept; 4. Medizin; 5. Operation; 6. Rezept

❺ a) 1. Am Morgen wachte er mit Kopfweh und Husten auf.
2. Der Hals war ganz rot und tat sehr weh.
3. Er hatte auch Fieber und beschloss, zum Arzt zu gehen.
4. Im Telefonbuch schaute er die Nummer von seinem Arzt nach.
5. Er rief an und ließ sich einen Termin geben, weil er nicht lange im Wartezimmer sitzen wollte.
6. Die Untersuchung dauerte nicht lange.
7. Der Arzt gab ihm eine Spritze und schrieb ein Rezept.
8. Mit dem Rezept holte er die Medikamente in der Apotheke.
9. Irgendwie freute er sich auf einige Tage Bettruhe.

b) Grippe

Kontrollieren Sie Ihren Lernerfolg
❶ 1. waschen, schneiden lassen, kämmen, trocknen; 2. putzen; 3. schneiden, reinigen, pflegen; 4. waschen, reinigen, pflegen; 5. verwenden, benutzen; 6. baden, sitzen, duschen, liegen; 7. verwenden, nehmen, benutzen; 8. duschen, waschen, kämmen

6 Wohnen
Mietvertrag – Umzug – Miete
❶ A = Erhöhung der Miete, B = Praktische Organisation des Umzugs, C = Mietvertrag

❷ die Miete erhöhen/bezahlen/senken/per Post überweisen
den Vertrag ausfüllen/machen/abschließen/verlängern/kündigen/unterschreiben

❸ Adressänderung bekannt geben – Sondermüll/Sperrmüll organisieren – Packmaterial beschaffen – Reinigungsmaterial kaufen – Reinigung planen/organisieren – Umzug organisieren – Handwerker für Reparaturen bestellen – den neuen Vertrag unterschreiben – Banken/Versicherung/Krankenkasse/Gaswerk/Elektrizitätswerk informieren – Einwohnermeldeamt/Schule/Arbeitgeber benachrichtigen – Schlüssel abgeben usw.

Renovierung
❶ Stockwerke/Räume: 35 Zimmer – unterschiedliche Kategorien – drei Stockwerke – ein altes Haus – Terrasse zum Inn raus – alter Keller (Naturfels)
Renovation/Renovierung: die Gänge machen – die Türen und Fenster abschleifen/lackieren/herrichten – den Teppich rausreißen – die Gänge und die Decken weiß streichen – die Decken erneuern

Hörtext:
- Wie viele Zimmer sind in Ihrem Hotel?
○ Es sind 35 Zimmer, unterschiedliche Kategorien. Das Hotel hat drei Stockwerke. Wir haben hier eine Terrasse, vorne runter zum Inn. Und wie's für so ein altes, jahrhundertealtes Haus so ist, wir haben hier einen wunderschönen Keller – Naturfels; genauso wie hier diese alten Mauern – auch Naturfels. Ja, und dieses alte Haus muss immer wieder renoviert werden. Und so muss man, wie Sie das gerade miterleben und sehen, . . . im Moment wieder tüchtig renoviert werden.
- Ja, das sieht man gut. Aber was haben Sie denn so alles vor mit Renovieren? Was fällt da alles an?
○ Ja, wie's so ist. Du musst irgendwo anfangen. Und jetzt machen wir zuerst die Gänge, dann die Türen und zum Schluss auch noch die Fenster. Alles neu renovieren, das heißt schleifen, lackieren – einfach wieder herrichten. Wir sind hier auf der Sonnenseite, und die Sonneneinstrahlung macht den Lack leicht kaputt. Dann muss man auch die Böden neu machen, die Bodenbeläge. Wir reißen gerade die Teppiche raus, damit man die alten Fliesen wieder sehen kann. Dann weißeln wir, also, dann

streichen wir die Gänge weiß und auch die Decken und bringen es alles in einen richtig guten Zustand. Wir erneuern's halt.

❷ Aktivitäten: die Decke streichen – die Wände streichen – das Bücherregal aufstellen – ein Brett sägen/schneiden – Staub saugen – reparieren – wiederherstellen – herrichten – in Ordnung bringen – reinigen – putzen usw.
Werkzeug/Gegenstände: die Tapete – die Wand – der Staubsauger – der Pinsel – die Farbe – die Leiter – der Tisch – der Teppich – der Eimer – die Schere – das Bild – die Säge – das Metermaß – das Brett – das Bücherregal

Einrichtung
❸ links: das Schlafzimmer – das Esszimmer – das Wohnzimmer – die Küche – das Badezimmer – der Waschraum – die Diele – das Kinderzimmer – der Besenschrank – das Dienstmädchenzimmer
rechts: das Bett – der Tisch – der Stuhl – der Geschirrschrank – der Sessel – das Sofa – der Herd – die Badewanne – der Wasseranschluss – die Dusche – das Waschbecken – die Tür – der Kleiderständer – der Besen – der Staubsauger

Tätigkeiten im Haus und ums Haus
❷ die Fenster schließen – den Schlüssel abziehen – die Blumen gießen – das Geschirr spülen – das Licht ausmachen – die Kochplatte abschalten

❸ b) das Schlüsselloch suchen – den Schlüssel ins Loch stecken – den Schlüssel drehen – die Tür aufmachen – zur Tür reingehen – die Schuhe ausziehen – das Licht anmachen – sich vor den Fernseher setzen – ein Bier aus dem Kühlschrank holen – auf die Toilette gehen – eine Dusche nehmen – überall das Licht ausmachen – die Vorhänge (zu-)ziehen – im Bett einschlafen

Kontrollieren Sie Ihren Lernerfolg
❶ in die Küche – ins Bad – ins Bad – in der Küche – in der Diele/in der Garderobe – in der Diele – im Esszimmer – im Bad/Badezimmer – ins Kinderzimmer/Schlafzimmer – ins Wohnzimmer/Fernsehzimmer – in ihr Bett/Schlafzimmer

7 Stadt, Land, Landschaften
Stadt und Land
❶ b) Hörtext: Frau Wanderer erzählt
„Hab ich Ihnen schon von meiner letzten Wanderung erzählt? Nein? Die war mal ganz anders als sonst: nicht raus aufs Land, sondern vom Land in die Stadt rein! Ich wollte mir nämlich schon immer mal die Umgebung von Flusshausen und die Stadt selbst ansehen. Also bin ich mit dem Auto bis ans Westufer des Sees gefahren. Aus dem See entspringt ein schmaler Fluss, der dann in einem weiten Bogen um die Stadt herumfließt. Direkt vom Seeufer steigt das Gebirge an. Am Fuß der ersten Berge bin ich entlanggegangen, immer nach Osten. Im Süden konnte ich den Fluss und die Stadt sehen. Vor mir lag das breite Tal mit dem Industriegebiet, hässlich wie überall, na ja! Von dem schönen Wanderweg ging's dann auf die Landstraße Richtung Flusshausen, und bald stand ich auf der alten Brücke, die über den Fluss ins Stadtzentrum führt. Aus wunderbar gelbem Stein ist diese Brücke gebaut. Leider steht direkt daneben eine ziemlich kaputte Fabrik mit hohen Kaminen – die Luft in der Gegend war ganz schlecht, richtiger Smog! Ich also schnell weiter, am Bahnhof vorbei. Glücklicherweise gab's da gleich gegenüber, neben der Polizeiwache, eine Bank; ich hatte nämlich vergessen, Bargeld einzustecken. Je weiter ich die breite Straße stadteinwärts ging, desto dichter wurde der Verkehr und der Lärm nahm zu – wie in den meisten Städten eben. Den Weg ins Stadtzentrum zeigte mir die

gotische Kirche mit ihren zwei hohen Türmen. Schließlich stand ich auf dem Marktplatz: ein breiter, rechteckiger Platz mit wunderschönen alten Bürgerhäusern und einem herrlichen barocken Rathaus. Alles sehr farbig und lebendig, wirklich eine Reise wert!
Die Füße taten weh, ich hatte Durst und war müde. Es waren nur ein paar Schritte bis zum Stadtpark am Fluss. Dort kaufte ich mir eine Limonade und legte mich unter die herrlichen Laubbäume – welche Ruhe! … Gleich in der Nähe am selben Flussufer liegt der kleine Zoo mit einheimischen Tieren und ein sehr ruhiges Schwimmbad. Dort blieb ich den Rest des Tages. Abends fuhr ich mit dem Bus zum Parkplatz am See zurück."
Stationen: ① der See/der Fluss ② die Industrie/das Tal ③ die Brücke/der Stein ④ die Fabrik/der Smog ⑤ der Bahnhof/die Bahn ⑥ die Bank/die Polizei ⑦ die Straße/der Verkehr ⑧ die Kirche/das Zentrum ⑨ der Platz/das Rathaus ⑩ der Park/die Bäume ⑪ der Zoo/das Schwimmbad

Landschaften
❶ Foto A: stiller Waldrand, Kinderstimmen, bellende Hunde, der Wind rauscht, Vögel singen, Kirchenglocken, Zweige, Blätter, Gras, Kühe, Gänse, Hühner, kleiner Bach;
Foto B: moderner Bauernhof, heulende Motorsäge, Schweine schreien, umgesägte Bäume, Gras, Kühe;
Foto C: stiller Waldrand, der Wind rauscht, Vögel singen, Zweige, Blätter, Gras, kleiner Bach;
Foto D: lauter Bagger, heulende Motorsäge, Haufen Erde, umgesägte Bäume, Arbeiter rufen, gerader Kanal.

❸ Text 1: Fotos A und C; Text 2: Fotos B und D

❹ Landschaften verändern sich/erholen sich/leben/wachsen/leiden/sterben.
Tiere leben/wachsen/leiden/sterben.
Bäume/Wälder verändern sich/erholen sich/leben/wachsen/leiden/sterben.
Bäume stehen/fallen.
Menschen verändern sich/erholen sich/leben/wachsen/leiden/sterben.
Menschen fällen/zünden Bäume/Wälder/Gebäude/Häuser an.
Menschen entdecken/erhalten Wälder/Tiere/Landschaften.
Menschen planieren/verändern/zerstören/verlassen Häuser/Gebäude/Wälder/Landschaften.
Maschinen planieren/verändern/zerstören Häuser/Gebäude/Wälder/Landschaften.
Häuser/Gebäude verändern sich/stehen/fallen.

Projekt „Umweltprobleme eines Touristenortes"
❸ b) 1. Autos/PKWs, Busse und LKWs kommen aus Innsbruck, Patsch, Vill und Lans. Bahnen kommen aus Innsbruck (Straßenbahn) und vom Berg/Patscherkofel (Bergbahn).
2. Autos/PKWs, Busse und LKWs fahren nach Innsbruck, Patsch, Vill und Lans. Bahnen fahren nach Innsbruck (Straßenbahn) und zum Patscherkofel/auf den Berg (Bergbahn).
3. Autos/PKWs, Busse und LKWs parken jetzt auf den Parkplätzen und an allen Straßen und Plätzen im Dorf. Die Straßenbahn/Tram stoppt jetzt an der Station (nahe der Lanser Straße). Die Bergbahn/Patscherkofelbahn stoppt an der Bergbahnstation.
4. Autos/PKWs und LKWs fahren immer. Busse (Citybusse) fahren jede halbe Stunde bis 20 Uhr und danach jede volle Stunde bis 22.30 Uhr. Die Straßenbahn/Tram fährt jede Stunde bis 19.00 Uhr. Bergbahn/Patscherkofelbahn: keine Information.

8 Natur, Umwelt

Kreisläufe in der Natur

❶ b) Hörtext: Wetterbericht

Sprecher: „Wir kommen zum Wetterbericht. Die allgemeine Lage: Die Druckunterschiede über Mitteleuropa sind sehr gering. Das schwüle Wetter dauert somit weiter an und es bleibt auch morgen noch gewitterhaft. Die Prognosen bis Dienstagabend für die ganze Schweiz: ziemlich sonniges Wetter, zeitweise Wolkenfelder, in der zweiten Tageshälfte jeweils stärker bewölkt und einige Schauer und Gewitter. Temperaturen in den Niederungen am Nachmittag um 26 Grad, nächtliche Tiefstwerte um 16 Grad. Null-Grad-Grenze auf 3800 Metern. Im Mittelland tagsüber Bisentendenz *(CH Bise = Nordwind),* in Gewitternähe Böen. Die Aussichten bis nächsten Samstag: vorwiegend sonnig und warm, in den Bergen am Nachmittag Quellwolken und am Mittwoch noch einzelne Gewitter. Das war das „Abendjournal" von Radio DRS ..."

Der Wetterbericht gehört zur Jahreszeit Sommer.

❷ b) 1. = c) 2. = d) 3. = b) 4. = a)

d) 1. die Arktis; 2. Amerika: Nordamerika, Mittelamerika, Südamerika; 3. Europa: Nordeuropa, Osteuropa, Südeuropa, Westeuropa, Mitteleuropa; 4. Afrika; Nordafrika, Ostafrika, Südafrika, Westafrika; 5. Asien: Nordasien, Ostasien, Südasien, (Westasien), Mittelasien; 6. Australien: (Nordaustralien), Ostaustralien, Südaustralien, Westaustralien; 7. die Antarktis

Pflanzen, Tiere, Landwirtschaft

❷ a) Es gibt Wiesen, Getreide, Geräte/Maschinen, Früchte/Obst, Wald, Blätter, Gras, Wasser, Felder, Holz, Mist, Erde/Boden, Insekten, Äpfel, Gemüse, Salat, Gärten.

b) 1. Es gibt eine Bäuerin und einen Bauern.

2. Es gibt ein Kalb, zwei Kühe, drei Rinder, drei Stück Vieh, ein Pferd, (keine Schafe), zwei Schweine, eine Katze, einen Hund, zwei Enten, vier Hühner, acht Vögel, (keinen Fisch), (viele) Insekten.

3. Es gibt sieben/viele Bäume und (viele) Blumen.

4. Es gibt einen Traktor und einen Mähdrescher.

5. Es gibt zwei Ställe, ein Tor, einen Bauernhof.

Energie, Materie, Stoffe

❶ b) 1. eine Flüssigkeit: Wasser oder Wein; 2. ein Gas: Luft

c) 1. das Glas; 2. das Papier; 3. der Stein; 4. der Stoff (die Seide); 5. das Metall (das Eisen); 6. das Holz; 7. der Sand; 8. der Kunststoff/das Plastik

Natur- und Umweltschutz

❶ b) Aktionen für Natur und Umwelt: die Natur erhalten; Tiere und Pflanzen schützen; gegen die Verschmutzung von Erde, Wasser und Luft kämpfen; den Lebensraum von Tieren und Pflanzen erhalten; die Umweltverschmutzung verhindern; etwas für den Naturschutz tun Aktionen gegen Natur und Umwelt: die Umwelt verschmutzen; das Wetter verändern; natürliche Landschaften zerstören; dem Wald schaden; die Umwelt verändern; Gesetze gegen die Natur machen

❷ b) Umweltschutz: die Umwelt schützen, Naturzerstörung: die Natur zerstören, Wasserverbrauch: (das) Wasser verbrauchen, Energieverbrauch: (die) Energie verbrauchen

Kontrollieren Sie Ihren Lernerfolg

❶ Obere Gedächtniskarte: (Mitte) Umwelt; (links oben) zerstören, die Zerstörung, die Katastrophe, verändern; (links unten) verwenden, verbrauchen, die Verschmutzung; (rechts unten) verschmutzen, das Waldsterben

Untere Gedächtniskarte: (Mitte) Natur-; (links oben) das Gesetz, verwenden, sparen, sparsam; (links unten) die Energie, verändern; (rechts oben) erhalten, verhindern, kämpfen; (rechts unten) der Lebensraum

9 Schule und Bildung

Das Schulzimmer

❷ (1) die Landkarte, (2) der Stuhl, (3) das Pult, (4) das Buch/das Deutschbuch, (5) die Schultasche, (6) die Wandtafel, (7) das Heft, (8) der Bleistift/der Stift, (9) der Füller, (10) der Kugelschreiber/Kuli, (11) das Lineal, (12) der Radiergummi, (13) das Federmäppchen (D)/das Etui (A und CH), (14) der Ordner, (15) das Papier, (16) die Schere

Stundenplan und Fächer

❷ Chemie – Psychologie/Pädagogik/Biologie – Erdkunde/Geographie – Deutsch – Biologie – Sport/Leibeserziehung/Leibesübungen – Italienisch – Mathematik

❸ der – die – das – die – das

Schulerfahrungen

❶ 1956 Knabenvolksschule – vier Jahre Grundschule – 1960 Gymnasium in München – 1969 Abitur – 1977 2. Staatsexamen

Hörtext

● Können Sie mir erzählen, welche Schulen Sie besucht haben?

○ Ja, ich bin 1956 in die Knabenschule in Olching eingeschult worden, hab die Grundschule vier Jahre besucht; 1960 bin ich nach München auf das Gymnasium gewechselt, hab dort neun Jahre lang das Gymnasium besucht, Abitur gemacht, und 1969 hab ich mich an der Universität immatrikuliert. Nach drei Semestern bin ich umgestiegen auf die Akademie für Bildende Künste. Die Akademie hab ich 1975 mit dem 1. Staatsexamen abgeschlossen – und nach zwei Jahren Referendariat 1977 mit dem 2. Staatsexamen.

● Was kommt Ihnen in den Sinn, wenn Sie an Schule denken?

○ Ja, zunächst mal sicherlich die Erfahrungen meiner eigenen Schulzeit, die nicht immer nur schön waren. Natürlich kommen mir Lehrer und Lehrerinnen in den Sinn, die sehr solidarisch auf Wünsche und Bedürfnisse der Schüler eingingen. Aber ich erinnere mich auch an Pauker, strenge, autoritäre Lehrer. Ja, was noch? Eine starke Solidarität in der Klasse. In den neun Jahren Gymnasium haben sich natürlich viele Freundschaften ergeben. Und was das Lernen betrifft, erinnere mich an Situationen, wo ich mich wirklich oft gefragt habe, warum ich das machen muss. Also dieser Spruch „Fürs Leben und nicht für die Schule lernen wir", der kommt mir dann manchmal wie eine Karikatur vor. Aber ich erinnere mich auch an Fächer, die ich gerne mochte, wo man sowieso von sich aus was tut, aus Interesse.

● Ja, was war denn Ihr Lieblingsfach?

○ Ach, da gab's bestimmt mehrere. Allen voran war sicherlich mein Lieblingsfach Kunsterziehung oder, wie das früher hieß, Zeichnen, aber auch Fächer wie Erdkunde, Biologie und Geschichte. Auch die Sprachen, Englisch, Französisch haben mich sehr interessiert. Was ich nicht so mochte, waren fast alle naturwissenschaftlichen Fächer – wobei ich aber ganz sicher bin, dass das an der Vermittlung lag. Damit, mit „naturwissenschaftlichen" Fächern meine ich Mathematik, Chemie, Physik und ... Ja, und dann so ein Fach wie Latein: Ich hab acht Jahre lang mich mit Latein gequält oder, besser gesagt, ich bin acht Jahre lang mit Latein gequält worden und hab den Sinn nie verstanden.

● Und die ideale Schule, wie sieht die aus für Sie?

○ Schwer zu sagen. Ich bin als Lehrer von der Schule wieder weggegangen, ich hab ja Lehramt studiert und war zwei Jahre lang Referendar, aber ich konnte meine

Vorstellungen nicht in das Schulsystem einbringen. Ich könnt mir aber immer noch eine ideale Schule als ein Zusammenspiel von Lehrern und Schülern vorstellen, also nicht hierarchisch geordnet, sondern so, dass auch Schüler ihre eigenen Interessen einbringen können, ihre Vorlieben, ihre Schwerpunkte ... dass Lehrer auf Schüler eingehen, auch auf Lernertypen eingehen und versuchen, ein Angebot zu machen, um dem, was Schüler wollen und brauchen, gerecht zu werden.

④ Hörtext
● Rupert, kannst du mir bitte kurz einmal erzählen von deiner Schulzeit?
○ Meine Schulzeit hat 1967 angefangen, Kindergarten hat's seinerzeit bei uns auf dem Dorf noch nicht gegeben. Ich bin dann vier Jahre später – 1971 – ins Gymnasium gegangen, wo ich acht Jahre später Matura gemacht habe. Nach dem Bundesheer bin ich nach Innsbruck gegangen, wo ich Germanistik und Anglistik zu studieren begonnen habe.
● Waren das in der Schule auch deine Lieblingsfächer, Deutsch und Englisch?
○ Deutsch schon, Englisch so lala. Deutsch vor allem, weil ich immer sehr viel gelesen habe und Literatur immer sehr gern gemocht habe. Deshalb habe ich Literatur studiert.

⑤ Beispiele: den Kindergarten besuchen – in den Kindergarten gehen – auf die Schule gehen – zur Schule gehen – in die Schule gehen – die Schule besuchen – das Gymnasium machen – ins/aufs Gymnasium gehen – auf die Universität gehen – die Universität abschließen – an der Hochschule studieren – eine Lehre machen – einen Kurs besuchen – in einen Kurs gehen – das Studium abschließen – eine Ausbildung machen – ein Praktikum machen – eine Prüfung bestehen

Noten und Prüfungen
❷ schlecht – ungenügend – genügend – befriedigend – gut – ausgezeichnet

⑤ ① sich zur Prüfung anmelden; ② sich auf die Prüfung vorbereiten; (③ die Prüfung nicht bestehen; ④ die Prüfung wiederholen); ⑤ die Prüfung bestehen; ⑥ das Zeugnis bekommen

⑥ die Anmeldung – die Prüfung – die Vorbereitung – die Wiederholung

10 Sprachen, Länder, Lernen
Sprache, schriftlich und mündlich
❷ b) schriftlich – mündlich: die Schrift, schreiben – die Stimme, sagen; die Bibliothek – ---; das Buch – die Rede, reden, die Erzählung, erzählen; der Text – der Text, (die Erzählung, erzählen); der Abschnitt – ---; der Satz – der Satz; das Wort – das Wort; die Silbe – die Silbe; der Buchstabe – der Laut; die Rechtschreibung, klein, groß – die Aussprache, aussprechen, leise, laut, der Lärm

Wörter im Text
❶ ist: dreimal; er: viermal; und: siebenmal; in: viermal; die: siebenmal.

❷ Artikel: die; Pronomen: er; Verb: ist; Konjunktion: und; Präposition: in.

❸ a) Ausführungsvorschriften, Vorbereitungsklasse (Nomen)
b) Vorbereitung/s/klasse: vor, die Bereitung, die Vorbereitung, die Klasse
Aus/führung/s/vorschriften: aus, die Führung, die Ausführung, die Vorschrift(en);
s: verbindet zwei kurze Wörter zu einem längeren Wort.

④ Deutschkenntnisse: „kann kein Wort Deutsch", „deutsche Sprachkenntnisse", „in bestem Deutsch", „Ich kann kein Deutsch"; Herkunft: „deutsche Kinder", „Ausländerkinder", „er kommt aus der Türkei", „Ausländer", „ausländische", „komme aus der Türkei";
Schulbesuch: „Regelklasse der Grundschule", „Vorbereitungsklasse für Ausländer besuchen", „Unterricht für ausländische Kinder"; Wörter lernen: „kann kein Wort Deutsch", „lernt ... deutsche Buchstaben und Wörter kennen", „O-m-a heißt Oma", „zu dem Wort ein Bild", „von der Tafel abschreiben", „schreibt ... in sein Heft".

⑤ Zeile 11 – 18; Beispiel für einen Kurzsatz: „Ziel dieser Klassen ist die Vermittlung deutscher Sprachkenntnisse und die Eingewöhnung der ausländischen Schüler in die (deutsche) Schule."

Unbekannte Wörter
❶ Was ist ... (auf Deutsch)? – Was bedeutet ... (auf Deutsch)?
Wie heißt ... (auf Deutsch)? – Wie sagt man auf Deutsch für ...?
Was sagt man im Deutschen für ...? – Ich verstehe (das Wort) ... nicht.
Übersetzen Sie (das Wort) ..., bitte! – Können sie (das Wort) ... erklären? – Wie schreibt/buchstabiert man das?

❸ den Lehrer/die Lehrerin anrufen/fragen; im Wörterbuch nachschlagen/nachsehen/suchen; Notizen machen/noch einmal lesen; einen Freund/eine Freundin anrufen/fragen; die Bedeutung aus dem Zusammenhang erraten/erschließen; den Text aufschreiben/weiterlesen/noch einmal lesen; am nächsten Tag weiterlesen/noch einmal lesen; das Wort nachschlagen/ausschreiben / nachsehen / erraten / suchen / erschließen / noch einmal lesen; Deutsche/Österreicher/Schweizer anrufen/fragen; andere Wörter aus derselben Wortfamilie suchen/erschließen; eine Pause machen.

Fremdsprachen, Länder, Nationalitäten
❶ a) Hörtext:
Sie hören kurze Gespräche. Welche Sprachen hören Sie?
(1) Parlez-vous français? – Oui, juste un peu.
(2) Lei, parla italiano? – Sì, ma solo un poco.
(3) Excuse me, do you speak English? – Yes, a little. What can I do for you?
(4) ¿Perdon, usted ..., habla usted español? – Sí, un poco.
(5) Hey, chasch du Schwyzerdütsch? – E chli bitzli scho.
(6) Czy pan mówi po polsku? – Tak, tak nie ma problemu.
Französisch, Italienisch, Englisch, Spanisch, Schweizerdeutsch/(Deutsch), Polnisch
b) Russland, GUS; Großbritannien, England, Schottland, Wales, Irland, USA, Kanada, Australien, Neuseeland; Deutschland, Österreich, Schweiz; Italien, Schweiz; Spanien, USA, lateinamerikanische Länder (außer Brasilien); Frankreich, Belgien, Kanada; Ungarn; Polen; Schweiz.
c) Russe, Russin; Brite, Britin, Engländer(in), Schotte, Schottin, Waliser(in), Ire, Irin, Amerikaner(in), Kanadier(in), Australier(in), Neuseeländer(in); Deutscher, Deutsche, Österreicher(in), Schweizer(in); Italiener(in), Schweizer(in); Spanier(in), Amerikaner(in); Franzose, Französin, Belgier(in), Kanadier(in); Ungar(in); Pole, Polin; Schweizer(in).

⑤ Hörtext:
Sie hören einen Interview-Ausschnitt. Welche Sprachen kann der Sprecher und wie gut? Notieren Sie.
„Äh, mit den Sprachen, wie das so ist? Ja, also, meine Muttersprache ist Schweizerdeutsch, als Kind hab ich Schwyzerdütsch geredet. In der Schule hab ich dann

Hochdeutsch gelernt; das kann ich eigentlich sehr gut, fließend. Es ist halt natürlich schweizerisch geprägt.

Wie das ist mit den anderen Landessprachen? Also Rätoromanisch, das kann ich kaum. Also ich versteh es, so ein bisschen versteh ich, wenn ich das im Fernsehen hör oder so am Radio. Sprechen – nee, das kann ich nur schlecht, ja eigentlich gar nicht.

Dafür kann ich ein bisschen Italienisch. Doch, also, ich versteh ziemlich gut Italienisch und ich kann mich auch so in den Ferien mit den Leuten unterhalten – doch, das geht eigentlich ganz gut.

Für – hähä – Französisch, ja, Französisch klar, dass... Ich hab viele Freunde, die französischsprachig sind und – doch, das kann ich eigentlich . . . gut.

Mein Englisch ist dann wieder, äh, eigentlich eher schlecht. Also ich red kaum Englisch, ich red's auch nicht so gut. Ich versteh's zwar, und lesen kann ich's eigentlich ziemlich gut – aber eben – ich brauch's nicht und dadurch kann ich's kaum.

Spanisch, Spanisch, ja, ja das . . . schlecht. Also, ich versteh's ein bisschen dank dem Italienischen und Französischen. Aber eigentlich muss ich sagen: Nee, reden, reden kann ich's kaum.

Was ich sehr schade finde, ist, dass ich – ich kann überhaupt keine slawischen Sprachen, also weder Russisch noch Bulgarisch noch Tschechisch, äh – das ist eigentlich schade. Aber zu meiner Zeit hatte man keinen Kontakt mit diesen Sprachen und ich bedaure es eigentlich sehr . . .
Schweizerdeutsch/Schwyzerdütsch: aktiv; Hochdeutsch/Deutsch: aktiv; Rätoromanisch: passiv; Italienisch: aktiv; Französisch: aktiv; Englisch: passiv; Spanisch: passiv; Russisch: nicht; Bulgarisch: nicht; Tschechisch: nicht.

Wörter und Ausdrücke

❶ Beispiele für Überschriften: Das Examen, Das Schlussexamen, Das Deutschexamen, Das Sprachexamen;
Die Prüfung, Die Abschlussprüfung, Die Deutschprüfung, Die Zertifikatsprüfung, Die Sprachprüfung;
Der Test, Der Abschlusstest, Der Deutschtest, Der Sprachtest, Der Zertifikatstest.

❷ **sich auf** eine Prüfung/ein Examen/einen Test/die Fragen/die Aufgaben/das Sprachstudium/eine Situation **vorbereiten;** die Lösung/die Antwort/ein Wort/einen Ausdruck/einen Satz **wissen;**
die Lösung/die Antwort/das Wort/der Ausdruck/der Satz **stimmt;** das passende Wort/einen Ausdruck/einen Satz/die Lösung/die Antwort/eine Frage/eine Schwierigkeit **markieren.**

❸ Kombinationsmöglichkeiten: auf Deutsch antworten/(wissen); keine Antwort wissen/stimmt; die Lösung wissen/stimmt/hat keinen Sinn; keine Schwierigkeit!/(stimmt); der Test hat keinen Sinn/stimmt.

❹ 1. sich (auf diesen Tag) systematisch vorbereiten und viel lernen
2. konzentriert sein/sich konzentrieren auf
3. richtig (darauf) antworten
4. eine Antwort aufschreiben
5. unsicher sein
6. nur eine (davon) stimmt
7. nicht begreifen, nichts kapieren
8. alles parat haben
9. Unterhaltung untersagt!

❺ 1. unbekannt; 2. sehr still; 3. die Antwort, die Lösung; 4. richtig; 5. interessant; 6. doof, blöd(e); 7. Unsinn, Quatsch, Mist; 8. etwas wissen; 9. wissen, parat haben, gelernt haben; 10. hat (einen) Sinn; 11. Schritt für Schritt, systematisch; 12. (sich) irren.

Gedächtnis und Lernen

❷ a) Wörter, die nicht passen: 1. in der Information, im Training; 2. interessieren, informieren; 3. langweilige, interessante; 4. unterscheiden, konzentrieren; 5. passiv; 6. (der Praxis), der Aufmerksamkeit; 7. verwechseln, vergessen, behalten.

11 Beruf und Arbeit
Berufe und Arbeitsmittel
❷ Hausfrau

Arbeitsbedingungen und Arbeitsplatz
❶ Norbert: 1. ein halbes Jahr, 2. halbtags, 3. Lehre, 4. okay, gut; Annemarie: 1. sechs Jahre, 2. ganztägig, 3. Handelsakademie, Matura, 4. jetzt ganz gut

Hörtexte
Erstes Interview:
● Norbert, was macht eigentlich ein Installateur?
○ Einfach alles, was mit Wasser, Gas und Heizung zu tun hat.
● Seit wann machst du das?
○ Ich habe gleich nach der Schule eine Lehre gemacht, das war 1975; vier Jahre dauert die Lehrzeit für unseren Beruf.
● Und nach der Lehre?
○ Da habe ich noch zehn Jahre im gleichen Betrieb gearbeitet, als Facharbeiter, und habe meistens selbst einen Lehrling mitgehabt auf den Baustellen.
● Jetzt bist du aber im Büro?
○ Ich habe aufhören müssen, nach einer Rückenverletzung. Ich darf die Arbeit auf der Baustelle nicht mehr machen, obwohl ich sie wirklich sehr gern gemacht habe. Und drum bin ich seit einem halben Jahr halbtags im Büro, wieder bei einem Installateur.
● Nur halbtags?
○ Ja, ich darf nicht länger arbeiten, von meiner Krankenversicherung aus.
● Wo gefällt's dir besser?
○ Ich war lieber draußen, auf den Baustellen. Das war interessanter und abwechslungsreicher. Und am Abend hat man immer ein Ergebnis der Arbeit gesehen. Jetzt schreibe ich Angebote, bestelle Material, sitze vor dem Computer und am Fax.
● Und deine Chefs?
○ Die waren beide okay: der erste war ein guter Lehrmeister und auch nachher ein feiner Chef; und mit Christian, meinem jetzigen Chef, ist auch gut auskommen. Das ist ja nicht kompliziert bei uns. Wir sind ja eine kleine Firma, fünf Leute, nicht mehr.

Zweites Interview:
● Annemarie, wie lange arbeitest du schon hier?
○ Ja, hier an dieser Stelle sechs Jahre, und davor habe ich schon zehn Jahre gearbeitet, vier davon als Lehrerin.
● Und was machst du jetzt genau?
○ Ich arbeite hier ganztägig in einer Institution der Erwachsenenbildung. Wir gehören zur Handelskammer und wir organisieren Kurse. Mein Chef, der ist zuständig für den Tourismusbereich.
● Kannst du mir ein Beispiel geben?
○ Ja, also, die Tourismuswirtschaft ist in Tirol der größte Arbeitgeber. Und es fehlt an gut ausgebildetem Personal. Viele arbeiten zuerst ohne Ausbildung, als Hilfskräfte. Und nach einiger Zeit möchten sie eine bessere Stelle, wo sie vor allem besser verdienen können. Wir veranstalten Kurse für eine Fachausbildung; gerade jetzt etwa für Kellnerinnen und Kellner.
● Ja, wie läuft das ab, so ein Kurs? Was machst du da?
○ Ja, also, ich mache die Ausschreibungen, die Infor-

mation an die Betriebe, ans Arbeitsamt, auch Information über die Presse. Zusammen mit meinem Chef mache ich dann das Kursprogramm. Und ich betreue auch die Kurse, vom Stundenplan über die Bücher und Skripten bis hin zu den Zeugnissen.

● Du hast deinen Chef erwähnt?

○ Ja, das Verhältnis zu ihm ist jetzt ganz gut; er ist nett und hat gute Nerven. Vielleicht zu gute. Denn er ist nicht gut in der Organisation von Dingen. Und da verlässt er sich jetzt auf mich, auf meine selbständige Arbeit. Das ist gut für uns beide, aber das war aber nicht immer so.

● Arbeitest du gern in diesem Büro?

○ Na ja, in dem Büro hier nicht so gern. Wir sind zu viert in diesem Raum, da ist es oft laut und unruhig. Und die Zusammenarbeit könnte besser sein.

● Was für eine Ausbildung hast du selbst gemacht?

○ Ich hab die Handelsakademie besucht, Matura gemacht und dann ein Studium begonnen und abgebrochen.

❿ § 1 der Arbeitnehmer wird ... § 2 Nur die Angaben ... § 3 Das Gehalt richtet sich ... § 4 Die ersten drei Monate ... § 5 Das monatliche Bruttogehalt ... § 6 Die Arbeitszeit beträgt ... § 7 Die Frist für ... § 8 Es gelten alle ...

⓫ 1. die Probezeit = die Zeit am Beginn eines Arbeitsverhältnisses; 2. das Bruttogehalt = das Gehalt für Angestellte, bevor Krankenkasse, Pensionsversicherung und Steuern weggerechnet werden; 3. der Arbeitgeber = die Firma, die eine Person anstellt; 4. der Arbeitnehmer = die Person, die von einer Firma angestellt oder beschäftigt wird; 5. der Betriebsrat = gewählte Personen, die in einem größeren Betrieb die Interessen der Arbeiter und Angestellten gegenüber dem Arbeitgeber vertreten; 6. die Kündigung = Arbeitgeber oder Arbeitnehmer beenden das Arbeitsverhältnis; 7. der Nettolohn = die Summe Geld, die ein Arbeiter / eine Arbeiterin am Ende des Monats erhält; 8. der Tarifvertrag = die Arbeitsbedingungen und Mindestlöhne, die Arbeitgeber und Gewerkschaften festlegen

Berufsausbildung und Karriere

❶ 1. Ist Thomas zu dumm fürs Gym? Nein! Thomas hat Köpfchen und steigt gleich richtig ein ins Leben.
2. In der Lehre bekommt er eine fundierte Berufsausbildung und fast eine Job-Garantie. Denn tüchtige Fachleute sind gesucht ...
3. ... und gut bezahlt.
4. Thomas macht Karriere mit Lehre.

12 Geld, Arbeit, Wirtschaft und Verwaltung

Wirtschaft und Arbeit

❶ 1. Landwirtschaft: der Bauernhof, die Landwirtschaft;
2. Industrie und Gewerbe: die Apotheke, das Atomkraftwerk, die Bäckerei, die Chemieindustrie, das Lebensmittelgeschäft, der Handel, das Kaufhaus, der Laden, die Metzgerei, der Supermarkt, die Werkstatt;
3. staatliche Dienstleistungen: der Bahnhof, die Feuerwehr, das Fundbüro, die Klinik, das Krankenhaus, das Museum, die Polizei, das Rathaus, (der Verkehrsverein), die Verwaltung;
private Dienstleistungen: die Bank, das Reisebüro, (der Verkehrsverein)

❸ b) Büros + Werkstätten → Betrieb; die zwei letzten Jahre: Nachfrage → Export → schwarze Zahlen; Einsatz + Leistung → Gewinn; Produktion rationalisiert + Verwaltung reduziert → Gewinn; in diesem Jahr: Auftragsrückgang + Gesamtkosten → Verlust

c) der Chef / die Chefin – der Mitarbeiter / die Mitarbeiterin; schlecht – gut; rot(e) Zahlen – schwarz(e) Zahlen; das

Angebot – die Nachfrage; der Import – der Export; der Verlust – der Gewinn; der Aufschwung – die Krise; steigern – verringern

❹ a) die Industrie ↓
die Produktion ↓
der Import ⇑
der Absatz deutscher Firmen im Inland ↓
die Bestellungen aus dem Ausland ↓
die Automobilindustrie ↓
die Lebensmittelindustrie ↓

b) ↓ : bergab gehen, zurückgehen, sinken, der Abrutsch, Absatzverluste, Produktionsrückgang, Einbußen, minus; ⇑: steigen(d); andere Beispiele: nach oben zeigen / gehen, zunehmen, plus, Gewinn, Zunahme

❺ a) Tatjana: Nr. 9, 2; Alexandra: Nr. 8, 5; Barbara: Nr. 10, (3), 6; Raoul: Nr. 1, 4; (auch andere Lösungen möglich)

Geld

❶ der Stuhl; treten; modern; die Garantie; das Amt

❹ 1-J; 2-F; 3-G; 4-D; 5-A; 6-E; 7-I; 8-C; 9-K; 10-H; 11-B; 12-L

Verwaltung

❶ b) Auskunft – A; Fundbüro – C; Polizei – D; Arbeitsamt – G; Sozialamt – H; Einwohnermeldeamt – F; Standesamt – E; Finanzamt – B

Hörtext
Dialog A
Was suchen Sie? Das Ausländeramt, das Steueramt, das Einwohnermeldeamt, das Standesamt, das Sozialamt, das Fundbüro, die Polizei?
Dialog B
Herein – So, so, Sie kommen wegen den Steuern. Den Chef können Sie nicht einfach sprechen. Der ist gerade in einer Sitzung. Kann ich ihm etwas ausrichten?
Dialog C
Guten Tag, was kann ich für Sie tun? Ach ja, wir kennen uns schon. Sie kommen wegen Ihrem Geldbeutel. Ja, leider hat sich noch niemand gemeldet. Vielleicht versuchen Sie es in zwei, drei Tagen noch einmal. Waren da wirklich 10 000 Mark drin? So ein Pech!
Dialog D
Jaaaa – Sie sind hier falsch, das ist das Zimmer 7. Sie müssen sich beim Zimmer 3 melden. Gehen Sie gleich da nach vorn. Da ist das Fundbüro.
Dialog E
Ich freue mich, Ihnen zu diesem feierlichen Tag gratulieren zu dürfen. Bevor wir aber zur Unterschrift kommen, muss ich Sie fragen, ob Sie Ihren Partner wirklich heiraten wollen.
Dialog F
Ich brauche da noch ein paar Informationen für das Anmeldeformular. Wann haben Sie Ihr Land verlassen? Wie lange sind Sie schon hier? Wo haben Sie vorher gewohnt?
Dialog G
Moment mal. Ich komme gleich. Ja? Also, Sie haben Ihre Stelle verloren. Können Sie mir mal sagen, was Sie bis jetzt gearbeitet haben?
Dialog H
Sie haben ja diesen Antrag auf Unterstützungsgeld gestellt. Gestern hat der Sozialausschuss getagt und ich kann Ihnen mitteilen, dass Ihr Antrag angenommen wurde. Ich sollte jetzt noch wissen, ob Sie das Geld gleich bar an der Kasse abholen wollen oder ob wir Ihnen das auf Ihre Bank überweisen sollen.

13 Reisen und Verkehr

❶ Abflug 19.15 Uhr; Reisezeit 1 Stunde, 45 Minuten

❷ Hörtext:
Hallo, Martina, hier ist der Alfred. Ich hab deine Karte gekriegt. Ich kann dich leider nicht am Flughafen abholen. Ich bin am Mittwoch in Bremen. Ich beschreib dir mal, wie du zu mir kommst. Das ist ganz einfach: Du gehst am Flughafen zu den S-Bahn-Linien. Da gibt es eine Flughafenlinie, das ist die Linie 6. Mit der kannst du direkt nach Passang fahren, da ist die Endhaltestelle. Du brauchst also nicht am Hauptbahnhof umsteigen. Wenn du am Passanger Bahnhof ankommst, dann musst du nur aufpassen, dass du nach links gehst, dann kannst du die Straße geradeaus weitergehen. Das ist die Bäckerstraße. Dann siehst du auf der linken Seite eine Kirche. Da gehst du vorbei. Und dann kommt eine Querstraße, das ist die Gräfestraße. Da gehst du rechts weiter – bis zur Hausnummer 108. Und dann läutest du bei Bauer. Frau Bauer, das ist unsere Hausmeisterin. Bei der hab ich den Schlüssel gelassen. Ich wohne im 5. Stock. Ich richte dann alles her. Es ist auch was zu essen im Kühlschrank für dich. Ich komm dann am Donnerstagmittag aus Bremen zurück. Ja? Ich freu mich.

❸ richtig: Flug am Mittwoch reserviert / mehr Zeit für Stadtbesichtigung, Ankunft Mittwochabend 21.00 Uhr / Ticket gekauft / am Flughafen S-Bahn nehmen / Alfred ist bis Donnerstagmittag in Bremen;
falsch: Abholen nicht nötig / am Hauptbahnhof umsteigen / in Passang geradeaus gehen (richtig: erst links, dann geradeaus gehen) / Schlüssel beim Nachbarn holen (richtig: bei der Hausmeisterin)

Wegbeschreibung
❷ Pardon, je cherche l'autoroute pour Berne.
Entschuldigen Sie, ist das die Hauptstraße Richtung Luzern?
Entschuldigung, geht diese Straße nach Sörenberg?
Können sie mir bitte helfen, ich suche das Postamt.
Pardon, ... Äh, Entschuldigung, ich möchte Geld wechseln. (auch früher möglich)

❸ Gebäude: die Tankstelle / das Museum / das Hotel / das Parkhaus / das Denkmal / die Kirche / (die Telefonzelle) / das Gasthaus / (die U-Bahn)
Straße: die Ampel / die Brücke / die Ausfahrt / die Kreuzung / die Einfahrt / das Schild / das Parkverbot / die Kurve / die Einbahnstraße / die Autobahn / die Fußgängerzone / der Taxistand

❹ 1C, 2A, 3D, 4B

❺ b) Unhöflich sind die Reaktionen 4 und 6

Verkehrsmittel
❸ a / b) Sinnvolle Möglichkeiten sind: die Zeitung lesen / im Speisewagen essen / lesen (Reisende im Zug); ein Auto überholen / im Stau stehen / einen Parkplatz suchen (Autofahrer); durch die autofreie Zone spazieren gehen (Fußgänger); im Zelt essen / schlafen / lesen (alle); die Aussicht genießen (alle); auf dem Campingplatz schlafen / essen (alle); auf die Bremse treten (Autofahrer)

Informationen an der Grenze
❶ b) Italien:
Reisedokument: Pass oder Identitätskarte,
zollfreie Alkoholgetränke: 2 l bis 22 % / 1 l über 22 %
Trinkgeld: inbegriffen / sonst 10 %
Höchstgeschwindigkeit außerorts: 90 km pro Stunde;
Ägypten:
Reisedokument: gültiger Pass / Visum
zollfreie Alkoholgetränke: maximal 1 l
Trinkgeld: 12 bis 15 %
Höchstgeschwindigkeit außerorts: 80 km pro Stunde

❷ a) Im Bereich Grenze / Zoll nicht sinnvoll sind die Sätze: Die Vorwahl für die Schweiz ist 00 41. / Möchten Sie rauchen? / Sie haben aber nicht reserviert.

Unterkunft und Verpflegung
❶ der Reisende / der Gast:
Ich habe ein Zimmer für zwei Personen reserviert.
Bis wann kann man bei Ihnen frühstücken? Könnten Sie mich bitte morgen um 7.30 Uhr wecken. Entschuldigung, aber ich habe ein Zimmer mit Dusche bestellt. / Kann ich die Rechnung mit Kreditkarte bezahlen?
der Herr / die Dame an der Rezeption:
Ihren Pass, bitte! / Hier ist Ihr Schlüssel, Nr. 312. Dritter Stock gleich rechts, wenn Sie aus dem Aufzug kommen. / Und wie lange möchten Sie bleiben?
Sie müssen noch dieses Formular ausfüllen. Und hier unterschreiben, bitte. / Der Parkplatz für unsere Gäste ist direkt hinter dem Haus.

❷ b) vor dem Essen: Ist hier noch frei? / Haben Sie reserviert? / Guten Appetit! / Ich habe einen Tisch reserviert. / Möchten Sie eine Vorspeise?
während dem Essen: Sind Sie zufrieden? / Schmeckt es Ihnen? / Könnten Sie uns noch ... bringen? / Darf ich Ihnen noch ... geben? / Die Suppe ist leider versalzen.
nach dem Essen: Kann ich bitte bezahlen? / Einen Aschenbecher, bitte! / Danke, es hat ... geschmeckt.

Sehenswürdigkeiten
❶ 1: das Denkmal 2: die Straße 3: das Museum 4: der Park 5: der Brunnen 6: die Oper 7: das Schloss 8: das Stadion 9: das Rathaus / die Kirche

14 Kommunikation und Massenmedien
Postsendungen
❶ 1. der Brief (die Sendung); 2. per / mit Einschreiben; 3. per / mit Luftpost; 4. als Eilsendung / per Express; 5. die Anschrift / Adresse des Absenders, der Absender; 6. der Stempel; 7. das Porto, die Gebühr; 8. die Anschrift / Adresse des Empfängers, der Empfänger; 9. das Nationalitätszeichen; 10. die Postleitzahl

❹ a) 1. ein Brief / Päckchen / Paket, eine Postkarte / Ansichtskarte; 2. Porto – diese Sendung / Postkarte / Ansichtskarte, dieses Päckchen / Paket, diesen Brief – Ausland; 3. Nationalitätszeichen; 4. Postleitzahl

❺ b) Bild 1: zum Postamt / zur Post bringen – Der Kunde kauft Briefmarken. – die Sendung aufgeben / abschicken – einen Brief einwerfen – Post in den Briefkasten stecken / werfen.
Bild 2: j-m eine Nachricht senden / schicken – per Express / mit Eilzustellung – per Luftpost – mit dem Postauto / Zug transportieren – kurz / nicht lange / lange dauern
Bild 3: Die Post kommt an. – Der Briefträger bringt die Post. – Post in den Briefkasten stecken / werfen – J-d bekommt einen Brief schnell / spät
Bild 4: Die Post ist da! – die Post abholen – die Post aus dem Briefkasten holen – Die Empfängerin öffnet / liest das Schreiben.

Post und Geld
❶ a) Frau Meier kann Bargeld / Schecks auf ihr Konto einzahlen; ... Geld von ihrem Konto abheben; ... Geld von ihrem Konto auf ein anderes Konto überweisen.
b) So könnte Frau Meiers „Erlagschein" aussehen:

c) 1. Frau Meier zahlt per Überweisung.
   2. Nein.

Telefon

❶ d) <u>Hörtext:</u>
Frau Suter führt ein sehr merkwürdiges Telefongespräch. Hören Sie und beantworten Sie die Fragen.
Suter: Ja, bitte?
Anrufer: Guten Tag. Spreche ich mit Frau Suter, der Besitzerin der Firma ZAC in Freiburg?
S: Ja, warum?
A: Sehen Sie, ich interessiere mich außerordentlich für die neuen Computerprogramme, die von der ZAC AG zur Zeit entwickelt werden.
S: Tut mir Leid, ich kann Ihnen darüber keine Information geben.
A: Aber, aber! Ich weiß durchaus Bescheid, gnä' Frau. Ihre Leute arbeiten doch an Software für INTERPOL, für den elektronischen Kampf gegen Verbrecher-Organisationen wie die Mafia, nicht wahr?
S: Kein Kommentar! – Was wollen Sie, warum rufen Sie mich an?
A: Sehen Sie, gnä' Frau, Sie wollen doch sicher nicht im SPIEGEL, im TAGES-ANZEIGER oder im STANDARD in dicken Schlagzeilen und mit Ihrem Foto lesen, dass Sie Programme gegen die Mafia schreiben?
S: Soll das eine Drohung sein? Ich lege sofort auf, wenn Sie –
A: Ach wissen Sie, meine Telefonkarte funktioniert in fast jeder Telefonzelle. Ich habe Ihre Telefonnummer notiert und kann sie gleich wieder wählen. Auflegen nützt also gar nichts ...
S: Würden Sie bitte sofort klar sagen, was Sie von mir wollen?
A: Aber sehr gern! Ich möchte Ihnen meine Informationen über Ihre Firmenaktivitäten und mein absolutes Schweigen anbieten ... Gegen ein angemessenes Honorar, versteht sich. Sagen wir, äh, gegen eine Million Schweizer Franken?
S: Also, das ist ja kriminell!!! Welcher Verbrecher-Organisation gehören *Sie* denn an? Ich lasse so nicht mit mir reden! Auf Nimmer-Wiederhören!
1. Start 2, Ende 1; 2. Nein, aus einer öffentlichen Telefonzelle; 3. der Anrufer; 4. Frau Suter, die Angerufene.

❷ Beispiel für zeitliche Abfolge: eine Telefonkarte kaufen – in die öffentliche Telefonzelle gehen – die Nummer im Telefonbuch suchen – die Auskunft Inland/Ausland anrufen – eine Telefonansage hören – die richtige/eine falsche Nummer wählen/j-n sofort/nicht erreichen – die Verbindung/Leitung ist gestört – die Stimme gut/schlecht hören – j-n gut/schlecht verstehen – etwas Wichtiges mitteilen – den Hörer auflegen – auf einen Anruf warten.

❸ a) <u>Hörtext:</u>
Hören Sie einen Anruf bei der Inlandsauskunft.
– Auskunft Regensburg. Bitte warten Sie.
  Auskunft Regensburg. Bitte warten Sie.
  Auskunft Regensburg. Bitte warten Sie.
– Platz 83.
● Hallo?
○ Hallo, hier ist Häublein. Ich wollte gern, äh, das Ausländeramt der Stadt Rostock haben, die Telefonnummer und – falls vorhanden – auch die Faxnummer.
● Hmm.
○ Stadt Rostock in Mecklenburg-Vorpommern.
● Hmhm ... Moment! (Knacken)
– Die gewünschte Rufnummer lautet: 45 50 93. Ich wiederhole: 45 50 93. Die Ortsnetzkennzahl lautet: 03 81. Die gewünschte Rufnummer lautet: 45 50 93. Die Ortsnetzkennzahl lautet: 03 81. Falls Sie weitere Auskünfte wünschen, bleiben Sie bitte am Telefon.
○ Ja, ich brauch ja noch die Faxnummer!
– Platz 76.
● Grüß Gott!
○ Ja, hier ist Häublein. Ich hab mir eben von der Kollegin die Telefonnummer des Ausländeramts der Stadt Rostock geben lassen. Aber die Faxnummer, die ich erbeten hatte, hab ich nicht bekommen. Könnten Sie mir die Faxnummer noch geben?
● Äh, Moment ...
○ Stadt, Rostock, Ausländeramt.
● Die Stadtverwaltung selber hat die Rufn – äh die Faxnummer 3 81 19 02.
○ Moment: 3 81 ...?
● 19 02.
○ 19 02.
● Für das Ausländeramt ist keine Faxnummer eingetragen ...
○ Ja. Und die Vorwahl ist wieder 03 81, nehm ich an?
● Ja.
○ Danke schön für die Auskunft!
● Bitte, Wiederhören.
○ Wiederhören!
1. die Telefonnummer, öffentlich; die Faxnummer, öffentlich;
2. die Telefonvorwahl: 03 81, die Rufnummer: 45 50 93, die (Tele)faxnummer: 3 81 19 02.
3. In Deutschland. Hinweise im Hörtext: „Hören Sie einen Anruf bei der Inlandsauskunft", „Auskunft Regensburg" (in Bayern!), „Stadt Rostock" (in Mecklenburg-Vorpommern!).

Ton: Geräte und Medien

❶ c) das Tonbandgerät – das Tonband; der Kassettenrecorder – die Kassette; der Plattenspieler – die Platte/die Schallplatte; der CD-Spieler – die CD

❷ b) Als sie spät abends <u>heimkam</u>, war das Radio noch an. Es lief Popmusik. Sie setzte sich und <u>hörte</u> ein paar Minuten <u>zu</u>. Dann <u>schaltete</u> sie das Gerät <u>aus</u> und <u>machte</u> den Plattenspieler <u>an</u>. Sie hörte noch eine Mozartplatte. Dafür stellte sie die Lautsprecher ziemlich leise. Diese Musik war sehr gut für sie. Als die Platte aus war, <u>machte</u> sie die Anlage <u>aus</u> und ging schlafen.

❹ Werbung; Information: Nachrichten, Wetterbericht, Verkehrsdurchsage, Kommentar, Interview; Musik: Lied, Klassik/Instrumentalmusik – Symphonie

Foto, Film, Fernsehen, Video

❶ 1 der Fernseher – A; 2 der Schauspieler/die Schauspielerin – E; 3 der Videorecorder – J; 4 die Zuschauer/das Publikum – G; 5 das Programm – F; 6 das Kino – I; 7 das Film-/

Fernsehstudio – B; 8 die Videokassette – D; 9 die Kamera – H; 10 der Film – C

Zeitungen, Zeitschriften, Bücher

❶ a) schwarzweiß → die Zeitung, das Buch, die Zeitschrift → bunt/farbig;
billig → die Zeitung, die Zeitschrift, das Buch → teuer;
der Kiosk → die Zeitung, die Zeitschrift → die Buchhandlung → das Buch, (die Zeitschrift) → die Bibliothek → das Buch, die Zeitschrift, (die Zeitung);
erscheint einmal: das Buch → ... jeden Monat: die Zeitschrift → ... jede Woche: die Zeitschrift, die Zeitung → ... jeden Tag: die Zeitung
b) Beispiele für Komposita: die Farbzeitschrift, das Billigbuch, der Zeitschriftenkiosk, das Bibliotheksbuch, die Monatszeitschrift, die Wochenzeitschrift, die Wochenzeitung, die Tageszeitung

Bürokommunikation: Schreibmaschine, Computer, Fax, Kopierer

❶ a) A das Fax(gerät)/Telefax(gerät) oder der Kopierer; B der Computer; C die Schreibmaschine

❷ a) Beispiele: Mit einer Schreibmaschine kann man gut Briefe schreiben. Mit einem Computer kann man schnell Zeichen/Texte drucken. Mit einer Tastatur kann man leicht Zeichen/Texte schreiben. Mit einem Drucker kann man schnell Texte (aus)drucken. Mit einem Fax(gerät) kann man gut Texte/Schreiben senden oder empfangen. Mit einem Kopierer kann man schnell Texte kopieren, verkleinern oder vergrößern.

Kontrollieren Sie Ihren Lernerfolg

❶ Die Bewohnerin von Olindrode ist Frau Eberle.

15 Staat und Gesellschaft

Nation und Nationalismus

❶ Bild 1: *Text B;* Bild 2: *Text C;* Bild 3: *Text A*

❺ 1: *nein;* 2: *ja;* 3: *nein;* (den Funktionären geht es gut) 4: *ja;* 5: *ja;* 6: *nein*

Krieg und Frieden

❺ Vorschlag (andere Lösungen sind auch möglich):
1946 – Frankfurt am Main – keine Bomben; keine Siege; Entlassung aus der Kriegsgefangenschaft
1946 – Prag – Ende der Angst; keine Uniformen der Fremdherrschaft
1948 – Warschau – Baulärm; Aufbau einer Brücke
Die Hoffnung hier und dort (West und Ost) ist der neue Mensch: Kommunist oder Christ.
Heute: kein neuer Mensch; wir sind nicht friedfertig; Frieden ist Nicht-Krieg: Armee kann auch gegen die eigenen Leute eingesetzt werden. Man sagt aber, es geht um die Verteidigung des Vaterlands.

❻ Albert Einstein verachtete *Soldaten,* weil sie ihr eigenes Gehirn nicht benutzen und mit Vergnügen zu *Musik* in Reih und Glied *marschieren.* Er meinte, die *Armee* sollte abgeschafft werden. Er hasste *Gewalt* und übertriebene *Vaterlandsliebe.* Er wollte bei einem *Krieg* nicht mitmachen. Für ihn war *Töten* im Krieg *Mord.*

Ausländer und Ausländerinnen

❶ 1. Abschnitt: *3;* 2. Abschnitt: *1;* 3. Abschnitt: *2;* 4. Abschnitt: *4*

Recht und Gesetz

❷ a) einen Antrag stellen/ausfüllen; einen Ausweis beantragen/ausstellen; die Erlaubnis bekommen/geben; das Formular ausfüllen; Steuern bezahlen; ein Verbot beantragen/aussprechen
die Tat begehen; eine Untersuchung durchführen/abschließen; den Prozess durchführen/verlieren; den Verbrecher verhaften/befragen; die Zeugin befragen; das Urteil aussprechen; eine Geldstrafe bezahlen

16 Freizeit und Unterhaltung

Spiele

❶ 1 = Kartenspiel, Bild 1
2 = Ballspiel, Bild 4
3 = Brettspiel, Bild 3
4 = Computerspiel, Bild 2

❷ Kartenspiel: spielen, mischen, dran sein, an der Reihe sein, beginnen, anfangen, fertig sein, verlieren, gewinnen, ziehen, ausgeben, überlegen, denken; die Karte, das Spiel, das Pech, das Glück, die Regel; Poker; drinnen, zu Hause, aktiv, passiv, als Zuschauer, als Mitspieler, geschickt, mit den Händen, mit dem Kopf, im Team;
Computerspiel: starten, drücken, überlegen, denken, stoppen; die Taste, das Ergebnis, das Resultat; Tetris; geschickt, allein;
Brettspiel: spielen, würfeln; der Würfel, die Figur, das Brett; zu Hause usw.
Ballspiel: treffen, verlieren, gewinnen, fangen, werfen; der Ball; Sitzball; draußen, in der Natur, im Freien, in der Halle, im Sommer, im Winter, mit den Füßen, als Mannschaft usw.

Fitness und Sport

❸ a) Hörtext
● Wie hast du's denn mit dem Sport?
○ Ja, mit dem Sport – Sport hab ich eigentlich nicht so gern, weil mir das vorkommt wie eine Verschwendung von Zeit und Kraft für Ziele, die ich nicht einsehen kann, gell. Sport hat immer zu tun mit Wettkampf und das ist für mich dann schon ein Stress, vor allem, wenn man besser sein muss als wer anderer, also wenn man sich da bemüht, Rekorde zu brechen, mit denen man eigentlich nichts zu tun hat. Der Körper wird da oft so stark strapaziert, und dann verletzt man sich noch, und dann hat man eigentlich nichts davon gehabt – außer der Erfahrung, dass man zu weit gegangen ist, gell ...
● Und ... aber ... da gibt's doch auch Spiele beim Sport.
○ Ja schon, natürlich gibt's Spiele, aber meistens sind die so, dass eine Mannschaft da nur spielt, um zu gewinnen. Ich versuche zwar zu verstehen, warum Fußball zum Beispiel gut ist fürs Zusammenarbeiten und fürs Gruppengefühl und phasenweise find ich's ja auch fünf Minuten lang spannend, wie die den Ball spielen oder wie die laufen und rennen. Aber dann hab ich den Eindruck, dass die einfach nur ihre Beine benützen, und ich find das so absurd, dass die Arme ausgeschlossen sind. Also da gefällt mir schon besser, ja, da gefällt mir Handball noch besser oder Basketball und Volleyball, weil, da kann man wenigstens laufen und mit den Händen was tun, und da ist auch mehr Strategie mit dabei. Ja, ich finde Fußball manchmal auch zu brutal, und dann ... ziemlich bald kommt's mir einfach wieder sinnlos vor, dass 22 Leute auf einem Spielfeld einem Ball nachrennen, nur, um ein Tor zu machen.
● Wie hast du es dann mit so individuellen Sportarten wie Laufen, Joggen, Leichtathletik?
○ Ja, schon besser, obwohl es auch wieder der Wettkampf mit sich selber ist, den ich nicht so schätze. Also Laufen und Joggen schon, solange man sich noch die Muße gönnt, dass man noch die Augen mitlaufen lässt, also, solange man noch schauen kann, was sich gerade abspielt in der Natur rundherum. Na ja, weil für mich der Sinn vom Sport oder überhaupt von der Beschäftigung mit dem eigenen Körper schon darin liegt, dass man sich entspannt und den Körper fit hält und dass man gesund ist

und genug Kraft hat und dass das alles auch Spaß machen sollte.

● Was machst denn du für dich und für deinen Körper?

○ Also, ich leb sowieso auf dem Land und geh ziemlich viel zu Fuß und mein Sport ist dann, auch viel im Garten zu arbeiten, die Erde umzugraben. Im Herbst ist mein Sport, dass ich auf die Bäume steige und die Zwetschgen runterhole. Das ist sehr gut für das Balancegefühl. Das ist natürlich nicht so richtig Sport mit einem Tennisschläger oder mit einem Ball, aber mir gefällt es, und ich hab meinen Spaß dabei.

● Und Radfahren? Wandern?

○ Ja, Radfahren würde ich schon wollen, aber das geht halt nicht, weil ich in einem Hügelgebiet wohne, wo's bergab viel zu schnell und bergauf gar nicht mehr geht. Und darum fahr ich nicht so viel mit dem Rad, obwohl es mir so schon gefällt, von der Bewegung her, vor allem auch, weil man durch die Natur fahren kann und dabei auch gut rumschauen kann.

● Und im Sommer?

○ Ja, im Sommer, da spiel ich gern im Wasser, also ich schwimme sehr gern oder ich fahre mit der Luftmatratze durch die Gegend oder mit einem kleinen Boot. Ich schau auch gern den anderen Leuten zu, wie sie sportlich sind, wie sie köpfeln und ins Wasser springen.

● Ja, und dann kommt noch der Winter, ich meine, Ski-fahren ist ja eine schöne Sportart, die Österreicher sind ja weltbekannt. Wie sieht das für dich aus?

○ Ja, ich meide den Kontakt mit Schnee und Eis, wo's geht, weil ... es ist mir einfach zu rutschig und zu kalt, das macht mir überhaupt keinen Spaß. Also, das Skifahren in dem Sinn, dass man da irgendwo auf dem Berg startet, um als Erster unten ins Ziel zu kommen, das kann mich überhaupt nicht locken. Andererseits das Skilanglaufen, das ist für mich schon wieder etwas, was ich ganz gern mag, weil ich dann ohne Stress und Gefahr durch die Natur laufen kann, mein eigenes Tempo bestimme und einfach mehr Kontrolle habe über das, was abläuft. Das ist nicht so geschwind wie bei der Abfahrt. Und sonst ist im Winter der beste Sport, man bleibt zu Hause und liest ein gutes Buch.

● Vielen Dank!

a) Fußball (–), Handball / Basketball / Volleyball (+), Laufen / Joggen (+), Radfahren (+), Schwimmen (+), mit dem Boot fahren (+), Skifahren (–), Skilanglauf (+)

b) ... Rekorde zu brechen
... Spiele beim Sport
... die den Ball spielen wie die laufen und rennen.
... nur um ein Tor zu machen.
... die Muße gönnt.
... mit einem Tennisschläger oder mit einem Ball
... weil man durch die Natur fahren kann
... wie sie sportlich sind, wie sie köpfeln und ins Wasser springen
... auf dem Berg startet, um als Erster unten ins Ziel zu kommen

❺ A = 1, 4, 5, 8, 9; B = 2; C = 1, 5; D = 3, 6, 7, 11, 12; E = 1, 9; F = 1, 4 (im Doppel) 5, 9, 11; G = 3, 7; H = 4, 8; J = 5

Kulturelle Aktivitäten

❶ a) ④ A, ⑤ B, ③ C, ① D, ⑥ E, ⑦ F, ② G

❷ b) A = Theater, B = Ausstellung, C = Kino, D = Konzert, E = Vortrag, F = Tanz

Feste und Feiertage

❷ a) 1 = E; 2 = D; 3 = C; 4 = B; 5 = A

❸ Osterfest, -montag, -eier, -hase
Weihnachtsfest, -geschenk, -braten, -stress, -baum, -zeit
Geburtstagsfest, -torte, -einladung, -geschenk, -party

17 Kunst

Bildende Kunst

❶ Musikstücke
1. Schubert: *Neunte Symphonie*
2. Jan Garbarek: *He Comes From the North*
3. Mozart: *Die Zauberflöte,* **Arie der Königin der Nacht**
4. Janis Joplin: *Try (just a little bit harder)*
5. Die Knödel: *Knödelpolka*
6. Bach: *Pastorale F-dur*

❺ die Druckgrafik, das Gemälde, die Skulptur, die Grafik, das Großdia, das Standfoto, der Film, das Bild, das Objekt, das Foto, das Werk, die Zeichnung, der (Architektur-)Entwurf, die Tapisserie, die Architekturzeichnung, das Modell, das Design, das Aquarell

Musik

❸ b) Pop, Rock, Heavy Metal, Jazz, Discohits, Neue Deutsche Welle, Indie (= Independent), Punk, (Wiener-)Lied, Kammermusik, Symphonie, Klavierkonzert, Musiktheater (Oper)

Literatur und Theater

❷ 1. Wenn ich nicht **lesen** gelernt hätte, ...
2. Wenn ich nie **Robinson Crusoe** gewesen wäre, ...
3. Wenn ich keine **wilden Abenteuer** erlebt hätte, ...
4. Wenn die Zeit nicht so **interessant** gewesen wäre, ...
5. Hätte ich meinen Freunden **nichts erzählen** können, ...
6. Hätten mir meine Freunde nicht ihre **Geschichten** erzählt, ...
7. Wären wir nicht die **Helden** unserer Geschichten gewesen, ...
8. Wäre mir die Zeit in der Schule **viel zu lang** geworden, ...
9. Wäre ich **nicht mehr in die Schule** gegangen, ...

❸ d) Hörtexte
Wildwestfilm
von Antonio Fian

erst gestern
war ich in einem
wild-west-film
es wurde viel geschossen
auf beiden seiten
etwa hundert opfer
am ende
blieb nur einer übrig
aber der war
ein gerechter
ja
es müssen schon schöne zeiten gewesen sein
als die gerechten
noch schneller schossen
als die ungerechten

Eine kurze Geschichte
von Franz Hohler

„Kommst du den Kindern noch gute Nacht sagen?", rief die Frau ihrem Mann zu, als sie um acht Uhr aus dem Kinderzimmer kam.
„Ja", rief der Mann aus seinem Arbeitszimmer, „ich muss nur noch den Brief zu Ende schreiben."
„Er kommt gleich", sagte die Mutter zu den Kindern, die beide noch aufgerichtet in ihren Betten saßen, weil sie dem Vater zeigen wollten, wie sie die Stofftiere angeordnet hatten.
Als der Vater mit dem Brief fertig war und ins Kinderzimmer trat, schliefen die Kinder schon.

18 Allgemeine Konzepte

Keine Übungen mit Lösungsschlüssel!

Quellenverzeichnis

9	Fotos: Paul Rusch
12	Foto links: Bavaria Bildagentur, Gauting; rechts: Süddeutscher Verlag, Bilderdienst, München
13	Foto: Laurent Condominas, Niki de Saint Phalle, *Le Choix No 6,* Editions Cartes d'Art, Paris
14	Bild u. Text „Rotkäppchen" aus: Brüder Grimm, *Kinder- und Hausmärchen,* Wissenschaftliche Buchgesellschaft, Darmstadt 1987
17	Franz Kafka, *Brief an den Vater,* S. Fischer Verlag, Frankfurt a. M. 1975, S. 5
19	Text B aus: Heinrich Heine, *Werke I,* Aufbau-Verlag Berlin/Weimar 1981, S. 36
	„Fragen" aus: Bertold Brecht, *Gesammelte Werke,* © Suhrkamp Verlag, Frankfurt a. M. 1967
	„Der Ratgeber" aus: *Rennbahn Express* 3/1993, REV Zeitschriften Verlagsgesellschaft mbH, Wien
20	Franz Hohler, *Der Mann auf der Insel,* © 1991 by Luchterhand Literaturverlag, Hamburg
	Text u. Foto von Johnny Carson aus: *Der Standard,* Wien, 14. 5. 1992
24	Gerd E. Hoffmann, „Familienkrach" aus: Hans Joachim Gelberg (Hrsg.), *Geh und spiel mit dem Riesen, 1. Jahrbuch der Kinderliteratur,* Beltz Verlag, Weinheim und Basel 1971, mit freundlicher Genehmigung des Autors
25	Wortbilder aus: Burckhard Garbe, *ansichtssachen,* Wolfgang Fietkau Verlag, Berlin 1973
26	Anzeigenformular aus: Anzeigenwerbung, Blind Date Ltd. (Schweiz), Zürich
	Zeichnung aus: Lohfert/Scherling, *Wörter – Bilder – Situationen,* Berlin und München 1983
28	Text A: Inge Günther, „Liebe in Zeiten der Cholera" aus: *Frankfurter Rundschau,* Frankfurt a M., 5. 9. 1992,
	Text B: dpa, Hamburg; Foto: dpa, Bildarchiv, Frankfurt a. M
29	s. S. 24
30	Foto aus: Benedikt Erhard/Willi Pechtl, *Menschen im Tal,* Haymon-Verlag, Innsbruck 1985 – mit freundlicher Genehmigung der Autoren
31	Fotos: Gernot Häublein
32	„Wort-Telefon" nach: Stuart Redman/Robert Ellis, *A Way with Words,* Student's Book 1, Cambridge University Press 1989, S. 48
35	Plakat „oh selig – oh selig": Edition Xenia Fiebig, Berlin, Bezugsadresse: Xenia Fiebig, Steidlstr. 6 a, 36039 Fulda
38	Zeichnung A: Much aus „Hallo", *Der Standard,* Wien, 29. 11. 1990; Text B: nach Ann Ladiges aus: M. Schweizer (Hrsg.), *Auf und davon,* Rowohlt Verlag, Reinbek 1992; mit freundlicher Genehmigung der Autorin
39	Text C: nach Günter Wallraff, *Ganz unten,* © 1985, 1988 by Verlag Kiepenheuer & Witsch, Köln
	Zeichnung D aus: *Ouhauerha,* © Brösel-Achterbahn, Kiel
41	Quino, *Guten Appetit!,* © 1994 QUIPOS/Distr. BULLS, Frankfurt
42	Kalorientabelle nach Barmer Ersatzkasse
45	Stadtplan: C. Freytag – Berndt und Artaria, 1071 Wien
	Fotos: Paul Rusch
46	s. S. 41
47	Mode-Atelier Knize, Wien
50	Burckhard Garbe aus: *ansichtssachen,* s. S. 25
	Foto: Hans Rohrer
51	„Wann der Wecker läutet", *Der Standard,* Wien, 6. 11. 1992
	Uhr: Computergrafik Albert Ringer
52	Heide Korn „Alle europäischen Länder", *Der Standard,* Wien, 6. 11. 1992
54	Foto: dpa, München; Text oben aus: *Magazin Basta,* Mai 1992, REV Zeitschriften Verlagsgesellschaft mbH, Wien
	Text unten: aus: *Kurier,* Wien, 17. 5. 1992
56	Foto: Paul Rusch
57	Abb.: Dolf Schnebli, Tobias Ammann, Paolo Külliker, Zürich
	Gedicht: Kurt Tucholsky, „Das Ideal" aus: K. 1, *Gesammelte Werke,* © 1960 by Rowohlt Verlag GmbH, Reinbek
58	Fotos: Martin Müller
60	Text A: aus *Tages-Anzeiger,* Zürich
61	Zeichnung aus: Lohfert/Scherling, s. S. 26
62	Inhaltsverzeichnis aus dem Ikea-Katalog, Ikea Schweiz
63	G. Perec, *Träume von Räumen,* Manholt Verlag, Bremen 1990
64	Foto oben: Albert Ringer
	Foto unten: aus W. Krokow, P.-P. Zahl, *Instandbesetzer-Bilderbuch,* LitPol Verlagsgesellschaft mbH, Berlin 1981
66	Text oben: s. S. 63
67	Fotos: Martin Müller
71	Fotos aus: Wieland/Bode/Disko: *Grün kaputt,* 1983, © Dieter Wieland
72	Text 1: Tourismus-Verband, Innsbruck
73	Panoramakarte: Prof. Franz Stummvoll, Lans
74	Text und Karte: Tourismus-Verband, Innsbruck
76	Ivan Rabuzin, „Traumlandschaft", 1960
79	Weltkarte: Polyglott, München
82	Fotos: Gernot Häublein, Theo Scherling
83	Text 1 aus: *Kleine Umweltfibel,* Brot für die Welt, 1992
	Text 2 aus: *Erster Generationenvertrag, natur-Kindergipfel,* Kindergipfel-Verein, München 1991
85	Fotomontage: Detlev Meyer, Landshut
87	Fotos: Theo Scherling
91	Foto: Gernot Häublein
92	Text aus: *Landshuter Zeitung,* © ap, Frankfurt a. M.
94	„Zahlenleitern" aus: Hans Manz, *Die Welt der Wörter,* Beltz Verlag, Programm Beltz & Gelberg, Weinheim und Basel 1991, S. 289, Weinheim
96	Bild: Pieter Brueghel d. Ä., Der Turmbau von Babel, ARTOTHEK, Peißenberg
	Ernst Jandl aus: *Laut und Luise,* Luchterhand Literaturverlag, Hamburg 1963
97	Bild s. S. 96
98	Text aus: *Frankfurter Rundschau,* 21. 9. 1989
104	Text nach: Metzig/Schuster, *Lernen zu lernen,* Springer-Verlag, Berlin/Heidelberg/New York 1982, S. 39

106   Fotos: Paul Rusch, Albert Ringer;
      Zeichnung „Fischmesser" aus: Paul Flora, *Die brotlosen Berufe,* Edition Galerie Thomas Flora, Innsbruck 1983
108   Fotos: Paul Rusch
112   Text u. Foto: *Neue Kronenzeitung,* Wien, 17. 5. 1992
113   Foto aus Erhard/Pechtl, *Menschen im Tal,* s. S. 30
114   Grafik: James Irvine aus: Andrea Branzi, Michele De Lucchi, Ettore Sottass, *Citizen Office,* Vitra Design Museum, Weil am Rhein, April 1994
117   Graphik und Text: Globus Kartendienst
118   Text u. Fotos aus: *Dialog* Nr. 72, 1992, Stiftung Dialog, Zürich
120   Text aus: *Frankfurter Rundschau,* 25. 5. 1993
121   Text rechts: *Computerworld Schweiz,* IDG Communications AG, Zürich
124   Text und Bild: aus *Citizen Office,* s. S. 114
125   Foto Albert Ringer; Grafik aus Martin Fenner/Rudolf Hadorn/Rudolf H. Strahn, *Politszene Schweiz,* Lehrmittelverlag des Kantons Basel-Stadt, 1973
126   Text u. Zeichnung: Janosch, *Tiger und Bär im Straßenverkehr,* © 1990 by Diogenes Verlag AG, Zürich
127 –
130   Fotos: Martin Müller
131   Reisetips: Schweizerische Volksbank, 1993; Foto: Albert Ringer
134   Fotos: Martin Müller, Theo Scherling
135   Text: Reisoleum, SSR-Reisen, Zürich 1988
136   Text: Julian Schutting, „Sprachführer" aus: *Sistiana,* Residenz Verlag, Salzburg und Wien 1976, © Julian Schutting
138   Bild: Hans-Georg Rauch, Zeitzeichen „Im Mediendschungel"
146   Fotos: 1: Martin Müller;
      2 u. 10: Archiv für Kunst und Geschichte GmbH, Berlin;
      4: Forum der Technik, Deutsches Museum, München
      7: Roland Keller, *Die Traumfabrik, Bavaria Filmstadt Geiselgasteig, Ein Blick hinter die Kulissen,* Heyne Filmbibliothek, Heyne-Verlag, München 1988
149   Text oben: nach *Markencharade* 93, Nr. 7, Deutsche Bundespost Postdienst
150   Bilder links u. rechts: Süddeutscher Verlag, Bilderdienst, München
      Bild Mitte: WECO Presseservice GmbH, Wien
151   Fotos: Primula Bosshardt
152   Text: G. Nenning, „Wir Nationalistenschweine", in *Tempo* 12/1988
154   Text: Max Frisch, *Schweiz ohne Armee? Ein Palaver,* Limmat Verlag, Zürich 1989, S. 88
      Foto: Süddeutscher Verlag, Bilderdienst, München
155   Text und Foto: Dragica Rajcic, *Verfahren,* Eco-Verlags AG, Zürich 1992
      Foto unten: Falter Verlags-Gesellschaft mbH, Wien
      Text unten: Helmut Seethaler, Wien
156   Foto: Michael von Graffenried aus *Swiss-Image*, Benteli-Verlag, Bern 1989, S. 136
      Statistik: Tages-Anzeiger, Zürich, 24. 11. 1993
157   Fotos: Primula Bosshardt
159   Text: Edwin Brechbühl, *Sprachführer für Polizeibeamte,* Verlag Paul Haupt, Bern 1981, S. 40
160   Bild: George Grosz, *Stützen der Gesellschaft* © VG Bild-Kunst, Bonn 1994
162   Fotos: Martin Müller, Hans Heinrich Rohrer, Michael Fehlauer
167   Grafik und Text: Postbank München
170   Bild Gabriele Münter: VG Bild-Kunst, Bonn
171   Bilder: VG Bild-Kunst, Bonn
172   *art, Das Kunstmagazin,* Vorschau 1994
      Bild Marc Chagall: VG Bild-Kunst, Bonn
173   Anzeigen aus *Falter,* Stadtzeitung Wien, Nr. 6, 1994
175   „Wildwestfilm", Antonio Fian, Wien, mit freundlicher Genehmigung des Autors
      „Eine kurze Geschichte" aus: Franz Hohler, *111 einseitige Geschichten,* © Luchterhand Literaturverlag, München 1983
      „In der Apotheke" aus: Karl Valentin, *Sturzflüge im Zuschauerraum,* R. Piper Verlag, München 1978, S. 118
177 –
185   alle Fotos: Martin Müller